텔레비전 뉴스의 품질

국내외 방송사의 텔레비전 뉴스 비교연구

국내외 방송사의
텔레비전 뉴스 비교연구

텔레비전 뉴스의 품질

한국의
저널리즘
02

Quality Journalism

좋은 저널리즘 연구회 기획 — 김경모 · 김지현 · 박재영 · 배정근 · 이나연 · 이완수 · 이재경 지음

이화여자대학교출판문화원

머리말

더 좋은 텔레비전 뉴스를 기대하며

"뉴스는 세상을 보는 창이다." 미국의 미디어학자 게이 터크먼(Gaye Tuchman)의 말이다. 이는 곧 뉴스가 우리가 보는 세상의 테두리를 정해준다는 의미이다. 터크먼 교수의 이 말이 담긴 책이 나온 1980년 이후 미디어 생태계는 완전히 디지털 중심으로 바뀌었다. 뉴스의 생산과 소비 과정이 모두 철저히 달라졌다. 그러나 뉴스가 전달되는 경로가 어떻게 변했든, 뉴스라는 정보 전달 상품이 결국 이를 소비하는 독자나 시청자로 하여금 세상을 이해하게 하는 창구 역할을 한다는 사실은 달라지지 않았다.

더 오래전인 1920년, 미국의 저명한 저널리스트였던 월터 리프먼(Walter Lippmann)은 뉴스가 시민들에게 민주주의를 위한 성경(the Bible) 같은 존재라고 말했다. 그는 나아가 현대사회를 사는 시민은 이 성경을 매일 읽으며, 하루하루 생활의 나침반으로 사용한다고 얘기했다. 디지털 혁명으로 뉴스 생산자와 정보 전파자가 폭발적으로 늘어난 21세기 한국사회에서도, 비록 역사적·문화적 맥락은 터크먼과 리프먼이 진단한 미국사회와는 많이 다르지만 민주주의를 위한 뉴스의 역할이 여전히 중요하다. 오히려 가짜뉴스의 폭증과 그 전파 속도의 폭발성이 제대로 된 뉴스의 가치를 더욱 소중하게 만들고 있다.

되풀이되는 일상생활에 매몰되어 쉽게 체감하기는 어렵지만, 뉴스는 우리가 직접 경험할 수 없는 세상을 이해할 수 있게 하는 대체하기 어려운 정보원이다. 아무리 뉴스 소비가 줄었다고 해도 이러한 뉴스의 기능이 사라지면 민주시민은 암흑 속에서 다양한 국가 정책에 대한 지지 여부를 결정해야 하고, 그 속에서 공직 후보자에 대한 투표권도 행사해야 한다. 이러한 이유로 우리에게는 좋은 품질의 뉴스가 절실하게 필요하다. 사실보다 주장이 강한 다양한 개인 미디어의 확산, 그리고 같은 정파 성향을 공유하는 사람들끼리 주고받는 정치성 짙은 SNS 메시지들의 범람은 사회의 통합이 아니라 여론의 편향성을 제어할 수 없을 만큼 극단화해가고 있다.

이러한 거시적 추세를 바로잡는 역할을 좋은 뉴스가 해야 한다. 하버드대학교 케네디스쿨의 토머스 패터슨(Thomas Patterson) 교수는 『지적인 뉴스를 위하여(*Informing the news*)』(2013)라는 책에서 "사실이 허구에 자리를 내주면 예견할 수 있는 결과는 정치적 불신과 의견의 양극화"라고 했다. 패터슨 교수는 현대사회가 마주하고 있는 정보의 오염(corruption of information) 문제를 깊이 있게 분석한다. 가짜뉴스의 일상화와 전통매체들의 쇠퇴가 민주주의를 심각하게 위협한다는 게 그가 제기하는 주장의 요지이다. 여기서 패터슨 교수가 제안하는 해결책은 당연히 퀄리티 저널리즘, 즉 품질 좋은 저널리즘의 회복과 확산이다.

패터슨 교수의 진단은 한국사회에 더 절실하게 적용된다. 민주주의의 시민적 토대가 제대로 다져지지 않은 정치문화의 현실에, 높은 품질 수준의 저널리즘을 실천할 수 있는 언론사를 가져본 경험도 없기 때문이다. 이번에 좋은 저널리즘 연구회가 출판하는 이 책은 이러한 한국 저널리즘의 현실을 바꾸는 데 기여하려는 시도이다. 이 책에 참여한 좋은 저널리즘 연구회의 연구진은 좋은 저널리즘(quality journalism)이 제대로 된 민주주의의 핵심 조건이라고 믿는다. 이는 거꾸로 좋은 저널리즘이 실천되지 못하면 민주주의는 위험에 빠질 수도 있다는 뜻이다.

좋은 뉴스는 각자의 삶에 바빠 세상일에 관심을 갖기 힘든 시민의 닫힌 눈을 열어줄 수 있다. 좋은 뉴스는 또 시민이 정부 정책을 비롯한 다양한 세상일에 대해 할 수 있는 생각의 깊이를 더해주고, 세상을 보는 시야를 넓혀줄 수 있다. 좋은 뉴스가 있어야 시민은 선전·선동이나 가짜뉴스에 휘둘리지 않는 현명한 판단도 할 수 있게 된다. 따라서 좋은 정치는 좋은 뉴스가 없이는 불가능하다. 좋은 뉴스가 없다면 권력의 행사가 밀실에서 시민의 동의 없이 이루어져도 시민이 그것을 알지 못하게 되기 때문이다.

이 책은 이러한 철학적 바탕에서 한국 텔레비전 뉴스의 품질을 높이는 데 기여하기 위해 기획되었다. 좋은 저널리즘 연구회는 2018년 신문기사의 품질을 평가하는 『기사의 품질』이라는 책을 출판했는데, 이 책은 그 작업의 연장이다. 이번에는 분석 대상을 텔레비전 뉴스로 정하고, 지상파 채널 3사와 종합편성 채널 4사의 저녁 종합뉴스 프로그램을 체계적으로 살펴봤다. 이번에도 선진적 텔레비전 뉴스 수준과의 비교를 위해 해외 유력 방송사인 영국 BBC와 미국 NBC, 일본 NHK의 뉴스 프로그램을 분석 대상에 포함했다. 이 과정에서 분석 대상 뉴스 자료를 확보하는 데 여러 사람의 도움을 받았다. NHK 서울 지사, BBC 관계자분들의 도움에 연구진 모두는 진심으로 감사한다.

한국과 해외 뉴스 자료의 코딩에는 여러 대학원 학생과 외부 연구자들이 참여했다. 연세대학교 언론홍보영상학과 석사과정 김리현, 박재혁, 이동혁, 이희영, 임채윤, 에네렐, 조정운 학생, 고려대학교 미디어

학과 석사과정 손민지, 유정원 학생, 서강대학교 신문방송학과 박사과정 김진희 학생이 분석 대상 방송 리포트의 수집과 코딩 작업에 참여했다. 매일경제신문 기자를 거쳐 보스턴컨설팅그룹(BCG) 서울 오피스 마케팅팀에서 일하는 이경진 씨는 일본어로 돼 있는 NHK 뉴스 리포트의 코딩을 맡아주었다. 여러 번 다시 들여다봐야 했던 긴 분석 과정에서도 차분하게 작업을 마무리해준 이 분들의 노고에 감사한다.

좋은 저널리즘 연구회의 2020년 작업부터는 서암 윤세영 재단의 지원을 받는 이화여자대학교 저널리즘 교육원이 이 책의 출판을 위한 연구비 및 저술비 지원을 해주기 시작했다. 한국 저널리즘의 수준을 향상하는 일에 지원을 아끼지 않는 서암 윤세영 재단에도 깊이 감사한다. 1차 자료 분석이 마무리된 뒤, 2019년 9월 삼성언론재단이 후원하는 저널리즘 컨퍼런스에서 이 책의 필진이 책에 포함된 내용의 일부를 발표하고 토론하는 기회를 가졌다. 다양한 학자와 현장 전문가들의 토론을 통해 더 나은 내용의 책이 만들어졌다고 생각한다. 이러한 기회를 마련해준 삼성언론재단과 토론에 참석해준 현장 기자 및 저널리즘 연구자들에게도 깊은 감사를 전한다. 좋은 저널리즘 연구회는 김민환 선생님의 지도와 격려로 월례연구모임을 계속해오고 있다. 두 번째 책을 내며 다시 한 번 선생님의 지도에 감사한다.

2020년 11월

좋은 저널리즘 연구회를 대표하여

이재경

차례

텔레비전 뉴스 리포트의 품질

퀄리티 저널리즘 관점의 평가 기준

1

이재경

1. 디지털 파괴 시대, 한국의 TV 뉴스 시청 현황

1990년대 중반 이후 저널리즘 생태계는 급격한 변화를 계속해오고 있다. 코바치와 로젠스틸(Kovach & Rosenstiel, 2014)은 이러한 환경 변화를 디지털 파괴(digital disruption)라고 부른다. 지난 20여 년간 지속된 인터넷의 등장과 스마트폰의 확산, '페이스북'과 '트위터', '인스타그램', '유튜브', '카카오톡', '라인' 등 SNS의 일상화는 뉴스의 생산과 유통, 소비에 관한 모든 요소에 혁명적 변화를 만들어왔다.

한국의 뉴스 생태계도 예외일 수 없었다. 한국 언론은 1980년대 말 민주화 이후, 10년 남짓 빠른 확장세를 보였다. 세계일보, 문화일보, 국민일보 등 새로운 신문과 SBS 같은 지상파 방송사의 등장, 광고 시장의

<표 1-1> 2019년 한국인이 뉴스를 얻는 매체(복수 응답 / 단위: %)

성별 \ 매체	사례 수	종이신문	텔레비전	라디오	인터넷	소셜미디어	기타
전체	5,040	8.9	80.3	4.9	69.5	5.8	0.2
남성	2,501	12.1	78.4	6.6	74.2	6.1	0.3
여성	2,539	5.8	82.1	3.1	64.7	5.5	0.2

출처: 한국언론진흥재단(2019: 158).

확장 등이 이 흐름을 주도했다. 그러나 1990년대 말의 외환위기, 그리고 그와 거의 동시에 밀려온 디지털 파괴의 이중고가 겹치며 국내의 뉴스 생태계는 급격히 디지털 중심으로 재편되기 시작했다. 2019년 한국언론진흥재단이 발표한 수용자 조사 결과는 지난 20여 년간 지속된 디지털 파괴의 결과가 어떻게 뉴스 소비 지형을 바꿔놓았는지를 잘 보여준다.

<표 1-1>의 한국인이 뉴스를 얻는 매체에 대한 응답 결과를 보면 전체 조사 대상자 5,000여 명 가운데 8.9%만이 종이신문을 뉴스를 얻는 매체로 꼽고 있어 종이 신문의 위상이 심각하게 쇠퇴했음을 확인할 수 있다. 이는 <표 1-2>에 제시된 1996년 자료와 확연히 비교된다. 같은

<표 1-2> 1996년 정보 유형별 주 획득 매체(단위: %)

정보 유형 \ 매체	신문	TV
정치정보	48.6	49.3
경제일반	49.0	46.5
사회	45.5	52.6
문화·예술	26.3	54.0

출처: 한국언론재단(2000: 79-80)에서 재구성.

방식으로 조사한 내용은 아니지만, 1996년 한국언론재단이 실시한 정보 획득 매체에 대한 수용자 조사에서는 신문을 꼽은 사람이 48.6%에 달했다. 20여년이 지나며 종이신문을 통해 뉴스를 접하는 수용자가 5분의 1 수준으로 줄어든 현실을 보여준다. 반면에 1990년대 초에는 존재하지도 않았던 인터넷과 소셜미디어는 69.5%와 5.8%의 비중으로 핵심적인 뉴스 전달 채널로 등장했음을 알 수 있다.

텔레비전 뉴스의 경우 종이신문 같은 타격을 받지는 않은 것으로 조사됐다. 오히려 20여 년 전에 비해 뉴스 전달 매체로서의 지위를 더 강화한 듯한 결과를 보여줬다. 2019년 뉴스를 얻는 매체에 대한 수용자 조사에서 텔레비전이라고 응답한 사람의 비중은 80.3%에 달했다. 이는 1996년 50% 정도의 수용자가 텔레비전을 정보 획득 매체라고 응답했던 것보다 뉴스매체로서 텔레비전의 위상이 디지털 시대에 한층 더 강화됐다는 해석을 가능하게 하는 자료이다.

<표 1-3>을 보면, 현안에 대한 의견 형성에 영향을 미치는 매체에 대한 조사에서도 뉴스를 얻는 매체 조사와 거의 같은 양상의 수용자 의견이 도출된 결과를 볼 수 있다. 급변하는 디지털 생태계에서 TV 뉴스는 강력한 영향력을 지속적으로 유지하고 있다는 의미이다. 매체 유형별 신뢰도를 묻는 질문에서도, <표 1-4>에서 나타나듯이 TV 뉴스는 신문

<표 1-3> 주요 현안에 대한 의견 형성에 영향을 미치는 매체(복수 응답 / 단위: %)

매체 / 성별	사례 수	종이신문	텔레비전	라디오	인터넷	소셜미디어	기타
전체	5,040	9.2	76.9	4.1	66.9	5.3	0.2
남성	2,501	12.2	74.8	5.7	71.2	5.6	0.2
여성	2,539	6.2	79.0	2.5	62.7	5.0	0.2

출처: 한국언론진흥재단(2019: 160).

<표 1-4> 매체 유형별 뉴스 신뢰도(단위: %)

항목 / 매체	전혀 신뢰하지 않는다	신뢰하지 않는 편이다	반반이다	신뢰하는 편이다	매우 신뢰하는 편이다
종이신문	1.7	16.4	39.0	37.7	1.3
텔레비전	0.8	10.3	31.8	51.1	4.2
라디오	1.1	14.1	45.7	32.2	0.9
잡지	3.6	37.7	44.0	8.4	0.3

출처: 한국언론진흥재단(2019: 169).

이나 라디오, 잡지보다는 한결 견고한 수용자 신뢰 수준을 보여준다.

2. 지금 TV 뉴스를 분석하는 이유

2000년대에 들어서는 종합편성 채널과 뉴스 전문 채널들이 새롭게 출범함에 따라 국내에서 TV 뉴스를 생산하는 채널의 수가 2배로 늘었다. 그러다 보니 지상파 공영방송, 지상파 민영방송, 종합편성 채널, 뉴스 전문 채널 등 각 방송사업자는 성장이 정체된 국내 방송 시장에서 갈수록 경쟁이 치열해지는 현실을 살아남아야 하는 상황이다. 앞의 수용자 조사 자료가 보여주듯이, 텔레비전이라는 매체에 대한 시청자의 주목도와 신뢰도는 여전히 견고하다. 그러나 실제로 뉴스를 취재·제작하는 개별 방송사는 경쟁력 강화를 위한 인력 충원이나 첨단 방송 장비의 확충에 심각한 재정적 제약을 느끼는 것이 부인할 수 없는 현실이다.

텔레비전의 현실 규정력은 강력하다. 1996년 미국의 저명한 미디어 학자 조지 거브너(George Gerbner) 교수는 서울대학교에서 열린 한국방송학회 국제 학술회의 기조연설에서 텔레비전은 이제 현대사회의 핵심적인 문화기관이자 교육기관으로 자리 잡았다고 평가했다. 그는 나아가 텔레비전이 종교가 수행하던 사회의 정신적 지도자 역할을 대행하게 됐고, 조부모가 아이들에게 해주던 훈육 기능까지도 맡아 하는 상황이 됐다고 얘기했다. 최정호(2002) 교수도 텔레비전의 힘에 대해 비슷한 생각을 신문 칼럼에서 표현했다. 그러나 그의 관점은 대단히 비판적이었다. 최 교수는 "우리는 오늘날 TV를 통해 노동의 강제수용소가 아니라 소비와 낭비, 사치의 강제 수용소에 갇혀 있다"고 말했다. 그는 같은 칼럼에서 TV를 "제왕적 교사"요 "시민의 문화생활과 언어생활, 소비생활을 지배하는 제왕적 주재자"라고까지 묘사했다.

미국 방송 저널리즘의 아버지로 불리는 에드워드 머로우(Edward Murrow, 1958)도 CBS 뉴스를 떠날 무렵 미국보도국장 연차총회 기조연설에서 지나치게 상업화한 TV 뉴스의 현실을 강력하게 비판하는 진단을 제기한 적이 있다. 요약하면 그는 텔레비전이 시청자의 의식을 분산시키고, 정신을 혼미하게 하고, 즐거움만 추구하게 하며, 그렇게 해서 결과적으로 사람들이 사회문제에 대해 무관심하게 만든다고 주장했다. 세 편의 <See It Now> 다큐멘터리 프로그램으로 1950년대 매카시 광풍을 잠재워 방송의 강력한 영향력을 만들어왔던 평생 방송기자가, 텔레비전이 잘못 사용되면 얼마나 부정적 영향력이 강력할 수 있는지를 경고한 기념비적 연설이었다.

그러나 안타깝게도 이러한 주장들을 뒷받침할 수 있는 TV 뉴스에 대한 실증적 연구 결과는 찾기가 어렵다. 방송 뉴스 현장에 대한 경험적 연구와 방송 리포트를 실제 체계적으로 수집해 분석한 연구 사례가 크게 부족하기 때문이다. 이 분야에서 앞서가는 영미권이나 서유럽의 선행연구도 찾기가 어렵고, 방송서비스 시작 이후 계속해서 권력 개입 문제와 정파적 공정성 논쟁에 매몰돼 있는 한국에서는 방송 뉴스의 취재 및 제작 현실을 독립적으로 엄밀하게 진단한 연구를 찾아보기가 더욱 어렵다.

그 이유는 크게 두 가지이다. 첫째, 분석 대상이 되는 영상자료의 확보가 어렵다. 방송사의 자료 보관과 외부 연구자의 접근에 대한 제도가 제대로 갖춰지지 않았고, 저작권 문제 등으로 연구자에게 자료를 제공하는 체제도 크게 미흡하기 때문이다. 선진 사례를 참고하는 일은 더 어렵다. 해외 주요 방송사들의 뉴스 자료에 대한 접근에 제약이 많기 때문이다. 둘째, 또 다른 중요한 장애 요소는 자료를 어렵게 확보한다 해도 텍스트와 영상, 소리 등 시청각 요소를 다양하게 활용하는 TV 뉴스를 제대로 분석할 수 있는 훈련된 연구자가 크게 부족하다는 점이다. TV 뉴스 자료에 대한 실증적 분석 작업은 텍스트 중심의 신문 분석과는 전혀 다른 기술적 준비와 제작 체제에 대한 기본 이해가 전제되어야만 한다.

3. 분석의 방향

좋은 저널리즘 연구회는 TV 뉴스에 대한 실증적 분석을 더 미루면 안 된다고 판단했다. 2018년 1차로 주요 일간지 기사의 품질을 분석한 책 『기사의 품질』을 낸 뒤, 후속 연구 모임을 통해 다음 과제는 TV 뉴스의 분석이 돼야 한다고 정리했다. 상대적으로 더 강력한 사회적 영향력을 행사하는 매체에 대한 연구 공백과, 현실을 내실 있게 진단하는 데 필요한 실증적 자료의 부재가 TV 뉴스에 대한 시민들의 합리적 이해를 심각하게 방해한다고 판단했기 때문이다.

좋은 저널리즘 연구회는 이 연구도 『기사의 품질』에서의 작업과 마찬가지로 퀄리티 저널리즘(quality journalism)의 관점을 바탕으로 접근하기로 했다. 시청자가 소비하는 최종 상품인 TV 뉴스 리포트를 체계적으로 분석해 국내 TV 뉴스가 어떠한 수준의 리포트를 생산하고 있는지 드러내는 일이 TV 뉴스에 대한 모든 논의의 토대가 되기 때문이다.

여기서 핵심적인 관심사는 한국의 시청자들이 어떠한 수준의 TV 뉴스를 일상적으로 공급받고 있는가 하는 점이다. 이러한 질문에 대한 답을 찾는 일은 뉴스의 품질을 판단하는 기준을 필요로 한다. 문제는 이러한 기준이 대단히 자의적일 수 있다는 점이다. 뉴스를 생산하는 방송사는 자신이 매일 생산하는 리포트의 수준이 시청자도 만족할 만한 우수한 뉴스의 수준을 지키고 있다고 믿을 수 있다. 규제를 책임지는 정부기관들은 법 규정에 어긋나지 않을 정도의 리포트라면 좋은 기사라고 판단할 것이다. 매체 비평 전문가들은 국내의 방송사들이 생산하는 리포트가 기본적으로 부족한 부분이 많다고 판단할 수도 있다.

이 연구에서는 이러한 문제를 해결하기 위해, 역시 『기사의 품질』의 경우와 마찬가지로 국내 TV 뉴스와 해외 유력 TV 뉴스들의 비교연구를 실시했다. 해외 선진 방송사의 리포트 사례들을 분석에 포함시키면 한국적 방송 리포트 제작 환경에서는 드러나지 않았던 한국식 리포트의 특성과 문제점을 객관적 지표를 통해 판단할 수 있기 때문이다. 비교 대상 매체는 영국의 BBC, 미국의 NBC, 일본의 NHK로 제한했다. 연구 인력과 자원이 그 이상의 대상을 포함하기에는 어려웠기 때문이다. 그러나 이들은 모두 TV 뉴스 영역에서 각 국가를 선도하는 매체들이고, 세계적 표준을 제시해온 방송사들이기 때문에 국내 방송 뉴스의 현실을 진단하는 비교 대상으로는 부족하지 않은 선택이라고 판단했다.

국내 방송사 가운데는 지상파 3사인 KBS, MBC, SBS와 종합편성 채널 4사인 JTBC, MBN, 채널A, TV조선 등 총 7개사를 분석 대상으로 선택했다. 연합뉴스TV 와 YTN 등 뉴스 전문 채널은 분석 대상에서 제외했다. 이유는 비교연구의 분석 대상 프로그램이 각 방송사의 대표 뉴스 프로그램인 저녁 종합뉴스인데, 뉴스 전문 채널들의 경우 24시간 뉴스만을 방송한다는 편성의 특성 때문에 대표 종합뉴스의 선택이 어려웠기 때문이다.

따라서 이 연구에서 분석 대상으로 선택한 프로그램들은, 국내 뉴스 가운데는 KBS의 <뉴스9>, MBC의 <뉴스데스크>, SBS의 <8뉴스>, JTBC의 <뉴스룸>, MBN의 <뉴스8>, 채널A의 <뉴스A>, TV조선의 <뉴스9>였다. 해외에서는 BBC의 <News at 10>, NBC의 <Nightly News>, NHK의 <뉴스7>을 분석 대상에 포함했다. 이들은 모두 각 방송사가 대표 뉴스로 인정하는 뉴스 프로그램들이다.

4. 연구의 목적

이 책의 목적은 크게 세 가지이다. 첫 번째 목적은 국내 TV 뉴스의 품질이 퀄리티 저널리즘 관점에서 보았을 때 어느 정도 수준인지를 알아보는 일이다. 한국에서 텔레비전 뉴스가 시작된 지는 60년이 넘었지만, TV 뉴스를 퀄리티 저널리즘 관점에서 분석한 연구는 드물었다. 이 연구를 통해 지난 60년 친정부와 반정부, 보수와 진보 등, 정부의 통제와 정치 갈등을 전제로 한 방송의 공정성 논의에 매몰돼온 TV 뉴스에 대한 관심의 방향을 리포트의 퀄리티 문제로 전환하는 계기를 마련할 수 있을 것으로 기대한다.

이 연구의 두 번째 목적은 국내의 시청자들이 자신이 소비하는 TV 뉴스의 품질을 객관적으로 이해할 수 있도록 신뢰할 수 있는 판단 기준과 자료를 제공하는 일이다. 그래야 방송 뉴스에 대한 비정파적·이성적 이해의 바탕이 만들어지고, 시청자 스스로도 독립적 판단을 할 안목을 키울 수 있게 된다. 외부에서 가해지는 시청자의 압력이 없는 상태에서 방송사와 기자, 프로듀서들에게만 맡겨둬서는 뉴스의 품질을 향상시키는 일이 제대로 진행되리라 기대하기가 어렵다.

이 연구는 방송 현장에서 뉴스를 취재하고 제작하는 기자와 프로듀서들을 위해, 그들 자신이 생산하는 뉴스 상품의 수준이 국제적 기준과 견주어 어느 정도의 위치에 있는가를 인식할 수 있도록 객관적 자료를 제시하는 데도 중요한 의미를 두고 있다. 이것이 이 연구의 세 번째 목적이다. 국내 TV 뉴스의 수준이 좋아지려면 뉴스 부문 책임자와 실무 제작진의 눈높이가 올라가야 한다. 국내의 기자와 프로듀서들은 그동안 주로 한국 방송 생태계라는 동질적인 맥락에서 리포트의 품질 기준을 공유하며 뉴스를 제작해왔다. 이에 이 책의 집필에 참여한 연구자들은 이들에게 해외 선진 방송사 뉴스의 객관화된 지표를 접할 기회를 제공할 경우 현장 제작 관행을 선진화할 개혁의 토대가 마련될 수 있을 것으로 기대한다.

5. 한국 TV 뉴스 양식의 진화

한국의 방송 저널리즘은 일제강점기인 1927년 경성방송의 출범으로부터 시작됐다. 호출부호는 JODK였으며, 주로 일본어 방송이었다. 당시 등록된 라디오 수신기는 불과 1,400여 대에 머물렀으며(최창봉·강현두, 2001), 5년 뒤에도 2만 여대에 이르는 데 그쳤다. 1945년 해방 후 미국의 군정이 시작됐다. 이 시기의 라디오 뉴스 프로그램은 아침 7시, 낮 12시 30분, 저녁 5시, 7시, 9시로 하루 다섯 번 편성됐다. 이때는 당연히 한국어 방송이었으며, 매번 뉴스의 진행 시간은 15분 정도였다. 최창봉과 강현두(2001)에 따르면, 하루 중 가장 중요한 종합뉴스 성격의 뉴스는 저녁 7시에 편성했다. KBS는 1955년쯤 라디오 보도 프로그램을 시작했으며, 국내 방송사는 이 시기가 돼서야 사회가 안정되면서 보도 인원이 확충되고 해외 주요 통신과도 계약을 할 수 있었다(최창봉·강현두, 2001).

한국에서 텔레비전 뉴스는 1956년 HLKZ-TV가 개국하며 시작된다. HLKZ-TV는 하루 두 차례 뉴스를 방송했으나, 제대로 된 TV 뉴스는 1960년대 초 공영방송사인 한국방송(KBS) TV 개국과 함께 시작된다. 1961년 12월 31일 개국한 KBS TV는 매일 오후 6시와 8시 30분에 10분씩 뉴스를 내보냈다(최창봉·강현두, 2001). 당시 KBS는 국영방송으로, 기자를 포함한 직원들이 모두 공무원이었다. 기사는 라디오 보도계의 지원을 받거나 정부기관의 보도자료를 가공해 만들었으며, 뉴스는 아나운서가 진행했고, 보도된 기사는 대부분 스트레이트 뉴스였다. 1964년 12월 7일에는 동양방송(TBC) TV가 문을 열었고, 1969년 8월 8일에는 라디오만 갖고 있던 MBC가 TV방송을 시작했다. 이로써 1960년대 말에 이르러 3대 네트워크 방송시대가 열린 셈이다.

6. 현대적 TV 뉴스 양식의 등장

1960년대 말, KBS와 TBC, MBC 3사의 경쟁 구도가 치열해지면서 한국 TV 뉴스는 새로운 단계로 접어든다. 최창봉과 강현두(2001)에 따르면, 그 무렵 방송 뉴스는 연예 및 오락 프로그램의 빈 시간을 채우는 보조적 기능을 하는 데 머물렀다. 전체 방송 시간에서 차지하는 비중도 불과 10%를 밑돌았다. 이 같은 TV 뉴스를 저녁 TV 프로그램의 중심으로 바꾼 방송은 후발주자였던 MBC였다. MBC는 1970년 가을, 지금도 유지하고 있는 <뉴스데스크> 프로그램을 시작했다. 진행자는 아나운서가 아니라 당시 보도국장 박근숙 씨가 맡았다. 미국 CBS 이브닝 뉴스 앵커인 월터 크롱카이트(Walter Cronkite)를 벤치마킹한 것으로 판단된다. 기사는 스트레이트 뉴스를 최소화하고, 현장감을 극대화한 리포트 형식을 도입해 전달했으며, 뉴스 형태도 아나운서가 읽어주던 형태에서 앵커와 기자의 개성을 드러내는 리포트 체제로 바뀌었다.

1972년에는 TBC가 <TBC 석간>이라는 이름으로 저녁 종합뉴스를 시작했고, 1973년에는 KBS도 같은 양식의 뉴스 프로그램을 시작했다. 이처럼 1970년대 초반에는 저녁 종합뉴스 양식을 두고 3대 방송사가 다양한 실험을 실시했다. TBC는 초기에 저녁 7시대에 뉴스를 배치했다가, 1972년 5월부터는 저녁 10시로 옮겼다. 같은 시간대에 방송하던 MBC의 <뉴스데스크>와 맞대응 체제를 꾸리기 위해서였다. KBS는 이들과 달리 9시에 메인 뉴스를 방송했다. 또 7시에는 스트레이트 중심의 이른 저녁 뉴스를, 그리고 11시에는 마감 뉴스를 고정 배치하는 편성 정책을 선택했다. 이 무렵 각 방송사의 메인 뉴스는 대체로 미국 주요 네트워크의 모델을 따라 30분 정도의 보도시간을 유지했다. 앵커 제도도 실험 대상이었다. 초기에는 2~3명의 진행자가 요일별로 돌아가며 뉴스를 진행하다가 1970년대 후반이 되면서 10년에 걸친 보도 시스템의 실험이 마무리되며, 한 명의 주요 앵커가 9시에 진행하는 하루 30분 정도의 메인 뉴스 포맷이 정착됐다.

1980년대 5공화국의 등장과 공영방송 제도의 도입은 텔레비전에 대한 정부의 영향력을 대폭 강화했다. TBC가 KBS로 흡수되자 TV 뉴스는 KBS <9시 뉴스>와 MBC <뉴스데스크>의 양자 구도로 재편된다. 이 시기에 드러나는 다른 특징은 뉴스 시간이 연장된 것을 들 수 있는데, 과거 30분 정도이던 뉴스 시간은 5공화국 초기부터 35~40분 정도로 늘어났다. 1980년대 후반에 방송 시간이 다시 줄어드는 추세를 보이기도 했으나, 1990년대 초 SBS가 출범하고 KBS와 MBC 사이에 9시대 뉴스 시청률 경쟁이 첨예하게 진행되면서 메인 뉴스 시간은 다시 확장됐다.

1990년대에 나타난 새로운 요소로는 SBS가 시도한 8시대 뉴스 프로그램의 정착을 들 수 있다. 국민 생활 시간대의 변화를 염두에 두고, 또 9시대에 집중되는 뉴스 프로그램의 중복 편성 문제도 피하기 위한 시도였다. 2000년 이후 국내 TV 뉴스의 주요 변화는 종합편성 채널과 뉴스 전문 채널의 등장이다. 뉴스를 제작하고 방송하는 채널이 갑자기 2배로 늘었고, MBN과 채널A의 뉴스는 저녁 종합뉴스의 시작 시각을 7시 30분으로 앞당겼다.

7. 좋은 TV 뉴스의 판단 기준

<표 1-5>는 좋은 저널리즘 연구회가 2018년 출판한 『기사의 품질』에 담긴 내용이다. 좋은 저널리즘 연구회는 1차로 신문기사의 품질을 평가하는 작업을 실시했다. 대상은 국내에서 발행되는 10대 일간지와 미국의 <뉴욕타임스(The New York Times)>, 영국의 <타임스(The Times)>, 일본의 <아사히신문(朝日新聞)> 등 13개 신문이었다. 이 작업

<표 1-5> 좋은 저널리즘 지수에 의한 좋은 기사 구성비와 건수(단위: %, 건)

매체 \ 항목	좋은 기사 비율	좋은 기사 수	전체 기사 수
국내 일간지	7.5	52	694
뉴욕타임스	55.6	40	72
타임스	31.5	17	54
아사히신문	9.7	7	72

출처: 김경모·박재영·배정근·이나연·이재경(2018: 156).

에서 최종적으로 사용한 좋은 기사의 평가 기준은 세 가지였다.

- 4개 이상의 투명 취재원
- 4개 이상의 이해관계자
- 복합적 관점의 제시

이 기준은 미국의 PEJ(Project for Excellence in Journalism)가 2004년부터 발표해온 연차보고서에서 미국 매체의 기사를 평가할 때 사용해온 기준이다. 좋은 저널리즘 연구회는 PEJ 보도지수(Reporting Index)를 평가 지표로 사용하기로 결정하기까지 다양한 기사의 구성 요소들을 검토했다. 해외 연구자들이 지난 50여 년간 탐구해온 퀄리티 저널리즘의 구성 요소와 그들이 자신들의 맥락에서 개발한 여러 가지 지표들도 확인했다(이재경, 2018). 그리고 PEJ 지수를 국내의 신문들이 생산하는 기사의 평가 기준으로 사용하는 게 좋겠다고 판단했다. 문화와 역사적 맥락의 차이를 넘어, 인쇄매체인 신문이 게재하는 기사들이 공유하는 기사의 특성 중 이 세 가지가 기사의 품질을 형성하는 핵심적 구성 요소라고 판단했기 때문이다. 또한 이 세 가지 요소는 어느 연구자든 어렵지 않게 분별해낼 수 있는 속성을 가지고 있고, 현장 기자들이 일상적으로 취재와 기사 제작 과정에서 실천할 수 있는 요소들이라는 점도 고려했다.

<표 1-5>에서 확인할 수 있는 사실은, PEJ 보도지수를 기준으로 판단해보면 국내 신문기사들은 영미 유력지가 생산하는 기사들에 비해 퀄리티 저널리즘의 기준을 충족하는 비율이 크게 뒤진다는 점이다. 이러한 통계는 투명한 취재원의 사용 관행과 다원적인 이해관계자의 활용, 기사에 등장하는 관점의 다양성 등 주요 지표들이, 국내 신문이 기사를 생산하는 과정에서 핵심적인 가치로 존중되지 않는다는 현실을 알려준다.

TV 뉴스의 품질 평가에서도 PEJ 보도지수는 가장 중요한 지표로 사용됐다. 매체가 텔레비전이라 신문과 근본적으로 다르더라도, 기자가 기사를 준비하기 위해 취재원을 만나고, 다양한 취재원이 제공하는 정보를 활용해 기사를 제작하는 저널리즘 활동의 뼈대는 똑같기 때문이다. 그러나 TV 뉴스의 품질 평가에서는 신문기사의 평가에서처럼 PEJ 지수를 사용한 통계를 활용해 방송사 뉴스의 품질에 순위를 부여하는 작업은 하지 않기로 했다. 특히 비교 대상인 BBC 등 해외 유력 TV 뉴스와 직접 비교하는 일은 현실적으로 큰 의미가 없다고 판단했다.

이유는 두 가지이다. 하나는 TV 뉴스의 구조적 특성인 방송 시간의 제약 문제이다. 신문기사의 경우는 기사의 시간 길이에 대한 강제적 규율이 불필요하다. 기사가 필요로 하면 더 많은 취재를 시도하는 게 가능하고 또 필요한 일이기도 하기 때문이다. 그러나 TV 뉴스에는 점프 기사가 없다. TV 뉴스는 양식적 특성상, 지극히 제한된 시간의 범위 안에서 그날의 뉴스를 최대한 다양하게 시청자에게 전달해야 한다. 이러한 제약으로 TV 뉴스의 개별 리포트는 1분 30초에서 3분 남짓한 시간으로 국가별 차이가 적게 규격화돼 있다.

두 번째 이유는 텍스트와 영상, 소리의 세 가지 요소가 결합돼 만들어지는 TV 리포트의 특성이다. 이러한 특성 때문에 국가별로 뉴스에서 영상과 소리를 다루는 방식에 현격한 차이를 관행화해왔다. 특히 국내 뉴스의 경우 취재원의 목소리와 얼굴을 인식할 수 없게 하는 음성 변조 및 화면 변조 기법이 편집 과정에서 일상적으로 사용된다. 문제는 이러한 관행이 방송사 내부의 자발적 선택으로 만들어지기도 하지만, 많은 경우 뉴스에 대한 법률과 제도적 규제에 의해 강제로 요구된다는 점이다. TV 뉴스의 사례들을 분석하는 과정에서 발견된 앞서의 구조적 특성은 이러한 자료를 계량적 통계로 바꿔 뉴스를 서열화하는 일이 크게 현실적 의미를 갖기 어렵다고 느끼게 해주었다. 현장에서 일하는 국내 방송기자들의 증언에서도 이 요소들에 대한 외부적 제약의 문제를 강하게 확인할 수 있었다.

그러나 유목별로 분석 결과를 제시하는 부분에서는 국내의 방송사 간 차이와, 국내 방송사와 해외 유력 방송사 간 차이를 보여주는 통계 자료를 모두 투명하게 공개했다. 특히 국내의 방송 뉴스가 BBC와 NBC 등 서양의 유력 방송 뉴스와 어떻게 비슷하고 다른지를 확인할 수 있도록 독자들이 쉽게 인식할 수 있는 방식으로 분석 결과를 제시했다. 이번 연구에서 국내 TV 뉴스의 품질을 판단하기 위해 주목한 주요 요소로, 취재원 관련 변인은 다음과 같다.

- 취재원의 수
- 익명 취재원의 수
- 투명 취재원의 수
- 이해관계자의 수

- 기사에 포함된 관점의 수

이들 핵심 요소들과 함께 방송 뉴스의 품질에 영향을 미치는 소리와 영상적 요소들도 분석에 포함했다. 소리와 관련된 변인은 다음과 같다.

- 취재원 육성(사운드바이트)의 전체 시간
- 취재원 육성(사운드바이트)의 전체 문장 수
- 취재원 육성 변조 여부와 육성 변조 횟수
- 인공적 효과음 포함 여부

또 이 연구에서 사용한 영상적 분석의 주요 관련 변인은 다음과 같다.

- 화면 변조(모자이크 및 화면 흐리기)의 사용 여부와 횟수
- 컴퓨터그래픽(CG) 사용 여부와 횟수
- 재연화면 사용 여부와 횟수
- 자료화면 사용 여부와 사용의 투명성

소리와 시각 요소의 여러 부분이 특히 국내 방송사 뉴스에서 훨씬 자주 사용되는 현상임을 확인할 수 있었다. 이번 연구 결과에서 제시된 객관적 자료를 토대로 국내 TV 뉴스가 그동안 별다른 자각 없이 유지해온 시각 요소와 소리 사용의 관행들에 대해 진지한 성찰을 해야 할 필요성이 있어 보인다. 지나친 영상 및 소리 조작, 대역배우를 활용한 상황의 재연 등은, 경우에 따라서는 진실을 가장 중요한 가치로 추구하는 저널리즘의 핵심 원칙을 저버리는 선택으로 보일 수도 있기 때문이다.

이번 연구를 위해 국내외 연구물들을 살펴봤다. 가장 눈길을 끌었

던 자료는 주로 영국 연구자들이 중심이 돼 엮은 『퀄리티 뉴스 저널리즘의 미래(*The future of quality news journalism*)』(Anderson, Ogola, & Williams, 2014)였다. 이 책의 책임 편집자이자 저자이기도 한 피터 앤더슨(Peter Anderson)은 '좋은 저널리즘의 정의와 측정(Defining and measuring quality news journalism)'이라는 글에서 1A와 5C를 좋은 저널리즘의 기준으로 소개했다. A는 정확성(accuracy)을 의미한다. 신문과 방송을 가리지 않고 정확성은 가장 신성한 기준이어야 한다고 앤더슨은 강조했다. 또한 5C는 차례로 이해 가능성(comprehensibility), 맥락 제시(context), 인과관계 제시(causality), 다른 관점 포함(comparativeness), 포괄성(comprehensiveness)을 가리켰다. 주로 BBC의 경험이 녹아난 기준들로 현장 전문가의 관점에서 추려낸 요소들이었다. 앤더슨 등의 기준들은 대부분 이번 연구에서 계량적 지표에 반영됐다.

퀄리티 저널리즘 시각에서 방송 뉴스를 분석한 해외의 작업들도 있었으나 이번 좋은 저널리즘 연구회의 방송 뉴스 분석에는 크게 도움을 받은 내용이 없다. 이 연구들은 종합적 관점에서 한 사회의 방송 뉴스가 드러내는 품질 요소를 분석하기보다 뉴스를 구성하는 한두 가지 특질에만 집중해 주장을 펼치는 접근법을 선택했기 때문이다. 예를 들면 잴러(Zaller, 2003)는 방송 뉴스의 경보(alarm) 기능에 집중해 뉴스의 품질 문제를 관찰했고, 루이스 등(Lewis, Williams, Franklin, Thomas, & Mosdell, 2007)은 영국 경험을 성찰하면서 분석 대상인 20여 년의 기간 동안 주로 홍보성 보도자료 사용의 빈도가 느는 추세와 품질 높은 기사의 양이 줄어드는 현상의 상관관계를 조명했다. 그런가 하면 호스태터와 도지어(Hostatter & Dozier, 1986)는 지역 텔레비전 뉴스를 주목해 선정적인 기사가 증가하는 추세를 분석했다.

영상과 소리, 텍스트를 종합적으로 분석해야 하는 부담 때문인지, TV

뉴스에 대한 퀄리티 저널리즘 관점의 분석 사례는 역시 찾기가 어려웠다. 확인할 수 있는 소수의 자료들도 이번 좋은 저널리즘 연구회가 주목하는, 기사 품질의 문제를 실제 기사의 사례를 분석하며 다룬 경우는 드물었다. 그러한 의미에서 이번 좋은 저널리즘 연구회의 작업은 국내 TV 뉴스의 품질을 체계적으로 살펴보는 선구적인 시도라고 생각한다. 좋은 저널리즘 연구회는 이번 연구에 대한 현장 업계와 학계의 반응, 비판 등을 수용해, 앞으로 지속적으로 더 다듬어야 할 변인과 심화해야 할 요소들을 수정하고 보완해나갈 계획이다.

8. 이번 평가에서 다루지 않은 주요 요소들

TV 뉴스의 품질에 영향을 미치는 핵심적인 맥락 요소들이 있다. 프로페셔널리즘의 토대가 부실한 한국 언론의 상황에서는 이 맥락 요소들의 영향력이 더 크게 작용하는 게 사실이다. 뉴스 품질에 영향을 미치는 첫 번째 맥락 요소는 정치권력이다. 한국적 현실에서는 과거 TV 뉴스가 시작될 때부터 집권 세력의 영향력이 강력하게 뉴스 제작 환경을 압박해왔다. 두 번째 맥락 요소는 회사의 경영 여건이다. 경영 여건은 무엇보다도 취재와 보도를 위한 인적 자원을 제공하는 데 결정적 영향력을 행사한다.

안타깝지만 이번 연구에서는 이 두 가지 맥락 요인을 다루지 않는다. 분석의 대상이 뉴스를 전하기 위해 생산된 최종 상품인 TV 뉴스 리포트이기 때문이다. 방송기사만을 비교분석하기 때문에 뉴스 제작의 모체인 보도국의 구조나 인력 상황, 뉴스 제작과 관련된 의사결정 과정 등은 다루지 않았다. 그리고 각종 규제 제도나 인사 관행을 통해 직간접적으로 방송사의 중요한 의사결정에 영향을 미치고 있는 정치권력의 문제도 분석 대상에서 배제했다.

여기서 다루지 않은 이 두 가지 맥락 요소를 언급하는 이유는, 국내 TV 뉴스의 품질 지표들이 상대적으로 해외 유력 방송사 뉴스의 지표들에 비해 열악하게 나오는 원인의 일정 부분이 이러한 맥락적 요소의 책임일 수밖에 없기 때문이다. 다시 말하면 기사의 품질을 최종 상품을 대상으로 측정한 계량적 지표만으로 판단할 경우, 기사를 생산하는 기자들이 부당하게 모든 책임을 지게 될 수 있다는 말이다. 물론 방송 기사는 취재하고 제작하는 기자가 책임져야 하는 상품이다. 자기 자신의 목소리로 보도하고, 얼굴을 보여주며 내용을 전하기 때문이다. 그런 의미에서 기자는 기사의 완성도를 최고도로 높이기 위해 최선을 다해야 할 의무가 있다. 그러나 방송 뉴스가 방송사라는 조직이 생산하는 상품이기 때문에, 기자 개인이 통제하지 못하는 구조적 조건이 존재하는 것 또한 사실이다. 맥락 요소를 논의하는 또 다른 이유는, 방송 리포트의 품질을 어떻게 향상시킬 것인가를 이야기하려면 역시 맥락의 문제를 반드시 해결해나가야 하기 때문이다.

9. 정치권력의 문제

국내 TV 뉴스는 1950년대의 시작부터 정부의 직접적인 통제 아래 있었다. 정부가 방송사를 직접 경영했기 때문이다. 영국 BBC 방송이 정부와는 일정한 거리를 유지하는(at arm's length) 공영방송 원칙을 1920년대부터 유지해온 상황과는 전혀 다른 역사이다(Seymour-Ure, 1991). 우리나라는 1980년 5공화국이 들어서면서 KBS와 MBC를 공영방송으로 출범시키긴 했으나 이는 한국식 공영방송이었다. 양 방송사 사장을 청와대 비서관이나 문화공보부 장관 출신 등으로 임명해 특히 뉴스와 교양 부문 프로그램의 내용을 정권의 방향성과 철저히 맞추도록 조율하는 임무를 맡겼다. 이들은 자신들에게 주어진 인사권을 적극적으로 활용해 보도 부문 책임자들과 주요 에디터들을 집권 세력의 정책 방향에 협조할 만한 인물들로 채우고 방송 뉴스의 어젠다 또한 그러한 방향으로 조율했다.

문제는 이러한 관행이 민주화가 이루어진 1980년대 후반 이후에도 계속돼온 점이다. 노태우 정부 이후 번갈아 권력을 잡았던 보수 정부와 진보 정부 사이에서 공영방송의 관리에 관한 접근법의 차이는 찾아보기가 어려운 게 사실이다. 이러한 조건에서 공영방송과 관변에 포진한 방송사들이 언론에게 기대되는 권력 감시의 역할을 제대로 수행하거나, 적어도 독립적인 보도 자세를 견지하는 일은 기대하기가 어렵다. 그리고 당연히 이러한 권력의 제약은 품질 높은 뉴스를 기획하고 추진할 수 있는 프로페셔널 저널리스트의 성장을 격려하는 인사나 보도문화를 발전시키지 못하는 요인으로 작용해왔다.

10. 경영적 요인의 제약

경영 쪽에서 만들어내는 가장 핵심적인 제약 요소는 보도 인력의 부족 문제이다. 국내 방송사 보도국 인력의 규모는 해외 유력 방송사들에 비해 현저하게 부족하다. <LA타임스> 기사에 따르면 미국 CBS의 보도국 정규직 인력 규모는 1,400명 정도로 추정된다(Battaglio, 2020). 프로듀서와 카메라, 편집 등 기술직 인력이 절반 정도를 차지한다고 계산하면, 취재와 보도에 투입되는 기자의 수는 700명 내외에 이를 것으로 추산된다. NBC도 비슷한 규모의 보도 인력을 운용하리라 짐작한다. 영국 BBC의 취재 인력은 2,000여 명에 달하고,[1] 일본 NHK는 전국 46개 현에서 1,100여 명의 기자가 기사를 제작한다.

그에 비해 국내 방송사의 인력 상황은 초라하기 그지없다. KBS 보도 분야는 전국에 있는 지국을 포함해 기자가 600명 정도, 카메라 기자는 200명 정도로 운영된다.[2] 국내 방송계에서는 가장 큰 인력 규모이다. MBC와 SBS는 카메라 인력을 제외한 기자가 200명 남짓한 상황이고, 종합편성 채널들은 100명 수준의 취재 인력으로 뉴스를 제작하고 있다. 이 정도 규모의 보도 인력으로 24시간 디지털 서비스까지 해야 하는 게 현재 국내 방송 보도의 현실이다. 제대로 깊이 있는 취재와 완성도 높은 리포트를 제작해내는 일은 기대하기 어렵다. 이러한 조건에서 NBC, BBC, NHK 같은 해외 유수 방송사와 견줄 만한, 품질이 우수한 기사를 생산하도록 기대하는 일은 안타깝지만 비현실적일 수 있다는 뜻이다.

11. 더 좋은 텔레비전 뉴스를 위한 나침반

좋은 저널리즘 연구회가 비교언론학적 관점에서 TV 뉴스의 품질을 분석하는 이유는 한국 방송 뉴스가 더 발전하기를 기원하기 때문이다. 한국언론진흥재단의 수용자 조사 결과를 보면, 한국인들은 뉴스를

---

1 http://news.bbc.co.uk/aboutbbcnews/hi/this_is_bbc_news/default.stm

2 https://ko.wikipedia.org/wiki/%ED%95%9C%EA%B5%AD%EB%B0%A9%EC%86%A1%EA%B3%B5%EC%82%AC#운영_현황

얻는 경로로 여전히 TV 뉴스에 크게 의지하고 있다(한국언론진흥재단, 2019). 디지털 세상에서도 텔레비전의 저널리즘 기능은 강력하게 작용하고 있다는 의미이다. 그렇기 때문에 뉴스의 품질이 더 중요해진다. 모든 시민이 세상을 제대로 이해하고 민주시민으로서 주권을 행사할 수 있으려면 수준 높은 품질의 뉴스가 일상적으로 제공돼야 한다. 패터슨(Patterson, 2013)은 민주사회를 위해 기자가 궁극적으로 해야 하는 일은 사실(facts)을 철저히 검증해서 전달하는 일이라고 말했다. 그는 이러한 임무는 디지털 세상에서 발언 수위를 높이는 아마추어 유튜버 논객들이 할 수 있는 일이 아니라고 단언한다. 오로지 저널리즘의 원칙을 제대로 내면화한 전문적 역량을 갖춘 기자들이라야 할 수 있는 일이라는 의미이다. 안타까운 현실은 아직 국내의 전통매체 기자들이 고르게 기자로서의 전문적 역량을 갖추지 못하고 있다는 점이다. 방송사 보도국과 신문사 편집국에서 공유하는 좋은 기사의 품질 기준은 아직 앞서가는 선진매체들의 기준에 미치지 못한다.

미래 뉴스의 방향을 제시하는 뉴욕대학교의 스티븐스(Stephens, 2009) 교수는, 특히 정보가 넘쳐나는 디지털 환경에서 전통매체들은 속보(getting faster)에 매몰되기보다는 지적인 뉴스, 현명한 뉴스(getting wiser)를 생산하는 데 노력을 기울여야 한다고 주장한다. 그는 기자가 추구해야 하는 가치는 시청자에게 남보다 빠르게 단편적 정보를 전하는 게 아니라, 진행되는 상황에 대해 가장 통찰력 있는 해석(insightful interpretation)을 전달하는 일이라고 강조한다. 스티븐스 교수는 이제 퀄리티 저널리즘(quality journalism)은 5W1H로 규정되지 않는다고 말한다. '누가, 무엇을, 언제, 어디서, 왜, 어떻게'만 취재해서는 좋은 저널리즘의 요건을 채우지 못한다는 뜻이다. 그는 거기에 5I(interpretive, informed, intelligent, interesting, insightful)와 1O(original)가 보태져야 한다고 주장한다. 기자들에게 취재 영역과 취재 방법에 대한 더 깊은 성찰과 체계적인 공부를 당부하는 제언이다. 이 책이 국내 TV 뉴스의 수준을 객관적 자료를 바탕으로 성찰하도록 돕는 교재가 되고, 더 좋은 뉴스를 만들어가려는 현장 기자들의 노력에 방향을 제시하는 나침반이 되기를 희망한다.

텔레비전 뉴스 분석의 대상과 방법

2

김지현·김경모

이 책은 텔레비전 뉴스의 품질을 다각도로 측정하고 검토함으로써 좋은 텔레비전 뉴스의 기준 마련을 위한 발판을 놓으려 한다. 최근 미디어 생태계의 변화에 발맞춰 텔레비전 뉴스의 시간과 전달 방식에 상당한 변화가 일어나고 있다. 수용자의 뉴스 소비 행태를 반영해 뉴스 시간대가 다양해져, 이제는 모든 방송사에서 일괄적으로 저녁 9시에 종합뉴스를 시작하지 않는다. 방송사마다 대표적인 뉴스 프로그램의 전체 방송 시간 역시 상이하며 70분을 훌쩍 넘기기도 한다. 앵커가 가만히 앉아서만 뉴스를 진행하는 것이 아니라, 스튜디오를 오가며 역동적으로 진행하기도 한다. 전체적인 포맷 변화와 더불어 개별 리포트의 영상 또한 컴퓨터그래픽(CG)이나 인포그래픽(IG) 등 다양한 편집 기술을 활용해 '전달하기 좋은' 형태로 재구성된다. 따라서 텔레비전 뉴스를 제대로 분석하기 위해서는 이러한 변화를 담아낼 수 있는 프로그램의 외형적 양식 분석과, 개별 리포트의 텍스트, 영상, 소리를 함께 분석하는 포괄적인 작업이 요청된다. 각각의 요소별로 고려해야 할 변수도 상당하다. 또, 무엇이 '좋은' 텔레비전 뉴스인지 공감할 기준점을 찾기 위해서는 국내 TV 뉴스뿐만 아니라 해외 주요 TV 뉴스의 분석도 병행하여 비교할 필요가 있다.

이러한 점을 고려해 이 책에서는 외국의 대표적인 TV 뉴스 프로그램과 국내 TV 뉴스 프로그램을 비교하면서 외형적인 양식과 뉴스 리포트의 텍스트, 시각 요소, 소리를 분석했다. 그리고 이 과정에서 텔레비전 뉴스의 최근 변화 양상을 포착할 수 있는 변수를 측정하는 데 주력했다. 최근 TV 뉴스의 변화를 반영해 국내 뉴스와 해외 주요 국가의 뉴스를 다각도로 비교분석한 사례를 찾는 것은 어려웠는데, 이에 연구진은 여러 차례의 회의와 논의를 거쳐 항목별로 측정 변수를 설정하고 이를 통해 TV 뉴스의 품질을 추정해보고자 했다. 한편 이 책은 신문기사의 품질을 비교분석한 『기사의 품질』의 후속 작업이지만, 종합적인 품질 지표를 구성하지는 않았다. 다만 TV 뉴스를 구성하는 주요 요소별로 국내의 지상파 채널과 종합편성 채널, 그리고 해외 유력 방송사(BBC, NBC, NHK)의 TV 뉴스를 비교분석하는 데 주목했다.

1. 분석 대상과 분석의 틀

분석을 위해 국내의 지상파 채널(KBS, MBC, SBS)과 종합편성 채널(JTBC, MBN, 채널A, TV조선), 영국을 대표하는 공영방송사 BBC, 미국의 간판 뉴스 프로그램을 운영하는 민영방송사 NBC, 일본의 최대 공영방

<표 2-1> 분석 대상 뉴스 프로그램

<table>
<tr><th>국가</th><th colspan="2">분석 대상</th></tr>
<tr><td rowspan="2">한국</td><td>지상파 채널</td><td>KBS(뉴스9), MBC(뉴스데스크), SBS(8뉴스)</td></tr>
<tr><td>종합편성 채널</td><td>JTBC(뉴스룸), MBN(뉴스8), 채널A(뉴스A),
TV조선(뉴스9 / 뉴스7)*</td></tr>
<tr><td>미국</td><td colspan="2">NBC(Nightly News)</td></tr>
<tr><td>영국</td><td colspan="2">BBC(News at 10)</td></tr>
<tr><td>일본</td><td colspan="2">NHK(뉴스7)</td></tr>
</table>

* TV조선의 뉴스 프로그램은 평일 <뉴스9>, 주말 <뉴스7>로 나뉘어 있다.

송사 NHK 등 4개국 10개 채널의 메인 텔레비전 뉴스를 선정했다.

분석은 뉴스 프로그램의 양식 분석과 개별 뉴스 리포트의 분석으로 나누어 실시했다. 양식 분석은 텔레비전 뉴스의 전반적인 포맷을 분석하기 위한 것으로, 이 분석에서는 텔레비전 뉴스의 전체적 구성이 어떻게 이루어져 있는지에 집중했다. 또 뉴스 리포트의 분석은 개별 뉴스 아이템 하나하나의 내용(텍스트)과 시각 요소(영상), 소리(사운드) 전반을 정교하게 분석하는 것을 목적으로 했다.

2. 분석 기간과 표집 방법

프로그램 양식 분석과 개별 리포트 분석은 서로 다른 분석 목적을 지니기에 분석 단위와 분석 기간에도 차이가 있다. 양식 분석은 텔레비전 뉴스의 전체적인 구성을 비교하기 위한 것이므로 '뉴스 프로그램 전체'가 분석 대상이다. 분석을 위해 2018년 한 해 동안 방송된 뉴스 중 대형 사건이 없었던 평범한 일주일인 9월 둘째 주(9월 9일~9월 15일) 동안 방송된 뉴스를 추출했다.[1] 따라서 양식 분석에 사용된 분석 대상의 수는 방송사별로 총 7개이다.[2] 리포트 분석은 개별 뉴스 아이템을 하나하나 분석하는 것을 목적으로 하므로 개별 뉴스 리포트가 분석 단위이다. 리포트 분석을 위해서는 2018년 한 해 동안 방송된 뉴스를 대상으로 월별 2일씩 총 24일의 기사를 추출했다. 표집 방법은 주 구성 표집(constructed week sampling)을 이용했다. <표 2-2>는 주 구성 표집으로

<표 2-2> 주 구성 표집 결과

월	주	요일	날짜	월	주	요일	날짜	월	주	요일	날짜
1	1	목	1월 4일	5	1	화	5월 8일	9	1	수	9월 19일
1	3	월	1월 15일	5	3	금	5월 31일	9	3	토	9월 29일
2	2	화	2월 6일	6	2	토	6월 16일	10	2	월	10월 8일
2	4	금	2월 23일	6	4	수	6월 20일	10	4	목	10월 25일
3	1	수	3월 7일	7	1	일	7월 8일	11	3	금	11월 9일
3	3	토	3월 17일	7	3	월	7월 30일	11	5	화	11월 20일
4	2	목	4월 12일	8	2	금	8월 3일	12	1	토	12월 1일
4	4	월	4월 23일	8	4	화	8월 14일	12	4	수	12월 26일

1 해외 방송사 중 일본과 영국의 경우 자연재해 발생으로 인해 양식 분석 대상 날짜의 변경이 있었다. 일본의 경우에는 9월 둘째 주에 발생한 지진으로 일주일간 모든 톱 블록 뉴스가 사건·사고였기 때문에 뉴스 포맷을 분석하기 어려웠다. 이에 따라 대형 사건이 없었던 2019년 2월 18일부터 2019년 2월 24일까지로 분석 날짜를 변경했다. 미국에서는 9월 둘째 주에 허리케인이 발생해 뉴스 양식 분석이 어려워서 허리케인 뉴스가 마무리된 시점인 약 3주 후, 9월 30일부터 10월 6일까지를 양식 분석 대상으로 했다. 또한 BBC는 분석 자료를 구하는 데 어려움이 있어, 데이터를 구할 수 있었던 2018년 11월의 일주일 치를 분석 대상으로 했다. 한편 11월 5일(월)부터 11월 9일(금)까지의 데이터는 11월 5일 뉴스의 녹화가 불완전하여 부득이 다른 주 월요일(11월 26일)의 기사를 분석 대상으로 삼았다.

2 영국 BBC는 주말 뉴스가 없어 일주일 중 5일치 뉴스 프로그램을 분석했다.

추출된 날짜를 보여준다. 해당 월의 1일이 일요일부터 수요일까지 안에 있으면 그 주를 첫 번째 주로 간주하고, 1일이 목요일부터 토요일까지 안에 있으면 그다음 주를 첫 번째 주로 간주했다.

이 중 월별, 주별, 일별 순차적 샘플링을 통해 14일을 추출해[3] 해당 날짜의 뉴스 영상 전체를 다운로드받아 하루 치 뉴스가 하나의 파일에 담길 수 있도록 했다. 그리고 이 하루 치 뉴스 중 뉴스 리포트 패키지 5개를 분석 대상으로 삼았다. 이에, 분석에 사용한 개별 뉴스 리포트는 각 방송사당 총 70개이다. 기사 추출은 계통 샘플링(systematic sampling)으로 난수표를 이용해 매 n번째 기사를 추출하는 방식을 활용했다. 리포트 패키지는 분석 날짜의 뉴스 중에서 '앵커가 안내하고, 기자가 현장 취재 내용을 보도한 리포트'로 정의했다. 리포트 분석은 리포트 패키지만 분석하므로 해당 번호의 뉴스 리포트가 리포트 패키지가 아닐 경우 그다음 번호의 리포트를 분석하는 방식으로 이루어졌다. 해외 방송사 중 영국 BBC는 주말 뉴스가 없어 총 50개의 아이템을 분석했으며, NHK는 하루에 방송하는 뉴스 아이템 개수 자체가 적어 뉴스 리포트 패키지만 추출할 경우 전체 아이템 수가 부족한 날짜가 있었다. 결과적으로 NHK는 총 68개의 뉴스 아이템을 코딩했다.

연구진은 분석을 위해 코딩된 뉴스를 하나하나 재확인하는 과정을 거쳤다. 이 과정에서 리포트 패키지의 조작적 정의대로 '앵커가 안내하고, 기자가 취재한 내용을 보도한 리포트'라 하더라도, 현장 생중계나 스튜디오 생중계의 형식과 사전 녹화 형식의 리포트 패키지를 동일한 기준으로 분석하는 것이 타당한가에 대한 문제를 논의했다. 연구진은, 생중

3 일본 NHK는 해당 날짜의 뉴스를 구하기 어려워, 2018년 9월 9일부터 2018년 9월 15일까지의 일주일과, 2019년 2월 18일부터 2019년 2월 24일까지의 뉴스 방송 전체를 녹화한 후 분석에 사용했다.

<표 2-3> 분석 기간과 분석 대상

	양식 분석	리포트 분석
분석 목적	텔레비전 뉴스의 포맷 분석	개별 뉴스 아이템 분석
분석 대상	뉴스 프로그램 전체	하루 뉴스 방송 중 리포트 패키지 5개 추출
분석 기간	평범한 일주일	2018년 한 해 동안 방송된 뉴스 중 14일
분석 단위	하루 뉴스 프로그램 전체	하나의 뉴스 리포트
분석 수	방송사별 7개(BBC 5개)	방송사별 70개(단 BBC 50개, NHK 68개)

계 형식과 사전 녹화 형식의 리포트 패키지는 뉴스 기사 안에서 사용하는 취재원의 수와 성격, 영상의 구성 등에 큰 차이가 있을 것이므로 동일한 기준으로 분석을 실시하는 데 무리가 있다고 판단했다. 이에 분석의 엄밀성을 위해서 리포트 패키지의 조작적 정의를 보다 정교한 수준으로 끌어올려, '앵커가 안내하고, 기자가 취재한 내용을 보도하며, 사전에 녹화된 형식'으로 재정의했다. 따라서 최종적으로 리포트 분석에 적용된 뉴스 기사는 방송사별로 약간의 차이를 보인다(<표 2-4> 참조).

연구진은 국내 뉴스뿐만 아니라 미국, 영국, 일본의 뉴스 리포트도 꼼꼼히 재확인했다. 그 결과 NHK가 다소 독특한 형식으로 뉴스를 진행함을 확인했다. 구체적으로 NHK 뉴스의 경우에 기자가 등장하여 취재한 내용을 보도하기보다는, 앵커가 뉴스 리포트 전체를 소개하는 구조로 이루어졌다. 때문에 뉴스 리포트 중간 중간 취재원의 육성이 등장하는 몇 초를 제외하고는 모두 앵커의 육성으로 채워졌다. 이러한 이유로 연구자들은 몇몇 변수에서는 NHK 기사를 다른 뉴스 리포트와 동일한 기준으로 분석하기 어렵다고 판단했다. 이를테면 리포트 길이(하나의 리포트에서 사용된 문장의 수), 리포트 시간(하나의 리포트가 시작해서 끝날 때까지의 시간)가 그것이다. 따라서 해당 변수에서는 NHK를 분석 대상에

<표 2-4> 리포트 분석에 사용된 리포트 패키지 수

구분 / 국가	방송사		리포트 패키지 수
한국	지상파 채널	KBS	67
		MBC	64
		SBS	65
	종합편성 채널	JTBC	65
		MBN	66
		채널A	66
		TV조선	65
미국	NBC		62
영국	BBC		31
일본	NHK		63

서 제외했음을 미리 밝혀둔다.

3. 주요 변수의 개념화와 측정

이 연구에서는 국가별·방송사별 뉴스의 전체적인 구성이 어떻게 이루어져 있는가를 면밀하게 살펴보기 위해 하루 치 뉴스 프로그램 전체를 분석 대상으로 삼아 양식 분석을 실시했다. 양식 분석에서 분석한 주요 변수는 총 10개이다. 더불어 개별 뉴스 리포트 하나하나의 텍스트, 시각 요소, 소리 전반을 정교하게 분석하기 위해서는 리포트 분석을 실시했다. 리포트 분석을 위한 주요 변수는 뉴스 리포트의 길이·시간 등과 같은 기본 정보 9개, 영상 등 시각 요소 분석을 위한 변수 8개,

소리 분석을 위한 변수 7개, 텍스트 분석을 위한 변수 13개로 총 37개이다.[4]

1) 뉴스 방송의 기본 정보

방송 날짜

해당 분석 뉴스 프로그램 및 뉴스 리포트가 보도된 날짜를 말한다. 분석 뉴스 프로그램이 방송된 날짜를 연도, 월, 일 단위로 기입했다.

매체 분류

분석 대상이 되는 매체를 말하며, KBS, MBC, SBS, JTBC, MBN, 채널A, TV조선, NBC, BBC, NHK 순서로 넘버링해 기입했다.

2) 주요 변수 개념화와 측정

텔레비전 뉴스 프로그램의 양식 분석

① **뉴스 시간**: 뉴스가 시작해서 끝날 때까지의 시간을 재서 '____초'로 기입했다.

② **아이템의 전체 수**: 뉴스 전체에서 다루고 있는 뉴스 리포트의 수를 의미한다. 헤드라인과 클로징을 제외한 아이템 개수를 세서 '____개'로 기입했다.

---

4 이 연구에서는 텍스트 분석과 시각 요소 분석 등 다각도의 분석이 포괄적으로 이루어졌기에 코딩된 변수의 수 또한 방대하다. 텔레비전 뉴스의 특성상 변수를 문자로 설명하는 데 한계가 있다고 여겨지는 경우 뉴스 리포트 영상을 발췌하여 예시로 삽입했다.

③ **프로그램의 구성:** 텔레비전 뉴스에 등장한 프로그램의 다양성을 의미한다. 프로그램 유형은 총 8개의 유형으로 분류했으며, 내용은 다음과 같다.

- 리포트 패키지(앵커가 안내하고, 기자가 현장 취재 내용을 보도하는 유형)
- 사건·사고(실내외 이슈의 현장을 다룬 유형)
- 단신(기자 리포팅 없이 앵커가 소개하는 유형)
- 스포츠(스포츠 관련 리포트)
- 날씨(날씨 관련 리포트)
- 대담(스튜디오에서 주요 취재원과 앵커, 혹은 기자와 앵커가 함께 진행하는 유형)
- 논평(주요 이슈에 대해 앵커나 기자가 별도로 비평하는 유형)
- 스튜디오 리포트(기자가 스튜디오에 출연해서 자체 리포팅을 하는 유형)

코딩 방법은 각 프로그램 유형을 세서 기입했고, 해당 유형이 없을 경우 '0'으로 기입했다. 하루 치 뉴스 전체를 실제로 보고 해당 유형의 개수를 세도록 했으며, 홈페이지의 클립 영상으로 세지 않도록 했다.

④ **톱 블록 시간:** 톱 블록의 시간, 즉 텔레비전 뉴스 가장 초반에 등장하는 기사 무리(하나의 이슈를 2~3개의 아이템으로 나누어 보도하는 것)의 시간을 재서 '____초'로 기입했다. 톱 블록이 없으면 첫 번째 뉴스에서 다루는 기자 리포트의 시간을 재서 기입했다.

⑤ **톱 블록 주제:** 톱 블록이란 '텔레비전 뉴스 가장 초반에 등장하는 기사의 무리(하나의 이슈를 2~3개의 아이템으로 나누어 보도하는 것)'

로, 톱 블록 주제는 여기서 다루는 소재의 '토픽(topic)'을 의미한다. '무엇에 대한 보도인가?' 또는 '결정적으로 누구/무엇 때문에 기사가 됐는가?'에 따라 기사의 주제를 구분해 가장 두드러지는 주제 1개를 선택해 기입했다. 기사의 형식이 아닌 내용을 기준으로 주제를 분류했으며, 톱 블록이 없으면 첫 번째 뉴스에서 다루는 소재의 토픽을 기입했다. 주제 분류는 김경모(2003)의 연구를 참고하여 14개 항목으로 코딩했으며, 내용은 다음과 같다.

- 정치
- 국제정치·외교
- 경제·산업
- 사고·재난
- 농림·수산·광업
- 종교·문화
- 교육
- 북한·통일·남북관계
- 기술·과학·환경·보건·복지
- 법률·범죄·경찰
- 군사·국방
- 스포츠·연예·레저·관광·인간적 흥미
- 생활정보
- 기타

⑥ **앵커의 수**: 뉴스에 등장하는 앵커의 수를 의미하며, '___명'으로 기입했다.

⑦ **앵커 논평의 유무**: 앵커 브리핑 혹은 앵커 클로징을 말하며, '있음' 혹은 '없음'으로 기입했다.

⑧ **앵커 논평의 내용**: 앵커가 텔레비전 뉴스의 말미에 별도로 언급한 발언 내용을 말하며, 전체 내용을 기입했다.

⑨ **대담**: 앵커와 기자, 혹은 앵커와 취재원의 상호작용 여부를 의미하며, 다음과 같이 총 네 가지로 분류해 코딩했다.

- 앵커-기자의 대담
- 앵커-취재원의 대담
- 기자-기자의 대담
- 없음

⑩ **앵커 스타일**: 뉴스를 진행하는 앵커의 자세, 억양, 말하는 속도와 옷차림을 의미하며, 앵커가 손에 원고나 스마트폰·탭을 들고 있는가, 앵커의 자세는 어떠한가, 앵커의 옷차림은 어떠한가 등 총 세 가지로 분류해 코딩했다. 세부적인 내용은 다음과 같다.

- 앵커가 손에 원고나 스마트폰, 혹은 탭을 들고 있는가: 그렇다 / 아니다
- 앵커의 자세: 기립 / 착석 / 이동 / 기립 + 착석 /
  기립 + 이동 / 착석 + 이동 / 기립 + 착석 + 이동
- 앵커의 옷차림: 정장 / 캐주얼 / 기타

텔레비전 뉴스 리포트 분석

① 뉴스 리포트 형식 분석

- 리포트 길이: 하나의 리포트에서 사용된 문장의 수를 의미하며, 앵커의 멘트를 제외하고 취재원의 육성을 포함한 기자 리포트의 문장 수만 세서 기입했다.
- 리포트 시간: 하나의 리포트가 시작해서 끝날 때까지의 시간을 재서 '____초'로 기입했다. 앵커의 멘트를 제외하고 취재원의 육성을 포함한 기자의 리포트만 기입했다.
- 리포트 형식: 방송에서 해당 리포트가 보도된 방식을 의미하며, '녹

화', '현장 생중계', '스튜디오 생중계', '녹화+현장 생중계', '녹화+스튜디오 생중계', '기타'로 분류해 기입했다.[5]

- 리포트 구성 방식: 리포트를 하기 위해 사용된 방식을 의미한다. '스트레이트형', '제작형', '절충형' 등 세 가지로 분류해 기입했다. 먼저 스트레이트형 리포트는 그날 벌어진 일을 육하원칙에 따라 평면적으로 전달하는 리포트를 말하며, '~가 …라고 말했다'는 식의 발표, 혹은 정책의 내용을 소개하고 설명하는 기사가 여기에 해당된다. 인터뷰가 없는 검찰 수사 속보, 외교부 기사 등도 스트레이트형 리포트에 포함되지만, 때에 따라서 인터뷰가 포함될 수도 있다. 다음으로 제작형 리포트는 도입과 마무리가 두드러지게 구성되고, 사례나 스토리라인을 중심으로 전개하는 내러티브 방식을 사용하는 리포트를 말한다. 인터뷰와 스탠드업, CG, 현장 화면 등 리포트의 구성 요소들이 두루 갖춰져 있는 것이 특징이다. 마지막 절충형 리포트는 리포트 앞부분이 2~3문장 정도 간단히 사례를 보여주는 '모자 씌우기'로 시작하나, 뒷부분은 스트레이트형 리포트인 경우를 의미한다. 많은 리포트가 여기에 해당한다.
- 취재원 육성의 전체 시간: 하나의 리포트가 시작해서 끝날 때까지 나온 취재원 육성의 시간을 재서 기입했다.
- 취재원 육성의 전체 문장 수: 하나의 리포트가 시작해서 끝날 때까지 취재원이 언급한 문장의 수를 모두 세서 기입했다. 중간에 말이 끊기더라도 의미 전달이 되면 문장 1개로 취급했다.

---

5 최대한 동일 조건에서 분석을 실시하여 분석 결과의 신뢰성을 확보하기 위해 실제 리포트 분석에서는 '생중계' 형식으로 된 보도를 제외했다. 이에 '녹화'에 해당하는 뉴스 리포트만을 리포트 분석 대상으로 삼았으며, 방송사별로 분석 대상 수에 약간의 차이가 있음을 밝혀둔다(<표 2-4> 참조).

- 기자의 스탠드업 여부: 해당 리포트에서 기자가 스탠드업 리포팅하는 영상이 있는지 확인해서 '있음' 혹은 '없음'으로 기입했다.
- 기자 스탠드업의 전체 수: 해당 리포트에서 기자가 스탠드업 리포팅하는 영상의 수를 세서 기입했다.
- 기자 스탠드업의 전체 시간: 해당 리포트에서 기자가 스탠드업 리포팅하는 시간을 재서 기입했다.

스트레이트형 리포트 사례

[앵커]

먼저, 오늘(16일) 발생한 건물 붕괴 소식입니다. 서울의 한 재건축 현장에서 상가 건물이 무너져 그 잔해가 길가를 덮쳤습니다. 근처에는 학교와 어린이집이 있어서 평일이었다면 큰 사고로 이어질 뻔했습니다. 최수연 기자입니다.

[리포트]

굉음이 울리더니 돌무더기가 떨어지기 시작합니다. 오토바이를 타고 지나가는 행인 옆으로 건물 전체가 그대로 무너져 내립니다. 쏟아지는 콘크리트에 오토바이가 그대로 넘어지고, 주변은 흙먼지로 가득 찹니다.

서울 신대방동에서 철거 중이던 4층짜리 상가 건물이 무너졌습니다. 붕괴 사고가 난 현장입니다. 콘크리트 덩어리들이 여기저기 흩어져 있고 철근은 엿가락처럼 휘었습니다. 4층짜리 건물이 한순간에 무너져내린 겁니다. 주변을 지나던 청소 노동자 36

살 채모씨가 콘크리트 파편에 맞아 팔과 다리를 다쳤습니다. 공사장에서 철거 작업을 하던 노동자 5명과 주민 10여 명은 대피했습니다. 추가 인명 피해는 없었습니다.

[이규명/목격자: "폭탄 떨어지는 것 같이 쾅 하면서 먼지가 어마어마하더라고요. 깜짝 놀라가지고 지금도 몸이 부들부들…"]

소방당국과 경찰은 포크레인이 건물 뒤쪽에서 철거 작업을 하던 도중 사고가 난 것으로 보고 정확한 원인을 조사하고 있습니다.

(JTBC <뉴스룸> 2018년 6월 16일
<서울 재건축 현장서 철거 중이던 건물 붕괴> 리포트 발췌.)

제작형 리포트 사례

[앵커]

삼성전자서비스가 노동청 근로감독관들을 '상시 관리'해온 정황이 검찰 수사 과정에 확인됐습니다. 노동부의 근로감독에 영향을 끼치려 한 정황도 나왔습니다. 홍성희 기자가 단독보도합니다.

[리포트]

"노동청 근로감독관과 수시로 접촉해 공감대를 형성하라."

검찰이 지난 6일 삼성전자서비스에서 압수한 노조 대응 지침 문건에 적시된 내용입니다. 구체적으로는 협력업체 노조 문제에 본사는 관여하지 않고 있다는 인식을 심어주라고 돼 있습니다. “본사 직원 소환 조사에 대비해 사전에 경찰과 노동청 근로감독관을 상대로 설명하라”는 내용도 있습니다. 협력업체에서 벌어진 부당노동행위 사건에, 원청인 삼성이 나서서 근로감독관을 사전 접촉하라는 겁니다. 문건이 실행됐다면 부당노동행위에 대한 교사, 또는 공동정범이 될 수 있습니다. 심지어 노동부의 근로감독 결과에 영향을 끼치려 한 정황도 나옵니다. 협력업체 서비스 기사들의 불법파견 의혹에 대해, “적법 도급으로 노동부의 판단을 유도한다”는 지침도 포함된 겁니다. 실제 2013년 노동부는 두 달 동안 근로감독을 실시하고 ‘논란 여지 있지만 적법 도급’이라는 모호한 판단을 내렸습니다. 그러나 당시 조사 대상이 된 협력업체 10곳 중 5곳은 노조가 없는 사업장이었습니다. 조사 결과도 당시 노동부 고위직에게 보고되는 과정에 내용이 달라졌다는 증언도 나왔습니다.

[근로감독관 / 노조관계자 통화 내용(2013년): “그 전까지는 이거 불파(불법 파견)다 했는데, 이게 갑자기 실장 보고가 들어갔어요. 분위기가 180도로 확 바뀌어버린 겁니다.”]

검찰은 삼성의 노동부 근로감독 관여 혐의와 관련된 자료를 노조에서 제출받아 정밀 분석할 계획입니다. KBS 뉴스 홍성희입니다.

(KBS <뉴스9> 2018년 4월 12일 <근로감독관 ‘관리 지침’…조사에 영향?> 리포트 발췌.)

절충형 리포트 사례

[앵커]

올림픽 개막을 코앞에 두고 안전요원 41명이 노로바이러스 의심환자로 확인돼 비상이 걸렸는데요, 이 안전요원들, 3년 동안 방치됐던 건물을 급히 보수한 열악한 곳에서 생활했던 것으로 드러났습니다. 이서현 기자가 보도합니다.

[리포트]

좁은 방 안에 침대 12개가 빼곡히 놓여 있습니다. 수납장은 물론 옷걸이나 휴지통도 없어 위생 상태가 엉망입니다. 남자 직원들의 숙소인 이동식 캠핑카에는 물이 나오지 않아 제대로 씻을 수도 없습니다. 노로바이러스 의심환자 41명이 발생한 보안업체의 숙소는 지난 3년간 방치됐던 건물로 드러났습니다.

[인근 부동산 관계자: “(2014년 이후로) 운영을 안 했죠. 거기가 원래 (청소년) 수련원이었거든…”]

올림픽을 앞두고 급히 보수공사를 하고 입주한 겁니다.

[보안업체 직원: “(물이) 나오는 수도 자체도 청결해 보이지 않고 물을 받아먹으려고 했을 때 역한 냄새가 나서…”]

수질 문제를 계속 제기했던 안전요원들은 업체 측의 대응이 소홀했다고 주장합니다.

[보안업체 직원: "공사하시는 분들께 전화를 해야 한다고… 그럼 왜 전화를 안 했느냐 하니까 (답변을 안 하고)…"]

평창올림픽 조직위원회와 질병관리본부는 1200명을 격리조치하며 긴급 대응에 나섰습니다. 그동안 안전요원들이 평창 곳곳에서 활동했던만큼 노로바이러스가 확산됐을 가능성에 대비해 역학조사가 진행되고 있습니다. 채널A 뉴스 이서현입니다.

(채널A <뉴스A> 2018년 2월 6일 <3년 방치된 집에서 지냈으니…> 리포트 발췌.)

② 시각 요소 분석

- 모자이크 여부: 모자이크는 일반 영상이나 CCTV 영상에서 모자이크 혹은 흐리게(blur) 처리한 영상을 의미하며(<자료 2-1> 참조), '있음' 혹은 '없음'으로 기입했다.
- 모자이크 대상: 영상에서 모자이크 혹은 흐리게 처리한 대상을 '인물 얼굴', '인물 전체', '등장인물 전체', '특정 시설과 장소', '문서', '화면 전체' 등으로 분류해 기입했다.
- 모자이크 대상의 속성: 영상에서 모자이크 혹은 흐리게 처리한 대상의 속성을 '비판 취재원', '무관한 취재원', '보호 대상 인물이나 시설'로 유형화해 분석했다. 비판 취재원은 비판의 대상으로서 사건·사고 기사에서는 가해자가 여기에 해당한다. '무관한 취재원'은 사건과 직접적인 관련성이 없으나 기사 내에서 의미 있는 역할

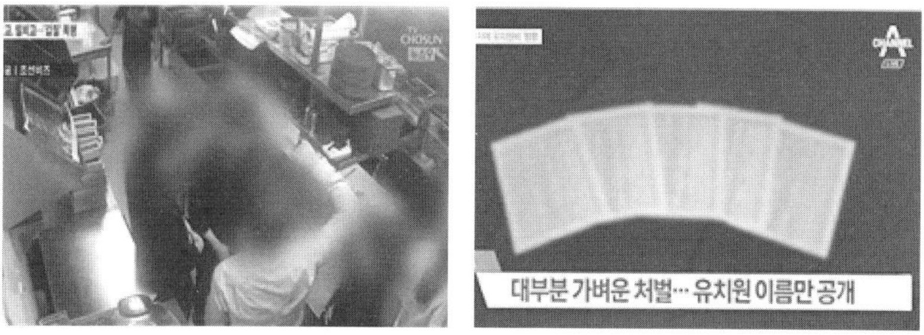

<자료 2-1> 모자이크 사례

TV조선 <뉴스9> 2018년 10월 25일 <목 조르고, 밀치고…임원이 '갑질' 폭행> 리포트 및 채널A <뉴스A> 2018년 10월 25일 <지원금 받아 내돈처럼 펑펑> 리포트 영상 발췌.

을 하는 취재원을, 보호 대상 인물이나 시설은 사건·사고의 피해자 및 군 시설과 같은 국가적으로 보호해야 할 시설 등을 포함한다.

- 영상 초점 흐리기 및 카메라 흔들기: 뉴스 리포트 영상에서 의도적으로 카메라의 조작이 있었는가를 의미하며(<자료 2-2> 참조), '있음' 혹은 '없음'으로 기입했다. 모자이크가 화면의 편집 과정에서 나타나는 영상 편집이라면 영상 초점 흐리기 및 카메라 흔들기는 촬영 시 의도된 조작으로 분류했다.

<자료 2-2> 영상 초점 흐리기 및 카메라 흔들기 사례

NBC <Nightly News> 2018년 1월 15일 <"I AM NOT A RACIST"> 리포트 영상 발췌.

<자료 2-3> 화면 부각·강조 사례

KBS <뉴스9> 2018년 10월 25일 <JSA 42년 만에 비무장화…곧 자유 왕래> 리포트 영상 발췌.

- 화면 부각·강조: 뉴스 리포트 영상에서 긴장감을 유발하거나 주목도를 높이고자 화면을 조작했는지 확인해서 '있음' 혹은 '없음'으로 기입했다. 모자이크가 특정 대상을 잘 보이지 않도록 편집하는 것이라면 화면 부각·강조는 흐린 화면상에서 특정 대상이 더 잘 보이도록 동그라미 등의 강조 표시를 하거나 진하게 보여주며 따라가는 등 의도적인 편집을 하는 것(<자료 2-3> 참조)이다.
- 재연 여부: 리포트 영상에서 실사 재연 또는 CG 재연이 있는지 확인해서 '있음' 혹은 '없음'으로 기입했다.
- 외부 영상 활용 여부: 리포트 영상에서 외부의 제보 영상, CCTV 클립 등을 활용했는지 확인해서 '있음' 혹은 '없음'으로 기입했다.
- 동일 장면 반복 여부: 해당 방송에서 제시된 장소의 반복이 있는지 확인해서 '있음' 혹은 '없음'으로 기입했다.

③ 소리 분석

- 취재원 육성 변조 여부: 해당 리포트에서 취재원의 육성이 변조되었

는지 확인해서 '있음' 혹은 '없음'으로 기입했다.

- 육성 변조 대상: 해당 리포트에서 변조한 육성의 주체를 '비판 취재원', '무관한 취재원', '보호 대상 인물이나 시설'로 유형화해 분석했다.
- 엘리트 취재원 육성 방송 시간: 해당 리포트에서 엘리트 취재원의 육성이 시작해서 끝날 때까지의 시간을 재서 기입했으며, 최대 7개까지 코딩했다.
- 엘리트 취재원 육성 문장 수: 해당 리포트에서 엘리트 취재원이 말한 문장의 수를 모두 세서 기입했다. 중간에 말이 끊기더라도 의미 전달이 되면 1개로 취급했으며, 최대 7개까지 코딩했다.
- 일반 취재원 육성 방송 시간: 해당 리포트에서 일반 취재원의 육성이 시작해서 끝날 때까지의 시간을 재서 기입했으며, 최대 7개까지 코딩했다.
- 일반 취재원 육성 문장 수: 해당 리포트에서 일반 취재원이 말한 문장의 수를 모두 세서 기입했다. 중간에 말이 끊기더라도 의미 전달이 되면 1개로 취급했으며, 최대 7개까지 코딩했다.
- 취재원 육성 끊김 여부: 취재원의 육성(사운드바이트)이 중간에 끊기는지 확인해서 끊김 여부를 '있음' 혹은 '없음'으로 기입했다.

④ 텍스트 분석

- 리포트 제목 유무: 리포트 제목은 방송의 디지털 영상 화면에서 자막처리된 것을 의미하며, 이를 '있음' 혹은 '없음'으로 기입했다.
- 리포트 제목의 내용: 방송의 디지털 영상 화면의 주제목을 기입했으며, 문장부호까지 정확하게 기입했다.
- 리포트 제목의 직접 인용구: 기사의 주제목, 부제목, 문중 제목(영상 중

<자료 2-4> 리포트 제목과 리포트 제목의 직접 인용구 사례

MBC <뉴스데스크> 2018년 4월 16일 <삼 남매 돌아가며‥끊이지 않는 구설> 리포트 및
SBS <8뉴스> 2018년 7월 8일 <"땅 밑서 하루 8번 꽝"‥터널공사에 주민 '불안'> 리포트 영상 발췌.

간에 삽입되어 있는 제목) 등 모든 유형의 제목에 큰따옴표(" ")로 표기한 부분이 있는지 확인해 '있음' 혹은 '없음'으로 기입했다.

- 취재원 수: 하나의 리포트에 등장하는 취재원이나 출연자의 수를 의미하며, 리포트에서 언급됐거나(mentioned, quoted) 인터뷰이로 육성이 등장하는 경우(shown while speaking)를 모두 포함해 측정했다. 취재원 수는 해당 리포트에서 나타나는 취재원이나 출연자의 수를 세서 기입했다.
- 엘리트 취재원 수: 엘리트 취재원,[6] 즉 '알려진 사람(knowns)'에는 공식 기관(노동부, 청와대 등)이나 대통령, 각료 및 공직자, 의원, 지자체장, 기업인이나 경제인, 노조, 시민단체, 교수 및 전문가가 포함되며, 해당 리포트에서 이들 엘리트 취재원의 수를 세서 기입했다.
- 일반 취재원 수: 일반 취재원, 즉 '알려지지 않은 사람(unknowns)'에는 일반 시민, 범죄 피해자, 범죄자 등이 포함되며, 해당 리포트에서 이들 일반 취재원의 수를 세서 기입했다.

6 엘리트 취재원과 일반 취재원의 구분은 간스(Gans, 1979)의 연구를 참고했다.

- 익명 취재원 수: 익명 취재원은 실명이 언급되지 않고 방송에서 모자이크 처리된 인물을 포함했고, '고위 관계자', '청와대 관계자', '노동부 관계자' 등도 익명 취재원으로 간주했다. 익명 취재원 수는 해당 리포트에서 실명이 언급되지 않은 취재원의 수를 세서 기입했다.
- 투명 취재원 수: 투명 취재원은 실명이 언급된 취재원을 의미한다. 방송에서 이름을 언급하지 않았어도 영상에서 그 사람의 신분 등을 알아볼 수 있는 정도의 취재원은 투명 취재원으로 포함했으며, 그 수를 세서 기입했다. '산업통상자원부', '헌법재판소', '○○○ 특검' 등의 '조직 취재원'도 투명 취재원으로 간주했다.
- 관점의 다양성[7]: 관점의 다양성은 리포트에서 제시된 관점 및 견해가 다양한 정도를 의미한다. '관점(viewpoint)'은 사안을 둘러싼 의견(opinion)이라고 봐도 좋으며, 일반적으로 의견이란 공공 사안에 대해 개인(또는 집단)의 신념과 태도가 배어나는 문제 정의 또는 주장으로, 적절한 이유와 증거가 전제된(또는 제시된) 평가적 진술이나 의사 표명을 말한다(윤영철 · 김경모 · 김지현, 2015). 분석을 위해서 뉴스 리포트의 관점 제시 양태를 중심으로 '복합적 관점', '대체로 단일 관점', '완전히 단일 관점'으로 유형화했다. 여기서 복합적 관점은 하나의 견해가 기사의 3분의 2 이상을 구성하지 못하면서 기사의 나머지 부분에 다른 견해가 제시되어 있는 경우를 뜻하고, 대체로 단일 관점은 다른 견해가 일시적으로 언급되기만 한 경우를 말하며, 완전히 단일 관점은 다른 견해에 대한 일시적인 언급조

7 관점의 다양성은 국내 방송사의 뉴스 리포트가 얼마나 다양한 관점을 제시하고 있는가를 살펴보기 위해 추가적으로 실시한 분석이다. 이에, 관점의 다양성 분석은 국내 지상파와 종합편성 채널 7개사의 텔레비전 뉴스 리포트를 대상으로 한다.

차 없는 경우에 해당한다.[8]

복합적 관점 사례

[앵커]

자유한국당이 삼고초려 끝에 조강특위 위원으로 모셨다는 전원책 변호사를 결국 해촉했습니다. 한 달여 만에 사실상 경질된 전 위원은 비대위가 자신을 하청업체 취급한 것 아니냐며 격앙된 반응을 보였습니다. 안다영 기자가 보도합니다.

[리포트]

자유한국당이 조강특위 위원 활동을 해온 전원책 변호사에게 문자메시지로 해촉을 통보했습니다. '언행을 유의하라'고 공개 경고한 지 하루 만입니다. 어젯밤(8일) 김용태 사무총장이 전 변호사를 찾아 4시간 가량 긴급 회동까지 벌였지만 전당대회 시기를 놓고 결국 이견을 좁히지 못했습니다.

[김병준/자유한국당 비상대책위원장: "당의 기강이 더 이상 흔들려서는 안 되고, 또 그다음에 당 기구들의 신뢰가 더 이상 무너져서도 안 되고…"]

---

8 관점이라는 개념은 취재원이나 이해관계자가 몇 명(개)이든 관계없이 기사에 나타난 주요 견해가 단일한지를 알아보는 항목이다. 상이한 취재원이나 이해관계자라 하더라도 비슷한 견해를 보일 수 있음을 밝혀둔다.

한 달여 만에 쫓겨난 신세가 된 전 변호사는 김병준 비대위원장이 전권을 주겠다는 약속과 달리 특위 위원 인사를 청탁하기도 했다고 폭로했습니다.

[전원책/변호사/자유한국당 전 조강특위 위원: "그때가 시작이었죠. 처음 약속과 너무 달랐으니까. 그런 걸 제가 허용했으면 아무 일 없었겠죠. 나를 정말 하청업체 취급하는 거잖아요."]

비대위는 전 변호사 후임자를 이미 내정하고, 예정대로 내년 2월 전당대회를 통해 새 지도부에 당권을 넘긴다는 계획입니다. 전 변호사 추천으로 조강특위에 합류한 나머지 3명의 위원들은 일단 잔류를 결정했지만, 비대위의 일방적 인선에 반대하는 등 잡음은 이어졌습니다.

[이진곤/자유한국당 조강특위 외부위원: "당에서 그분을 이렇게 정해가지고, 물색해가지고 우리한테 갖다 내민다면 조강특위가 심대한 또 하나의 위기를 맞게 되거든요."]

이번 일로 김병준 비대위는 리더십에 적잖은 상처를 입게 됐습니다. 여기에 인적 쇄신 등 갈길 바쁜 당내 혁신 작업 역시 차질이 불가피할 것으로 보입니다. KBS 뉴스 안다영입니다.

(KBS <뉴스9> 2018년 11월 9일 <문자로 해촉 통보… "하청업체 취급"> 리포트 발췌.)

대체로 단일 관점 사례

[앵커]

다음 소식입니다. 이명박 정부의 대표적인 해외자원 개발 실패 사례로 꼽히죠. 캐나다 하베스트사 인수, 무려 4조 원이 넘는 손실을 보고 있는데요. 당시 청와대, 총리실, 산자부 등 정부기관은 한국석유공사가 알아서 사들였고 정부는 전혀 개입하지 않았다고 말해왔습니다. 하지만 정부가 하베스트사 구입을 결정하고 이를 석유공사에 지시했다는 증거를 MBC가 단독으로 입수했습니다. 고은상 기자가 보도합니다.

[리포트]

이명박 정부 당시인 지난 2009년 한국석유공사가 4조 5천억 원을 들여 샀다가 4조 원의 누적 적자를 보고 있는 캐나다 하베스트사. 석유공사의 감독 기관인 당시 지식경제부, 특히 최경환 전 장관은, 하베스트사 인수에 정부는 전혀 개입하지 않았다고 일관되게 강조해왔습니다.

[최경환/전 지식경제부 장관(2014년 11월 4일 국회본회의 대정부 질의): "장관의 산하 공기업 관리·감독권은 구체적인 사업에 대해서 하라 마라 하는 것은, 그것은 월권이고요. 그렇게 하면 직권남용이 됩니다."]

그러나 MBC가 단독 입수한 산업통상자원부의 내부 보고서의 내용은 정반대입니다. 하베스트 인수는 "우리 측 그러니까 산업자원부를 포함한 정부가 청와대 등에 보고한 뒤 인수를 결정해 석유공사에 지침을 전달했다"고 적시했습니다. 또한 해외기업 인수합병 동향과 세부적인 협상 내용, 결과는 청와대에 지속적으로 보고했다고 돼 있습니다. 오히려 제대로 사실을 알아야 할 석유공사 이사회에는 보안을 유지하고 구두로 설명하는데 그치는 등 비상식적으로 일 처리를 한 과정까지 스스로 털어놓고 있습니다. 결국 하베스트 인수와 관련해 아주 세세한 사항까지 이명박 대통령의 청와대에 보고되고 있었고, 인수 결정은 석유공사가 아닌 청와대나 총리실, 산업자원부 등 정부 최고위층에서 결정했다는 뜻입니다. 그러나 이 같은 사실은 지난 9년 동안 완전히 은폐됐습니다. MBC가 단독입수한 이 문서에서 청와대 등 정권 핵심이 해외자원 개발에 직접 개입한 사실이 처음 확인됨에 따라, 이명박 대통령과 박영준 전 총리실 국무차장 등 정권 실세의 연루 의혹을 풀 중요한 출발점이 될 것으로 보입니다. 산자부는 하베스트를 포함한 해외자원 개발 사례 3건에 대해 검찰에 수사를 의뢰했고, 검찰은 서울중앙지검 특수부에 사건을 배당해 본격 수사에 착수했습니다. MBC 뉴스 고은상입니다.

(MBC <뉴스데스크> 2018년 5월 31일 <하베스트 인수 청와대에 보고했다> 리포트 발췌.)

완전히 단일 관점 사례

[앵커]

문재인 정부 들어 첫 민중대회가 오늘(1일) 여의도 국회 앞에서 열렸습니다. 참가자들은 문재인 정부의 노동·경제 정책이 개혁과 멀어지고 있다며 '개혁 역주행'을 중단할 걸 촉구했습니다. 정다은 기자입니다.

[기자]

[탄력근로 기간확대 즉각 중단하라, 즉각 중단하라!]

국회 맞은편 대로가 인파로 가득 찼습니다. 민중공동행동이란 이름 아래 민주노총 등 50여 개 노동시민사회단체가 모였습니다. 박근혜 정부를 규탄한 민중총궐기대회 이후 3년 만에 열리는 대규모 민중대회입니다. 주최 측 추산 2만여 명이 모였습니다. 참가자들은 노동과 농업, 성평등, 재벌 개혁과 한반도 평화까지 국가·사회 문제 전반에 걸쳐 자신들의 요구를 외쳤습니다. 무엇보다 문재인 정부 경제 정책이 촛불 민심의 요구를 반영하지 못한다고 성토했습니다.

[김주업/공무원노조 위원장: 노조할 권리 쟁취, 비정규직 철폐, 최저임금 원상회복 공약조차 지키지 않는 문재인 정부를 규탄한다. 노동자는 기계가 아니다!]

적폐 청산 개혁이 역주행하고 있다며 날을 세웠습니다.

[정영이/전국여성농민회총연합 사무총장: 문재인 정부의 개혁 역주행을 멈춰세우고, 민중의 요구가 제대로 반영된 사회대개혁을 이뤄내야 한다.]

집회를 마친 참가자들은 국회 앞으로 행진했습니다. 국회 앞에는 대규모 경찰 병력이 투입됐는데 다행히 큰 충돌은 없었습니다. 참가자들은 집회 뒤 국회 담장을 에워쌀 계획이었지만 경찰이 국회 업무 수행에 차질이 생길 수 있다며 불허했습니다. 법원도 집회 주최 측의 가처분 신청을 기각했고 참가자들은 허용된 지역만 행진했습니다.

(SBS <8뉴스> 2018년 12월 1일
<"개혁 역주행 멈춰라" 文 정부 첫 민중대회> 리포트 발췌.)

- 정보의 출처: 방송된 뉴스 리포트에서 다루는 정보의 출처를 의미하며, '보도자료', '발생사실(사건 · 사고)', '자체기획 및 발굴', '외신 및 타 미디어', '기타' 등으로 분류해 기입했다.

보도자료 사례

[앵커]

사립 유치원 비리를 근절하기 위해 정부와 여당이 오늘(25일)

종합 대책을 발표했습니다. 국·공립 유치원을 오는 2021년까지 40% 수준으로 확대하고, 국가 회계 관리 시스템 '에듀파인'도 단계적으로 의무 도입하기로 했습니다. 정연욱 기자입니다.

[리포트]

'사립 유치원 공공성 강화' 방안의 핵심은 국·공립 유치원을 늘리겠다는 겁니다. 당초 2022년까지였던 국·공립 유치원 40% 달성 시기를 1년 앞당기기로 하고, 내년 신설되는 유치원 학급 수를 당초 500개에서 1,000개로 두 배 늘리기로 했습니다. 이를 위해 초중고 유휴 부지나 공공기관 시설을 임대하는 것은 물론, 폐원을 원하는 사립유치원을 정부가 매입하거나 장기 임대하기로 했습니다. 또 계속 운영을 희망하는 유치원도 법인화를 유도하거나 공영형, 부모협동형 등 사실상 국·공립에 준하는 형태로 전환하기로 했습니다.

[유은혜/사회부총리 겸 교육부 장관: "다양한 방식의, 단설유치원이 가장 좋지만 신속하게 만들 수 있는, 또 지역별 시도교육감의 계획까지 포함해서…"]

국·공립유치원에서 사용 중인 국가 회계 관리 시스템 '에듀파인'도 단계적으로 도입됩니다.

1단계로 내년 3월 200명 이상 규모, 또는 희망 유치원에 우선 사용하고, 2020년 3월에는 모든 유치원에 사용을 의무화할 계획입니다.

[김태년/더불어민주당 정책위의장: "비리 행위에 대해서는 무관용의 원칙으로 단호하게 대응하고, 국민 세금으로 지원되는 예산이 온전히 우리 아이들을 위해서만 쓰일 수 있도록 엄정 관리하며…"]

집단행동에 대해서는 강경하게 대응하기로 했습니다. 사립유치원 단체가 집단휴원이나 모집정지를 강요할 경우 공정거래위원회의 조사와 제재, 개별 유치원에 대한 행정처분과 고발조치도 불사하겠다고 경고했습니다. 더불어민주당은 이번 대책을 뒷받침할 '유치원 비리 근절 3법'을 다음 달 15일에 상임위 의결을 거쳐, 최대한 이른 시간 내에 법안을 처리하겠다는 방침입니다. KBS 뉴스 정연욱입니다.

(KBS <뉴스9> 2018년 10월 25일 <3년 내 국공립 유치원 40% 확대> 리포트 발췌.)

발생사실 사례

[앵커]

어제(18일) 대전의 한 동물원에서 사육장을 탈출했던 퓨마가 사살됐습니다. 사육사가 우리 문을 잠그지 않고 나왔는데, 동물 관리도, 포획 과정도 허술했습니다. 백상현 기자가 취재했습니다.

[리포트]

사육장을 벗어났던 8년생 퓨마가 탈출 4시간여 만에 사살됐습니다. 우리에서 500미터 정도 떨어진 곳이었습니다. 어제(18일) 오전 9시쯤 사육사는 우리 청소를 마친 뒤 2중으로 된 출입문을 잠그지 않고 나왔습니다. 퓨마가 사라진 걸 발견한 시각은 오후 5시쯤, 맹수 우리의 경우 수시로 순찰을 해야 하는데도 8시간 넘도록 문이 열려 있다는 사실을 전혀 알지 못했습니다. 맹수 우리엔 2인 1조로 들어가야 한다는 규칙도 지켜지지 않았습니다.

[대전 오월드 사육사/음성 변조: "청소를 할 때는 동물을 내실에 집어넣고 청소를 하거든요. 사육사와 동물을 완전히 단절시킨 상태에서 청소를 하기 때문에…"]

탈출한 퓨마를 찾기 위해 119구조대와 경찰특공대 등 400여 명이 투입됐습니다. 다행히 동물원 안에서 발견했지만 포획에는 실패했습니다. 퓨마는 탈출 신고 1시간여 만에 이곳 종보존센터 뒷산에서 발견돼 마취총을 맞았지만 오히려 산 중턱으로 내려와 시야에서 사라졌습니다. 마취총을 쏘고 10분 정도 지나 약 기운이 퍼질 때부터 사살하기 전까지 2시간가량 퓨마의 위치를 놓친 겁니다.

[유영균/대전도시공사 사장: "마취총을 쏠 때까지만 해도 저희가 포획을 하려고 했는데, 해가 떨어지자마자 너무 위험하고 보안 체계가 너무 미흡하기 때문에…"]

결국 생포하려던 퓨마는 사살됐고, 동물원 인근 주민들은 불안에 떨어야 했습니다. KBS 뉴스 백상현입니다.

(KBS <뉴스9> 2018년 9월 19일 <사육장 관리도 사후 대처도 '허술'> 리포트 발췌.)

자체기획 및 발굴 사례

[앵커]

최근 육아 휴직을 하는 남성들이 늘면서 지난해 남성 육아휴직자 수도 만 2천 명을 넘었습니다. 하지만 대부분은 대기업 직원들이고 중소기업에 다니는 남성 육아휴직자는 전체의 10%에도 채 미치지 못했습니다. 이 소식은 황정호 기자가 보도합니다.

[리포트]

직장인 홍성원 씨는 4월에 아기가 태어난 뒤 한 달 육아휴직을 냈습니다. 덕분에 직장 대신 가정에서 애 보는 일에도 익숙해졌습니다. 이제는 분유를 타고 기저귀 가는 것도 능숙합니다.

[홍성원/직장인: "지금 24시간 옆에서 웃는 모습, 우는 모습, 씻는 모습, 칭얼대는 모습을 옆에서 계속 보고 있으니까 너무 사랑스럽고…"]

남성 육아휴직자는 2001년 지원책이 마련된 이후 꾸준히 늘어 지난해 만 2천 명을 넘었습니다. 하지만 대부분의 남성 육아휴직은 대기업 직원들입니다. 중소기업에 다니는 남성 육아휴직자는 전체의 10%도 채 되지 않았습니다.

[직장인/음성 변조: "제가 만약에 육아휴직을 했을 때 경제적인 소득은 없어지니까 쉽게 쓰지를 못하죠. (휴직하고) 돌아왔을 때 인사고과에 안 좋게 반영되면 제 연봉은 안 오르게 되니까…"]

대기업의 경우 첫 달 월급 전액 지급 등의 복지 장치를 나름 마련하고 있지만 중소기업은 현실적으로 재원 마련이 쉽지 않습니다. 정부도 육아휴직 급여를 올리고는 있지만, 휴직하는 동안 들어가는 육아비 부담 등 구체적인 지원책도 검토해야 한다는 지적입니다.

[정재훈/서울여자대학교 사회복지학과 교수: "기업 지원보다는 육아휴직을 하는 당사자들에게 아이의 의료비라든지 돌봄 비용을 좀 더 집중적으로 지원해주는 방향으로 (해야 합니다.)"]

여기에다 출퇴근 시간을 조정하는 탄력근무제 도입 등으로 육아의 실효성을 높여야 한다고 전문가들은 조언합니다. KBS 뉴스 황정호입니다.

(KBS <뉴스9> 2018년 6월 16일 <남성 육아휴직 기업 따라 '양극화'> 리포트 발췌.)

외신 · 타 미디어 사례

[앵커]

미국과 그리스에서는 산불 피해가 극심한데요. 삶의 마지막 순간, 손주들을 꼭 껴안은 채로 숨진 조부모들의 사연이 전해지면서 안타까움을 더하고 있습니다. 송영석 기자입니다.

[리포트]

캘리포니아주 북부 레딩의 한 작은 마을. 외출 중이던 에드 씨에게 집에 있던 증손자로부터 전화가 걸려왔습니다. 집 앞까지 산불이 밀어닥쳤으니 빨리 와달라는 다급한 외침이었습니다.

[에드 블레드소/캘리포니아 산불 희생자 유족: "손주가 계속 저를 부르면서 말했어요. 불이 다가오고 있으니 와달라고요."]

하지만 순식간에 번진 산불로 집으로 가는 길목 곳곳이 통제돼 에드 씨는 제때 도착하지 못했습니다. 결국 목숨을 잃은 채 발견된 가족들, 사망 당시 에드 씨의 아내는 어린 두 증손주를 꼭 껴안고 있었습니다. 마지막 순간까지 증손자와 증손녀를 불길에서 막아보려 했던 겁니다.

[에드 블레드소/캘리포니아 산불 희생자 유족: "손주는 저에게 '사랑한다. 빨리 우리에게 와달라'고 했어요. 저는 가고 있다고 했죠. 손주는 죽는 순간까지 저에게 말했어요."]

강풍을 타고 삽시간에 주택가까지 집어삼켜버린 그리스 산불. 화재가 덮친 날 할아버지, 할머니와 함께 나갔다가 실종된 9살 쌍둥이 자매의 사연이 전파를 탔습니다. 하지만 쌍둥이 자매도 끝내 할아버지, 할머니와 함께 불에 탄 주검으로 발견됐습니다. 발견 당시 네 사람은 구조대원들이 떼어내기 어려울 정도로 꼭 껴안은 모습이었습니다.

[바실리키 쏠리/추모객: "(쌍둥이 자매 소식을 듣고) 저도 오직 손자만 생각하게 됐습니다. 다른 건 보이지 않아요. …"]

죽음의 문턱에서도 자신의 생명을 던져 손주를 구해보려 했던 할아버지, 할머니의 사랑이 미국과 그리스 국민들을 울리고 있습니다. KBS 뉴스 송영석입니다.

(KBS <뉴스9> 2018년 7월 30일
<화마 속 손주 품은 채…안타까운 사연들> 리포트 발췌.)

- 리포트의 심층성: 기자가 취재원을 동원하거나 기타 다른 방법을 이용하여 적극적으로 취재해 '원인' 혹은 '예상 · 전망', '비판' 등의 추가적인 배경 정보를 언급한 경우가 있는지 확인했다. 구체적으로는 '전달 중심', '설명 중심', '평가 중심' 내용이 있는지를 각각 '있음' 혹은 '없음'으로 코딩했다. 먼저 전달 중심 리포트는 취재원의 발언 및 행위 등의 정보를 전달하는 리포트를 의미하며, 취재원의 말을 옮기는 간접인용 형태의 리포트, 혹은 취재원이 제공하거나 취재원으로부터 확인한 정보를 전달하는 리포트가 여기에 해당한

다. 설명 중심 리포트는 취재원의 말, 행위, 태도 등을 평면적으로 전달하지 않고 그 속에 담긴 목적이나 의도, 맥락을 해석하거나 알기 쉽게 분석해 설명한 리포트를 의미한다. 평가 중심 리포트는 문제점을 지적·비판하거나 의문을 제기하는 리포트, 혹은 반대로 긍정적으로 평가하는 경우를 포함한다.

전달 중심 리포트 사례

(전략) 지난해 8월, 경찰은 서울 가락시장 인근 노래방을 대상으로 대대적인 단속에 나섰습니다. 불법 성매매와 접대 여성 고용 등을 집중적으로 단속해 총 207건을 적발했습니다. 해당 지역에서 노래방을 운영하던 이모씨도 성매매 알선 등의 혐의로 경찰에 적발됐는데, 이씨에게 적용된 혐의는 식품위생법위반과 공연음란 혐의뿐이었습니다. 그런데 검찰 수사 과정에서 이씨가 현직 경찰관들에게 금품을 제공한 사실이 추가로 드러났습니다. (후략)

(MBN <뉴스8> 2018년 1월 15일 <돈 받고 사건 눈감아> 리포트 발췌.)

설명 중심 리포트 사례

(전략) 특검 수사 1차 기한은 다음달 25일, 30일 연장이 가능하지만 현재로선 연장을 장담할 수 없는 상황입니다. 특검팀은

이에 따라 앞으로 열흘 정도를 김 지사에 대한 집중 수사 기간으로 설정했습니다. 우선 드루킹이 김 지사에게 요청한 오사카 총영사 인사청탁과 관련해 청와대에 관련 자료를 요청하기로 했습니다. 자료 검토를 거친 뒤 김 지사를 소환해, 이번 사건과의 연관성을 철저히 따져볼 계획입니다. 집중 수사를 마친 뒤 김 지사 등의 기소 여부를 결정하고, 수사를 마무리한다는 계획입니다. 현재로선 수사 전망이 낙관적이지만은 않습니다. (후략)

(KBS <뉴스9> 2018년 7월 30일 <"이번 주 김경수 소환"…조사 준비 박차> 리포트 발췌.)

평가 중심 리포트 사례

(전략) 그 뒤 대법원은 지금까지 무려 5년 가까이 아무런 답이 없는 상탭니다.

[김세은/변호사/강제 징용 사건 소송 대리: "새로운 쟁점이 있는 사안이 아닌 경우인데 왜 대법원이 이걸 판단하지 않는지에 대해 이해하기 어려운 측면이 있었죠."]

2015년 3월, 법원행정처가 작성한 상고법원 관련 BH 대응전략이란 문건입니다. 청와대와 맞춤형 접촉을 강조합니다. 이병기 청와대 비서실장의 최대 관심사는 한일 우호 관계 복원, 소송은 청구기각, 즉 일본 전범기업들이 재판에 이기는 판결을 기대할 거란 겁니다. 왜 소송 결론이 안 나는지 유추할 만한 말도 나옵니다.

[이상주/강제 징용 피해자: "(손해배상 소송이) 곧 해결될 것으로 알고 있었는데, 이번에 들어보니 여의치 않는 일이 발생해서…"]

처음 소송에 참여한 사람은 모두 9명. 대법원 캐비닛에서 사건이 한없이 잠자는 동안, 한 분 두 분 세상을 떠나 현재 생존자는 단 두 명입니다. KBS 뉴스 김유대입니다.

(KBS <뉴스9> 2018년 5월 31일 <'재판거래'에 강제징용 피해 외면?> 리포트 발췌.)

- 마무리 문장 술어의 주체 유무: 기자의 멘트 중 마무리 문장 술어의 주체가 언급되었는가의 여부를 의미하며, '있음' 혹은 '없음'으로 기입했다.

마무리 문장 술어의 주체가 있는 리포트 사례

(전략) 기무사 개혁안은 이르면 다음 달 2일 나올 것으로 보이는데 군인권센터는 기무사의 내부 제보 내용을 볼 때 기무사는 해체해야 한다고 주장했습니다. (후략)

(SBS <8뉴스> 2018년 7월 30일 <"노무현 대통령-국방장관 통화도 감청"> 리포트 발췌.)

마무리 문장 술어의 주체가 없는 리포트 사례

(전략) 다만 IOC 위원이던 아버지 이 회장이 유치에 결정적인 역할을 한 평창 동계올림픽을 계기로 자연스럽게 외부활동을 재개할 수 있다는 분석도 나옵니다. (후략)

(TV조선 <뉴스9> 2018년 2월 6일
<이틀째 아버지 병문안…복귀 시점 '저울질'> 리포트 발췌.)

3) 코더 간 신뢰도

언론학 전공 대학원생 및 졸업생 11명이 텔레비전 뉴스의 코딩을 담당했다. 본격 코딩에 앞서 코딩 훈련과 애벌 코딩 연습을 위한 코딩 프로토콜을 제작했다. 이를 바탕으로 여러 차례 회의를 거치며 먼저 표집 된 몇 개의 뉴스 리포트를 실제로 보고, 리포트에서 자주 등장한 분석 항목별 유형과 사례에 대해 논의했다. 이를 정리한 후에는 재논의하는 과정을 거쳐 변수와 분석 항목을 재조정하고 수정하는 작업을 반복했다.

신문기사의 분석과 달리 텔레비전 뉴스의 분석은 시각 요소 분석과 소리 분석이 필수적이었기 때문에 코더 간 신뢰도를 맞추는 것이 쉽지 않았다. 애벌 코딩 이후 한 달이 넘는 훈련 기간 동안 3차례에 걸쳐 가코딩을 실시하면서 최종 코딩 프로토콜(코딩 지침서, 코딩 가이드북)을 완성했다. 해외 매체 분석을 위해 일본어와 영어 능통자가 각각 매체를 하나씩 담당해야 했기 때문에 국내 매체 역시 동일한 방식으로 코더 한

명이 하나의 매체에 대해 책임코딩을 실시하는 것으로 결정했다. 최종적으로는 11명의 코더들이 매체를 하나씩 담당해 분석을 실시했다.

본 코딩에 들어가기 전 신뢰도를 확보하기 위해서 연구자가 분석 대상이 되는 기사 중 10%를 무작위 추출했고, 이에 대해 11명의 코더가 같은 기사를 코딩하도록 했다. 그리고 이렇게 가코딩한 결과를 연구자가 취합 · 정리하여 전체 코더들과 다시 회의하면서 본인과 다른 코더의 코딩을 비교분석해 신뢰도를 조정하는 시간을 가졌다. 3차에 걸친 코딩 훈련과 가코딩 후 주요 변수의 단순 일치도가 80% 수준을 넘은 시점부터 본 코딩을 시작했다. 본 코딩이 시작된 이후에도 수시로 11명의 코더들이 함께 소통하면서 문제가 있을 것 같은 뉴스 리포트에 대한 논의를 지속하며 코딩 신뢰도를 맞춰가려는 노력을 계속했다.

최종 코더 간 신뢰도(intercoder reliability) 측정을 위해서는 표집된 뉴스 중 10~15%를 무작위로 추출해 2명씩 짝을 이뤄 코딩을 실시하도록 했다. 이러한 과정을 거쳐 최종적으로 측정한 주요 변수의 코더 간 신뢰도는 다음 <표 2-5>와 같다.

<표 2-5> 주요 변수의 코더 간 신뢰도(Krippendorff's alpha)

구분 / 변수	항목	최종 신뢰도
리포트 형식	리포트 길이	0.99
	리포트 시간	1
	리포트 형식	0.92
	리포트 구성 방식	0.85
	취재원 육성의 전체 시간	0.86
	취재원 육성의 전체 문장 수	0.96
	기자의 스탠드업 여부	1

리포트 형식	기자 스탠드업의 전체 수	1
	기자 스탠드업의 전체 시간	0.91
시각 요소	모자이크 여부	0.98
	모자이크 대상	0.98
	모자이크 대상의 속성	0.98
	영상 초점 흐리기 및 카메라 흔들기	0.94
	화면 부각 · 강조	0.87
	재연 여부	1
	외부 영상 활용 여부	0.93
	장면 반복 여부	0.91
소리	취재원 육성 변조 여부	1
	육성 변조 대상	1
	엘리트 취재원 육성 방송 시간	0.99
	엘리트 취재원 육성 문장 수	1.0(0.998 반올림)
	일반 취재원 육성 방송 시간	1
	일반 취재원 육성 문장 수	1
	취재원 육성 끊김 여부	0.91
텍스트	리포트 제목 유무	1
	리포트 제목의 직접 인용구	1
	취재원 수	0.90
	엘리트 취재원 수	0.84
	일반 취재원 수	0.93
	익명 취재원 수	0.96
	투명 취재원 수	0.92
	관점의 다양성	0.93
	정보의 출처	0.88
	리포트의 심층성_전달 중심	1
	리포트의 심층성_설명 중심	0.96
	리포트의 심층성_평가 중심	0.82
	마무리 문장 술어의 주체 유무	0.95

텔레비전 뉴스 분석의 결과

3

박재영·이나연·이완수

1. 텔레비전 뉴스의 프로그램 양식 분석

텔레비전 뉴스의 양식 분석은 방송사 저녁 종합뉴스 프로그램 전체의 전반적인 특성을 살펴보는 것을 목적으로 한다. 매일의 뉴스 프로그램이 전체적으로 어떻게 구성되어 있는지를 집중적으로 분석했다. 이 연구는 기본적으로 7일간의 뉴스를 조사했으므로 방송사별로 분석한 뉴스 프로그램의 개수도 주중 5일(월요일~금요일)과 주말 2일(토요일, 일요일)을 포함해 7개이다. 단 해외 방송사 가운데 BBC는 주말에 별도의 저녁 종합뉴스를 하지 않으므로 주중 뉴스 프로그램 5개를 분석했다. 이어질 분석 결과가 나오게 된 배경을 이해하기 위해 지상파 방송사에서 20년 이상의 경력을 쌓은 기자 서너 명을 인터뷰하여 그들의 의견을 결과 해석에 참조했다.

1) 프로그램 구성의 양적 비교

뉴스의 전체 시간

뉴스의 전체 시간은 저녁 종합뉴스가 시작하여 끝날 때까지를 초 단위로 측정했다. 뉴스의 전체 시간은 평균적으로 국내 방송사(50분 46초)가 가장 길었으며, 그다음은 BBC(31분 14초), NHK(29분 50초), NBC(19분 24초)였다(<표 3-1> 참조). 이 차이는 통계적으로 유의미했다. 국내 방송사와 해외 방송사의 차이는 현저하게 컸지만, 해외 방송사 간의 차이는 크지 않았다. 국내 방송사 뉴스의 전체 시간은 NBC의 약 2.6배였다. 각 방송사 뉴스의 전체 시간이 날짜별로 차이가 나는지도 조사했는데, 이 편차에서 특징이 발견됐다. 국내 방송사의 편차는 최소 31분 25초에서 최대 89분 42초로 컸지만, 해외 방송사들은 그렇지 않았다. NBC는 16~21분대를, BBC는 26~33분대를 유지했다. 특히 NHK는 29분 50~51초로 조사되어 뉴스의 전체 시간이 매일 기계처럼 일정했다.

<표 3-1> 국가별 방송사 뉴스의 전체 시간(단위: 분초)

구분 매체	사례 수	평균	최단	최장
국내 방송사	49	50분 46초	31분 25초	89분 42초
미국 NBC	7	19분 24초	16분 52초	21분 25초
영국 BBC	5	31분 14초	26분 36초	33분 13초
일본 NHK	7	29분 50초	29분 50초	29분 51초
$F(3, 64) = 25.05, p < .001$				

국내 방송사 뉴스의 전체 시간은 종합편성 채널(이하 ‘종편’, 51분 34초)과 지상파 채널(이하 ‘지상파’, 49분 41초) 간에 통계적으로 유의미한 차이가 발견되지 않았다(<표 3-2> 참조). 뉴스의 전체 시간의 편차에서는 종편(31~82분대)이 지상파(34~61분대)보다 컸다. 국내 방송사 가운데 뉴스의 전체 시간이 가장 긴 방송사는 JTBC(70분 12초)였으며, 그 다음은 KBS(51분 24초), MBC(51분 4초), TV조선(48분 12초), SBS(46분 35초), MBN(45분 8초), 채널A(42분 45초)였다. 이 차이는 통계적으로 유의미했다. JTBC와 타 방송사의 차이는 매우 컸지만, 타 방송사 간의 차이는 그리 크지 않았다. JTBC는 저녁 종합뉴스를 타 방송사보다 20분 이상이나 더 길게 했다. 저녁 종합뉴스가 가장 길었던 경우는 JTBC의 89분 42초였으며 가장 짧았던 경우는 채널A의 31분 25초였다.

국내 방송사의 저녁 종합뉴스 시간이 해외 방송사보다 긴 이유는 다

<표 3-2> 국내 방송사 뉴스의 전체 시간(단위: 분초)

매체 \ 구분	사례 수	평균	최단	최장
지상파	21	49분 41초	34분 50초	61분 25초
종편	28	51분 34초	31분 25초	89분 42초
$t(47) = -.53$, $p = n.s$				
KBS	7	51분 24초	34분 50초	61분 1초
MBC	7	51분 4초	40분 33초	57분 29초
SBS	7	46분 35초	38분 49초	52분 14초
JTBC	7	70분 12초	43분 21초	89분 42초
MBN	7	45분 8초	35분 34초	52분 12초
TV조선	7	48분 12초	39분 31초	55분 13초
채널A	7	42분 45초	31분 25초	47분 22초
$F(6, 42) = 6.35$, $p < .001$				

음과 같이 몇 가지로 설명할 수 있다. 첫째, 국내에서 저녁 종합뉴스는 '완결편'이라는 인식이 강하다. 방송사도 시청자도 저녁 종합뉴스는 그 날의 완결된 뉴스 프로그램이라고 생각한다. 따라서 뉴스 제작자는 하루의 뉴스를 종합적으로 정리한다는 차원에서 당일의 주요 아이템을 되도록 많이 선별하여 '베스트 라인업(best line-up)'을 구성하려고 한다. 한국사회가 유난히 역동적이어서 그런지 몰라도 크고 작은 사건·사고가 자주 터지는 편이며, 최근에는 뉴스 가치가 매우 큰 대형 사건이 빈번하게 발생하기도 했다. 방송사는 이런 사건·사고를 빠트리지 않고 보도하려고 하므로 뉴스 시간이 길어진다고 말할 수 있다.

국내 방송사에서 저녁 종합뉴스가 지니는 이러한 성격은 하루 중 방송되는 여러 뉴스 프로그램을 비교검토해보면 더욱 두드러진다. 국내 방송사는 하루에 4~5번 이상 뉴스를 방송하는데, 시간대별로 뉴스의 성격이 상당히 다르다. 예를 들어 오전 뉴스와 낮 뉴스는 당장 발생한 사건을 재빠르게 다루는 속보 위주이며 오후 뉴스는 사건을 분석하고 관점을 제공하는 경향이 강하다. 오후 뉴스가 대담 형식을 띠는 것은 그 때문이다. 이에 비해 오후 6시부터 저녁 9시대까지의 저녁 뉴스는 종합적 성격이 강하다. 그 이후 심야 시간대의 뉴스는 심층성과 통찰력을 강화하는 쪽으로 맞춰져 있다. 이 연구가 분석한 저녁 종합뉴스는 흔히 프라임 타임(prime time)으로 불리는, 하루 중 가장 중요한 시간대의 뉴스로서 종합적인 성격이 가장 강하다고 말할 수 있다.[1]

한국과 달리 미국은 중요한 사건 몇 개만 굵직한 뉴스로 만들어서 보

1 지상파 방송사의 아침 종합뉴스(대개 오전 6시~7시 30분 방송)도 프라임 타임대의 저녁 종합뉴스 못지않게 종합적 성격을 띤다. 다만 아침 종합뉴스는 전날의 프라임 타임 뉴스가 끝난 뒤부터 아침 방송 시점까지 속보 위주로 다루되, 전날 다룬 사안을 다시 다루거나 전날의 뉴스 클립을 재활용하는 경우가 많다.

도한다. 이런 현상은 미국 전역을 시장으로 삼고 있는 네트워크 방송사에서 특히 강하게 나타난다. 일반적으로 미국의 지역 시청자들은 자기 지역의 사안에 관심을 가지며, 미국 전역을 대상으로 하는 중앙뉴스에는 별 관심이 없다. 따라서 NBC와 같은 네트워크 방송사는 미국 방방곡곡의 사안을 시시콜콜 전하기 위해 방송 시간을 길게 잡기보다 대형 사안만 짧게 전하려고 하며, 각 지역의 크고 작은 사건·사고는 그 지역의 방송사가 도맡아서 보도한다. 즉 미국의 방송 뉴스는 네트워크 방송사와 지역 방송사가 역할을 분담하는 이원화 체제라 할 수 있다.

물론 국내 방송사도 전국 단위 지상파와 지역 방송사(KBS 광주총국, 춘천 MBC, 부산 민방 KNN 등)로 이원화돼 있고, 지역 방송사들은 자기 지역의 소식을 로컬 뉴스 시간대에 매일 방송한다. 하지만 미국과 비교해보면 우리의 지역 주민들은 분명히 지역 현안보다 전국 단위의 뉴스에 더 관심이 많다. 미국은 국토가 워낙 넓다 보니 국가적 이슈가 시민 개인의 삶에 직접 영향을 끼치는 정도가 크지 않으며, 오히려 자기가 거주하는 주(州) 단위나 지역사회 내에서 일어나는 이슈들의 영향력이 더 크다고 말할 수 있다.

미국과 상황이 다르다 하더라도, 국내 방송사가 저녁 종합뉴스에 당일의 주요 사안을 거의 모두 담아서 이렇게 길게 보도할 필요가 있는지 의문이 들기도 한다. 한국은 최고 수준의 인터넷과 모바일 통신망 덕에 전 국민이 매일 24시간 뉴스 체제에서 살고 있다. 주요 사안은 터지는 순간 거의 실시간으로 국민에게 속보로 전달되며 뒤이어 토크쇼 프로그램에서도 심층적으로 다루므로 저녁 종합뉴스 시간에는 이미 구문(舊聞)이 되는 경우가 많다. 그렇다면 저녁 종합뉴스는 이름 그대로 하루를 '종합'하기 위한 구색 맞추기에 불과할 수 있다.

이런 비판론에도 불구하고 당장 거기에 맞춰 뉴스 제작 관행을 바꾸기는 쉽지 않다. 시청자층이 다양하다는 것이 한 가지 이유이다. 예를 들어 중장년층이나 노년층 시청자들은 인터넷으로 뉴스를 소비하더라도 저녁 방송 뉴스를 통해 하루를 정리하면서 이슈별 중요도를 가늠하려는 경향이 있다. 이것은 신문이 기사별로 크기와 면의 배치를 달리해 의제설정을 하고, 이를 읽는 독자들이 머릿속에 의제의 중요도에 따른 일종의 지도를 그릴 수 있도록 도와주는 것과 비슷하다. 시청자들도 저녁 종합뉴스가 어떤 아이템을 뉴스 시간의 전반부 또는 후반부에 배치하며, 또 얼마나 많은 시간을 할애하는지 보면서 이슈에 대한 중요도를 가늠하고자 하는 것이다.

둘째, 한국 시청자들의 뉴스 소비 욕구가 매우 강하다는 것도 한 원인일 것이다. 한국의 시청자들은 전반적으로 교육 수준이 높고 정치 등 현실 문제에 대한 관심도도 높아서 뉴스 수요가 많고 소비 욕구도 큰 편이다. 더욱이 국토는 좁고 인구 밀도는 높아서 사람들의 공통 관심사가 많다. 우리의 이런 특성을 외국과 직접 비교할 수 있는 근거 자료는 없지만, 이런 해석에 다수가 공감할 것이다. 요즘 사람들이 아무리 '본방사수'를 안 한다고 하지만, 뉴스 제작자들은 시청자들의 기본적인 뉴스 소비 욕구나 잠재적인 뉴스 수요를 고려하여 뉴스를 제작할 수밖에 없다. 그래서 뉴스 제작자들은 적어도 저녁 종합뉴스에서는 국내외의 다양한 사건·사고와 이슈를 포괄적으로 전달하여 시청자들이 한 편의 뉴스 프로그램으로 당일의 상황을 섭렵할 수 있도록 도와줘야 한다고 믿는다. 또한 한국의 시청자들은 미국과 달리 중앙뉴스에 관심이 많아서 지상파 방송이든 종편 방송이든 중앙에서 벌어지는 일은 무엇이든지 뉴스 가치가 크다고 보고 빠짐없이 보도하려고 한다. 이런 인식은 방송기자들에게 넓게 퍼져 있는데, 근거 없는 이야기는 아니다. 예를 들어 로이터저널리즘연구소의 2020년 보고서에서도 한국인의 지역뉴스에 대한 관심도는 조사 대상 40개국 가운데 가장 낮았다(Reuters Institute for the Study of Journalism, 2020).

방송사는 이와 같은 시청자의 뉴스 소비 성향을 무시할 수 없지만, 그것을 따르다 보면 '백화점식 보도'와 같은 부정적인 결과를 낳게 된다. 모든 사안이 다 중요하고, 그래서 하나도 빼놓지 않으려는 전략은 결국 어느 것도 중요하지 않게 만드는 우를 범할 수 있다. 따라서 그보다는 중요한 것은 더욱 중요하게 만들고, 사소한 것은 정말 사소하게 만들거나 아예 버리는 전략이 효과적일 수 있다. <표 3-1>에 나타난 NBC와 BBC의 뉴스 편집은 그런 '선택과 집중'을 잘 보여준다고 말할 수 있다.

셋째, 국내 방송사들이 저녁 종합뉴스의 시청률만으로 뉴스 프로그램 경쟁을 하기 때문이다. 각 방송사는 하루 중 여러 시간대에 다양한 뉴스 프로그램을 내보내지만, 유독 저녁 종합뉴스만 대상으로 하여 시청률 경쟁을 하는 관행이 굳어져 있다. 각종 미디어 전문 매체도 이 시청률 수치로 방송사 뉴스를 비교하다 보니 방송사들은 다른 뉴스는 제쳐두고 저녁 종합뉴스에 총력전을 펼친다고 말할 수 있다. 보도국장이나 보도본부장처럼 뉴스에 대해 총체적인 책임을 지는 사람을 평가할 때도 저녁 종합뉴스의 경쟁력이나 시청률이 가장 중요한 잣대가 되는 경우가 많다.

넷째, 뉴스는 큰 제작비를 들이지 않고서도 상당한 양의 방송 시간을 메울 수 있는 경제적인 아이템이다(Kovach & Rosenstiel, 2014). 즉 방송사의 재정적 측면에서 볼 때 뉴스는 '가성비'가 높으면서도 사회적 의미가 큰 제품이다. 드라마나 다큐멘터리, 오락 프로그램에 거액을 투자하는 것이 부담스러운 방송사로서는 뉴스 제작에 인원과 재원을 더 투자하고 시간을 더 할애하는 것이 좋은 전략일 수 있다. 이런 해석은 종편에 더 잘 들어맞는다. 종편은 출범부터 지금까지 재정 형편이 넉넉하지 않아서 말 그대로 '종합편성' 채널로서의 프로그램 다양성을 확보하지 못하고 있다. 지금도 드라마나 오락 프로그램은 종편이 지상파보다 그 수가 현저히 적은 반면에, 뉴스 시간은 종편이 지상파보다 길다. 이는 종편이 제작비 절감 차원에서 뉴스의 비중을 높게 잡고 있을 가능성을 시사한다. 종편이 가동한 이래로 뉴스의 비중은 점점 커졌는데, 이런 배경에 바로 앞서 논의한 바와 같이 상대적으로 프로그램 제작비가 저렴하다는 점이 작용했다고 볼 수 있다.

종편의 긴 뉴스 전략은 결과적으로 시장에서 상당한 성과를 거두었다. 때마침 세월호 침몰이나 최순실 국정농단, 조국 사태 등 큰 사건이 터지면서 시청자들의 뉴스 수요는 급격히 증가했고, 사실상 종일 뉴스 체제를 가동했던 종편으로서는 호재를 맞았다(홍원식, 2016). 이 과정에서 거의 실시간으로 4~5명의 패널이 현안을 놓고 좌담하는 형식인 시사 토크쇼가 하나의 뉴스 양식으로 자리 잡았다. 또한 앵커는 뉴스를 진행하면서 기자를 스튜디오로 불러내 취재 상황에 대해 보고받거나 질의하는 형식을 시도했으며, 이 양식을 취재원에게도 적용하여 뉴스 진행 중에 주요 인사를 초청해 대담하는 형식 역시 시도됐다. 이런 새로운 관행의 중심에 JTBC가 있었다. JTBC는 타 종편보다 드라마와 예능에 대한 투자 비중이 높다. 즉 드라마와 예능에 거액을 투자하여 타 종편과 확실하게 차별화하고 승부를 내는 전략을 취하고 있다. 이와 동시에 적은 예산으로도 프로그램을 만들 수 있는 뉴스 쪽은 이 연구의 데이터에도 나타났듯이 방송 시간을 늘려서 새로운 포맷과 물량 공세를 했다고 볼 수 있다. 이런 투트랙(two-track) 전략은 상당히 성공했다.

종편의 새로운 시도와 성공은 지상파의 뉴스 전략에 큰 영향을 주었다(유정원, 2019). 종편의 시청률은 서서히 증가하여 지상파를 앞지르게 되었으며, 그전까지 종편의 시도를 평가절하했던 지상파는 이 새로운 흐름에 뛰어들지 않을 수 없었다. 예를 들어 MBC는 2019년 초에 저녁 종합뉴스인 <뉴스데스크>의 시작 시간을 7시 30분까지 앞당겼으며 전체 뉴스 시간을 80~90분으로 늘리는 '와이드 편성' 실험을 했다. 물론 이 실험의 결과를 한마디로 단정하기는 어렵다. MBC 내부의 평가로는, 와이드 편성 이후 <뉴스데스크>의 시청률은 전체 프로그램 단위로는 다소 상승했다. 하지만 속 내용은 조금 다르다. 즉 MBC 뉴스가 7시 30분까지 앞당겨지면서 7시 30분대에 뉴스를 시작하던 MBN의 시청층 상당수가 MBC로 이동한 반면에, 정작 8시 이후 SBS 뉴스와 경쟁하는 시간대에서는 특별한 상승 효과가 없었다는 것이다. MBC는 2020년 6월 말에 <뉴스데스크>를 다시 개편하여 시작 시간을 8시로 되돌렸다(최승영, 2020). 그리고 MBC <뉴스데스크>는 2020년 9월 현재에도 와이드 편성을 유지해, 7시 50분쯤 시작하여 9시 15분쯤 끝나는 80~85분 편성을 하고 있다.

저녁 종합뉴스의 시간이 길어지면서 자연스럽게 당일의 주요 뉴스를 거의 모두 종합화할 수 있게 됐다. 무엇이든지 많이 하다 보면 그중에 좋은 것이 나오기 마련인데, MBC 뉴스도 이것저것 다 다루는 중에 단독보도가 많아지고 입소문을 타는 뉴스가 나오기 시작했다. 그런 성과는 MBC를 타 방송과 차별화하도록 해주었으며 시청자가 복귀하는 데도 도움을 주었다. 방송계에서는 한마디로 'MBC가 재미를 보았다'고 평가한다. KBS와 SBS는 아직 이 추세를 완전히 따르지는 않고 있지만, 전체적으로 국내 방송사가 뉴스의 총량을 늘리는 추세인 것은 분명하다. SBS의 뉴스 비중은 여전히 KBS나 MBC보다 다소 작은데, 그 이유는 보도국의 제작 인력이 KBS나 MBC보다 적어서 뉴스 비중을 충분히 늘릴 수 없기 때문이라고 말할 수 있다.

다섯째, 국내 방송사의 저녁 종합뉴스 시간이 해외 방송사보다 긴 데는 기자에게 뉴스 리포트 기회를 주는 관행의 차이가 관련될 수 있다. 해외 방송사는 뉴스 시간에, 특히 저녁 종합뉴스 시간에 마이크를 잡는 기자가 극히 제한되어 있다. 사실 뉴스 방송은 기사 작성뿐 아니라 표정과 제스처, 어조 등 비언어적 표현까지 곁들여져서 메시지 전달력을 극대화하는 오디오-비주얼(audio-visual) 종합예술이다. 방송이 이처럼 전문적인 영역이므로 해외 방송사에서는 정말 방송을 잘하는 몇 안 되는 시니어 기자가 뉴스 리포트를 도맡는다. 그 외의 많은 기자는 시니어 기자의 리포트에 필요한 정보를 수집하고 취합하는 데 동원되어서 취재하는 일종의 고스트 리포터(ghost reporter)라고 말할 수 있다. 반면에 국내 방송사는 평등주의와 기회균등의 분위기가 워낙 강해서 아무리 유능하다 하더라도 소수의 기자가 뉴스 리포트를 전담하는 것은 상상할 수 없다. 또한 국내 방송사에는 '내가 취재한 것을 내가 보도한다' 식의 문화가 오랫동안 강하게 정착되어 있는데, 이는 현장의 기자가 취재하고 리포트도 해야 현장의 목소리를 가장 잘 전달할 수 있다는 믿음을 기반으로 한다. 이런 배경으로 인해 국내 방송사에서는 이제 갓 수습을 뗀 기자나 심지어 수습 기간 중인 기자도 뉴스 리포트를 하는 것이다.

국내 방송사의 이런 문화는 매우 민주적일 뿐 아니라 기자들에게 동기 부여의 긍정적인 효과도 내고 있다. 즉 누구나 직접 뉴스 리포트를 제작하고 방송할 수 있으므로 취재를 더 열심히 하려고 한다는 것이다. 하지만 보도국장 이상의 고위 간부나 임원들은 대체로 이에 반대하는 의견을 갖고 있다. 기회균등이나 동기부여도 좋지만, 미숙련 기자의 리포트는 아무래도 뉴스의 완성도가 낮을 수밖에 없다는 점을 걱정하는 것이다. 그래서 간부들은 "중계차도 못 타는 기자에게 어떻게 리포트를 맡길 수 있느냐"고 말한다. 특히 저녁 종합뉴스는 숙련되고 전문적인 느낌이 나야 하는데 주니어 기자들은 어리고 비전문적인 느낌을 준다는 것이다. 결국 주니어 기자는 역량이 길러질 때까지 뉴스 리포트에서 배제하고, 숙련된 시니어 기자가 주요 뉴스의 리포트를 맡도록 해야 한다는 것이다.

앞의 두 입장, 즉 보도국 다수 기자의 입장과 방송사 상층부의 입장은 워낙 달라서 끊임없이 상충한다. 해외 방송사의 시스템, 즉 소수의 유명한 기자가 뉴스룸을 견인하는 '스타 시스템'이 국내에서 구현되지 못하는 근본 원인도 이 때문이다.

뉴스의 전체 아이템 수

뉴스의 전체 아이템 수는 저녁 종합뉴스 프로그램 전체에서 다루는 뉴스 아이템의 수로, 뉴스 프로그램 맨 처음에 나오는 '오늘의 뉴스' 같은 헤드라인 소개와 맨 마지막의 클로징을 제외한 아이템의 수를 측정했다. 뉴스의 전체 아이템은 평균적으로 국내 방송사(26.8개)가 가장 많았으며, 그다음은 NHK(11.7개), BBC(11.0개), NBC(10.7개)였다(<표 3-3> 참조). 이 차이는 통계적으로 유의미했다. 국내 방송사와 해외 방송사의 차이는 현저하게 컸지만, 해외 방송사 간에는 거의 차이가 없었

<표 3-3> 국가별 방송사 뉴스의 전체 아이템 수(단위: 건)

매체 \ 구분	평균	최소	최다
국내 방송사	26.8	18.0	38.0
미국 NBC	10.7	10.0	12.0
영국 BBC	11.0	11.0	11.0
일본 NHK	11.7	10.0	13.0
$F(3, 64) = 70.32, p < .001$			

다. 국내 방송사 뉴스의 전체 아이템은 NBC의 약 2.5배였다.

뉴스 전체 아이템의 편차 역시 국내 방송사와 해외 방송사 간 특징적인 차이가 발견됐다. 국내 방송사는 최소 18개에서 최다 38개로 편차가 컸지만, 해외 방송사들은 편차가 거의 없었다. NBC는 10~12개를, NHK는 10~13개를 유지했으며 BBC는 매일 일정하게 11개 아이템을 보도했다.

국내 방송사 뉴스의 전체 아이템은 종편(27.2개)과 지상파(26.2개) 간에 통계적으로 유의미한 차이가 발견되지 않았다(<표 3-4> 참조). 뉴스 전체 아이템 수의 편차에서도 종편(18~38개)과 지상파(19~33개) 간에 큰 차이가 없었다. 방송사별로 보면, 뉴스의 전체 아이템은 JTBC(31.9개)가 가장 많았으며, 그다음은 KBS(29.1개), SBS(26.6개), 채널A(26.4개), MBN과 TV조선(각 25.3개), MBC(23.0개)였다. 이 차이는 통계적으

<표 3-4> 국내 방송사 뉴스의 전체 아이템 수(단위: 건)

매체 \ 구분	평균	최소	최다
지상파	26.2	19.0	33.0
종편	27.2	18.0	38.0
$t(47) = -.53, p = n.s$			
KBS	29.1	20.0	33.0
MBC	23.0	19.0	25.0
SBS	26.6	22.0	28.0
JTBC	31.9	25.0	38.0
MBN	25.3	18.0	31.0
TV조선	25.3	24.0	28.0
채널A	26.4	19.0	30.0
$F(6, 42) = 3.76, p < .01$			

로 유의미했다. 매일 뉴스 아이템을 30개 이상 보도한 방송사는 JTBC가 유일했으며 25개 이하인 방송사는 MBC가 유일했다. JTBC는 MBC보다 뉴스 아이템을 9개나 더 많이 보도했다. 대부분의 국내 방송사가 매일 뉴스 아이템 25~30개를 보도했으며, 뉴스 아이템 수의 편차에서 방송사 간에 큰 특징은 없었다. 즉 모든 방송사는 그날의 상황에 따라 아이템을 많이 보도하기도 하고 적게 보도하기도 했다.

국내 방송사 뉴스의 전체 아이템 수가 해외 방송사보다 많은 이유는 다음과 같이 추정해볼 수 있다. 첫째, 국내 방송 뉴스의 가장 큰 특징인 '짧은 보도' 관행이 뉴스의 전체 아이템 수가 많은 것과 직접 연관된다. 국내 방송 뉴스 업계에는 1분 20~40초의 뉴스 리포트를 여러 개 만들어서 보도하는 방식이 관행으로 굳어졌다(오해정 · 최지향, 2019). 이런 '백화점식 뉴스 편집'이 시청률을 높일 뿐 아니라 정보 전달에도 좋다는 경험이 강하게 공유되고 있다. 실제로 3~4분 또는 그 이상으로 긴 방송 뉴스를 시각적 긴장감이 유지되는 상태로 제작하기는 매우 어렵다. 흔히 말하는 '좋은 그림'을 그렇게 긴 시간 분량으로 확보하기가 어렵기 때문이다. 이런 상황에서도 뉴스 리포트를 길게 만든다는 것은, 뉴스의 시각적 효과는 조금 희생하더라도 메시지 전달에 중심을 두겠다는 전략이라고 볼 수 있다. 물론 해외 방송사의 뉴스는 시각적인 면에서도 뛰어난 경우가 많아서 과감하게 뉴스를 길게 제작하며, 시청자들도 그런 뉴스에 익숙해 있다. 하지만 국내 상황을 보면 긴 방송 뉴스는 시청자들에게 지루한 방식일 수 있다. 방송기자들은 한국인 특유의 급한 기질을 예로 들면서 국내 시청자들은 뉴스가 늘어지는 것을 잘 견디지 못하는 경향이 있다고 말한다. 그러다 보니 하나의 뉴스 리포트를 3~4분으로 길게 만들기보다 그것을 2~3개로 쪼개서 최대한 짧게 만들려고 한다. 한 기자는 이런 경향을 반찬 가짓수에 빗대어 "시청자들에게는 다섯 첩보다 10첩, 20첩 반상이 더 좋게 보일 수 있다"고 말했다. 더욱이 국내 방송기자들은 시청자들이 지루해하지 않도록 2분 이내의 짧은 리포트에서도 영상을 많은 컷으로 잘라내어 시각적 변화를 되도록 많이 주려고 한다. 한편 또 다른 기자는 한 주제를 여러 개의 뉴스 아이템으로 쪼개서 편집하는 것이 사안을 더 심층적이고 입체적으로 보도하게 하는 이점이 있다고 말했다. 한 개의 긴 뉴스 리포트와 여러 개의 짧은 뉴스 리포트 중 어느 것이 더 심층적인지는 논란거리이겠지만, 국내 방송기자들은 후자를 선호한다고 볼 수 있다.

국내 뉴스 시청자의 시청 패턴도 백화점식 뉴스 편집에 고착화해 있다. 방송기자들은 뉴스 아이템의 수를 줄였을 때, 즉 뉴스 리포트를 길게 제작했을 때 시청률이 하락하는 경험을 많이 했다. 국내의 방송 뉴스 역사 50여 년간 시청자들은 1분 30초 내외의 짧은 뉴스 리포트에 너무 익숙해져서 기자들이 파격적인 변화를 시도하기는 부담스러운 상황이다. 따라서 백화점식 뉴스 편집이 뉴스를 파편화는 단점을 지니고 있지만, 방송기자들이 이 관행을 깨기는 현실적으로 무척 어렵다.

이런 상황에서 최근에 지상파 방송사가 뉴스를 1분 20~30초 정도로 제작하던 관행에서 벗어나 2분이나 2분 10초대로 늘리고 있는 경향은 매우 고무적이다. 이는 시대 변화의 흐름으로도 볼 수 있는데, 요즘의 시청자들은 2분대 뉴스 리포트에 대해 길고 지루하다는 느낌보다는 정보 제공이나 해설 면에서 더 상세하게 서비스를 받는다고 생각하는 것 같다. 뉴스 제작자도 방송 뉴스가 인터넷 매체처럼 정보성을 강화해야 한다고 인식하여 긴 뉴스에 대한 거부감이 줄어들었을 수 있다. 이에 따라 방송 뉴스에 취재원의 육성을 담는 사운드바이트의 수는 과거에 공식처럼 되어 있던 2명에서 3~4명으로 증가하고, 사운드바이트의 시간도 15초 이내의 짧은 시간에서 더 늘어나는 경향을 보인다. 예를 들어 MBC는 저녁 종합뉴스의 전체 시간을 늘리면서 불가피하게 각 아이템의 시간도 늘릴 수밖에 없었는데, 결과적으로 시청자들이 길어진 리포트에 익숙해지는 긍정적인 효과를 낳았다고 볼 수 있다.

둘째, 저녁 종합뉴스의 특성상 시청자들은 당일의 주요 사안을 브리핑받는다는 느낌을 받을 수 있는데, 방송기자들은 그런 수요에 부응하기 위해 뉴스 아이템을 되도록 많이 제작한다고 말할 수 있다. 기본적으로 뉴스를 보는 시청자들은 모바일 앱이나 PC 웹을 통해 시시각각 터지는 사건 뉴스를 접하며, 인터넷이나 신문을 통해 자기 관심사에 대한 넓고 깊은 정보를 얻는다. 말하자면 속보와 심층적인 정보는 여타 매체에서 얻더라도 하루를 마감하는 시간에 당일의 종합정보는 방송뉴스를 통해 얻고자 하는 요구가 있다고 볼 수 있다. 뉴스 제작자 입장에서는 시청자들의 이런 수요를 무시할 수 없다. 실시간 속보는 속성상 파편화된 정보를 아무런 체계 없이 전달하지만 저녁 종합뉴스는 그런 조각정보들로 하나의 이슈 그림을 보여주며, 또 그런 이슈 여러 개로 더 큰 지도를 그려주기 때문이다.

앞서 살펴본 <표 3-4>에서 JTBC는 국내 방송사 가운데 뉴스 아이템 수가 가장 많은 것으로 나왔는데, 이는 JTBC의 저녁 종합뉴스인 <뉴스룸>이 8시부터 9시 30분 정도까지 와이드 편성을 하기 때문으로 보인다. 1시간 30분이나 되는 긴 시간을 뉴스로 채우려면 아이템이 많아질 수밖에 없다. 기자들이 현장 취재로 만드는 일반 리포트뿐 아니라 대담이나 논평, 스튜디오 리포트 등도 JTBC가 타 방송사보다 많은 편이다.

뉴스 아이템의 수는 많고 개별 아이템의 길이는 짧은 것과 관련하여 뉴스 제작자가 겪는 고충도 있다. 여러 방송사가 프라임 타임이라는 비슷한 시간대에 뉴스 경쟁을 하다 보니 각 뉴스 프로그램이 시청자들에게 대체재로 인식되는 경향이 있다는 것이다. 그래서 특정 아이템의 뉴스를 길게 방송하면, 거기에 별로 관심이 없는 시청자들은 타 방송의 뉴스 프로그램으로 이동할 가능성이 커진다. 예를 들어 한 아이템을 1분으로 다루는 경우와 3분으로 다루는 경우의 경쟁력을 비교해보면, 3분으로 다룰 때 비관심층이 타 뉴스 프로그램으로 이탈할 가능성이 더 크다. 반대로 말하면 같은 주제라도 1분 30초짜리 뉴스 리포트 2개로 나누어 다루는 경우가 3분짜리 리포트 1개로 다루는 경우보다 비관심층의 이탈 가능성이 작다는 것이 방송 뉴스업계의 일반적인 인식이다.

프로그램의 구성

프로그램의 구성은 방송 뉴스 프로그램에 포함된 아이템의 포맷(유형)으로, 방송 뉴스 아이템을 여러 유형으로 나눈 후 하루치 뉴스 전체를 보며 각 유형의 개수를 셌다. 뉴스 유형은 모두 8개로 나누었는데, '리포트 패키지'는 앵커가 안내하고 기자가 현장 취재를 통해 내용을 보도하는 경우, '사건·사고'는 실내외 이슈의 현장을 다루는 경우, '단신'은 기자의 리포팅 없이 앵커가 뉴스를 소개하는 것으로 그치는 경우, '스포츠'는 스포츠 관련 리포트, '날씨'는 날씨 관련 리포트, '대담'은 스튜디오에서 앵커와 주요 취재원, 또는 앵커와 기자가 함께 진행하는 경우, '논평'은 앵커나 기자가 주요 이슈에 대해 별도로 비평하는 경우, '스튜디오 리포트'는 기자가 스튜디오에 출현해서 리포팅하는 경우를 뜻한다.

국내 방송사들은 프로그램 구성에 있어서 해외 방송사와 비교하여 여러 유형의 뉴스를 고르게 보도했다. 구체적으로 리포트 패키지(68.5%)를 가장 많이 방송한 가운데 스포츠(9.3%), 단신(6.7%), 대담(4.0%), 사건·사고(3.7%), 날씨(3.5%), 스튜디오 리포트(2.9%), 논평(1.3%) 등 모든 유형의 뉴스를 선보였다(<표 3-5> 참조). 특히 대담은 해

<표 3-5> 국가별 방송사의 프로그램 구성비(단위: %, 건)

항목 / 매체	리포트 패키지	사건·사고	단신 기사	스포츠	날씨	대담	논평	스튜디오 리포트
국내 방송사	68.5 (18.7)	3.7 (1.0)	6.7 (1.8)	9.3 (2.5)	3.5 (1.0)	4.0 (1.1)	1.3 (0.4)	2.9 (0.8)
미국 NBC	82.7 (8.9)	0.0 (0.0)	13.3 (1.4)	0.0 (0.0)	0.0 (0.0)	0.0 (0.0)	0.0 (0.0)	4.0 (0.4)
영국 BBC	64.9 (7.4)	1.8 (0.2)	24.6 (2.8)	7.0 (0.8)	1.8 (0.2)	0.0 (0.0)	0.0 (0.0)	0.0 (0.0)
일본 NHK	6.1 (0.7)	42.7 (5.0)	25.6 (3.0)	15.9 (1.9)	8.5 (1.0)	0.0 (0.0)	1.2 (0.1)	0.0 (0.0)

외 방송사에서 전혀 찾아볼 수 없는 국내 방송사만의 보도 유형이었다. 논평도 NHK에서만 아주 간혹 발견되어 국내 방송사 특유의 뉴스 유형이라고 말할 수 있다. 스튜디오 리포트의 비중은 NBC(4.0%)에 이어 국내 방송사(2.9%)가 두 번째로 높았는데, BBC와 NHK에서는 그런 양식의 뉴스가 하나도 발견되지 않았다. 국내 방송사의 사건·사고(3.7%) 및 단신(6.7%) 기사의 비중은 그다지 높지 않았다. 국내 방송사가 단신 기사를 선호하지 않는 이유는 시청자들이 좀 더 생생하고 현장감 있는 뉴스를 선호하는 점을 반영하여, 이왕 다룬다면 사안을 제대로 된 리포트 패키지로 보도하려고 하기 때문이다. 따라서 국내 방송사는 저녁 종합뉴스에는 20초짜리 단신을 거의 쓰지 않는다. 반면에 오전 뉴스나 정오 뉴스, 오후 시간대의 뉴스에는 단신을 자주 사용한다. 특히 10분 내외의 짧은 정시 뉴스는 여러 사안을 간명하게 다루기 수월하다는 이유에서 리포트보다는 단신 위주의 보도로 정착돼 있다.

NBC의 가장 큰 특징은 뉴스의 유형이 리포트 패키지(82.7%), 단신 기사(13.3%), 스튜디오 리포트(4.0%)의 세 가지밖에 없다는 점이다. 스튜디오 리포트의 비중도 워낙 적어서 사실상 리포트 패키지와 단신 기사의 투트랙이라 말할 수 있다. 나머지 유형, 즉 사건·사고, 스포츠, 날씨, 대담, 논평은 하나도 발견되지 않았다. NBC의 단신 기사는 대부분 담당 기자가 하나의 뉴스 아이템으로 보도하는 것이 아니라 앵커가 3~4문장을 읽고 지나가는 방식이다. NBC가 단신 기사를 이렇게 처리하는 것은 전체 뉴스 시간이 약 20분으로 워낙 짧으므로 리포트 패키지 몇 개를 보도하고 나면 사실상 시간이 없기 때문이다. 스포츠 대국인 미국에서 NBC가 스포츠 기사를 전혀 보도하지 않는 것만 봐도 방송 시간의 부족이 큰 원인임을 알 수 있다. 대담과 논평 유형이 없는 것도 시간 부족 때문일 수 있는데, 이 부분은 다음의 BBC 데이터와 함께 고려해볼 필요도 있다.

BBC는 리포트 패키지(64.9%)의 비중이 국내 방송사와 비슷하게 그리 높지 않은 가운데 단신 기사(24.6%)의 비중이 유독 높았다. BBC는 NBC보다 전체 뉴스 시간이 약 10분 더 길기 때문에 단신 기사를 앵커가 아니라 기자가 맡아서 보도했으며, 단신 기사 건수(2.8건)도 NBC(1.4건)보다 많았다. BBC의 두드러진 특징은 대담, 논평, 스튜디오 리포트가 전혀 없다는 점인데, 이는 사실상 NBC와 동일하다. BBC는 방송 시간이 NBC보다 길다는 점에서 이를 시간 부족 때문으로만 해석할 수는 없다. 해외 방송도 대담이나 논평을 하는 경우가 있겠지만, 적어도 저녁 종합뉴스에서는 하지 않는다는 점에 주목할 필요가 있다.[2]

NHK의 가장 큰 특징은 방송 뉴스를 리포트 패키지(6.1%) 형식으로

---

2 BBC의 경우, 채널1은 스트레이트 위주의 뉴스를 거의 매시간 방송하는 반면에 분석과 해석이 담긴 뉴스는 채널2의 밤 10시경 뉴스 프로그램 <News Night>이 주도한다. 채널2는 대담 중심의 뉴스 프로그램 <Hard Talk>도 별도로 매일 방송한다. 따라서 BBC의 경우 채널1은 스트레이트 뉴스 중심으로, 채널2는 분석과 대담 위주로 방송하는 이원적 체계라 할 수 있다.

제작하여 보도하는 경우가 거의 없다는 점이다. NHK에서 가장 큰 비중을 차지하는 유형은 사건·사고(42.7%)이며 단신 기사(25.6%)와 스포츠(15.9%)도 상당히 많았다. 즉 NHK 뉴스는 사실상 사건·사고, 단신 기사, 스포츠 세 가지로 구성된다고 해도 과언이 아니다. 일본은 지진과 태풍 등 자연재해가 빈발하며 엽기적인 사건도 자주 발생한다. 스포츠는 미국 못지않게 다양하고 인기 있는 사안이다. 일반적으로 리포트 패키지는 기자의 기획형 뉴스이거나 발생 사안에 대해 기자가 추가 취재를 통해 정보를 보강한 사전 제작물이다. NHK가 이런 양식 대신 사건·사고를 가감 없이 전달하거나 단신 기사를 다수 보도하는 것은 당일 발생한 사안을 있는 그대로 보도하는 데 치중하기 때문이라고 말할 수 있다. NHK도 대담은 전혀 없었으며 논평(1.2%)도 사실상 없었다.

국내 방송사만 보면, 전반적으로 지상파는 리포트 패키지(61.5%), 스포츠(19.1%), 대담(5.0%)의 비중이 컸으며 종편은 리포트 패키지(75.7%), 단신(8.5%), 스튜디오 리포트(4.4%)의 비중이 컸다(<표 3-6> 참조). 특히 지상파의 가장 큰 특징은 스포츠 보도의 비중이 크다는 점이다. 스포츠 뉴스는 일반적으로 인기 있는 아이템이지만 방송사 나름의 고민도 있다. 방송사마다 스포츠 뉴스를 프로그램의 맨 마지막에 별도 코너로 편성해놓기는 했지만 그 정도로 시청률이 나오는 것은 아니다. 주된 이유는 스포츠 뉴스가 남성 시청자에게는 인기가 있을지 몰라도 다수의 여성 시청자에게는 그렇지 않기 때문이다. 이에 따라 MBC의 경우 저녁 종합뉴스에 있는 스포츠 뉴스의 비중이 계속 줄어들어 지금은 뉴스 리포트 2개와 경기 장면 1개 정도로 구성되고 있다. MBC 아침 종합뉴스인 <뉴스 투데이>는 스포츠 뉴스 코너를 아예 없애버렸는데, 아침 뉴스는 50~60대 여성이 주 시청층이어서 스포츠 뉴스의 시청률이 더 낮게 나오기 때문이다.

<표 3-6> 국내 방송사의 프로그램 구성비(단위: %, 건)

항목 / 매체	리포트 패키지	사건·사고	단신 기사	스포츠	날씨	대담	논평	스튜디오 리포트
지상파	16.1 (61.5)	1.2 (4.6)	1.2 (4.6)	5.0 (19.1)	1.0 (3.8)	1.3 (5.0)	0.1 (0.4)	0.3 (1.1)
종편	20.6 (75.7)	0.9 (3.3)	2.3 (8.5)	0.7 (2.6)	0.9 (3.3)	0.9 (3.3)	0.6 (2.2)	1.2 (4.4)
KBS	16.4 (56.4)	1.3 (4.5)	3.1 (10.7)	6.0 (20.6)	1.0 (3.4)	0.7 (2.4)	0.1 (0.3)	0.4 (1.4)
MBC	12.3 (53.5)	2.4 (10.4)	0.1 (0.4)	4.7 (20.4)	1.0 (4.3)	2.3 (10.0)	0.0 (0.0)	0.1 (0.4)
SBS	19.7 (74.1)	0.0 (0.0)	0.4 (1.5)	4.1 (15.4)	1.0 (3.8)	1.0 (3.8)	0.1 (0.4)	0.3 (1.1)
JTBC	20.4 (63.9)	1.7 (5.3)	5.1 (16.0)	1.0 (3.1)	0.7 (2.2)	1.0 (3.1)	0.7 (2.2)	3.3 (10.3)
MBN	20.7 (81.8)	0.0 (0.0)	1.6 (6.3)	0.4 (1.6)	1.0 (4.0)	0.7 (2.8)	0.9 (3.6)	0.0 (0.0)
TV조선	19.9 (78.7)	1.0 (4.0)	0.4 (1.6)	0.9 (3.6)	1.0 (4.0)	1.0 (4.0)	0.7 (2.8)	0.4 (1.6)
채널A	21.3 (80.7)	0.7 (2.7)	1.9 (7.2)	0.6 (2.3)	1.0 (3.8)	1.0 (3.8)	0.0 (0.0)	1.0 (3.8)

한편 종편은 스포츠(2.6%)는 매우 적은 가운데 단신 기사(8.5%)와 논평(2.2%), 스튜디오 리포트(4.4%)를 지상파보다 더 많이 보도했다. 종편이 스포츠 뉴스를 많이 보도하지 않는 것은 스포츠 현장을 취재하지 않아 스포츠 영상이 부족하기 때문으로 보인다. 이는 취재 인력의 차이와도 연관된다. 예를 들어 서울지역만 놓고 볼 때 KBS의 기자 가운데 현장에서 직접 취재를 하는 기자는 200여 명으로 추정되지만, 종편의 취재 기자는 70~80명 수준이다. 종편은 이 인력으로 지상파보다 더 많은 뉴스 아이템을 제작하고 방송 시간도 더 길게 보도해야 한다. 그러다 보니 사건이 자주 일어나고 사회적 관심도 높은 영역을 주로 취재하는 반면에 그렇지 않은, 또는 비용이 많이 드는 영역은 손도 대지 않는 경

향이 있다. 종편이 정치나 사회 분야 취재를 강화하고 경제, 문화, 스포츠, 국제 분야를 사실상 방치하고 있는 이유는 이 때문이다.

종편의 대표 상품이라 할 수 있는 대담(3.3%), 논평(2.2%), 스튜디오 리포트(4.4%)를 보면, 대담은 오히려 지상파(5.0%)가 비중이 더 높다. 이것뿐만 아니라 지상파는 논평(0.4%)과 스튜디오 리포트(1.1%)도 해외에 비하면 상당히 많이 제작해서 이런 양식은 이제 국내 방송사 전반에 하나의 뉴스 장르로 자리를 잡았다고 말할 수 있다. 종편의 경우에 논평과 스튜디오 리포트의 비중이 큰 점은 방송 분량 대비 제작이 수월하다는 점이 작용했을 수 있는데, 이 역시 종편의 취재 인력이 많지 않다는 사실과 무관하지 않다. 방송 뉴스의 대표격인 리포트 패키지의 비중에서는 종편이 지상파보다 조금 더 컸지만 이를 두드러진 차이로 보기는 어려웠다.

국내 방송사별로 보면, KBS는 스포츠(20.6%)의 비중이 가장 컸으며 (MBC의 스포츠 비중도 20.4%로 KBS만큼 컸다) 단신 기사(10.7%)의 비중은 JTBC(16.0%)에 이어 두 번째로 컸다. 참고로 KBS와 MBC에는 스포츠 취재 부서가 따로 있으며, 특히 KBS는 입사 시험 때 스포츠 기자를 따로 선발한다. 따라서 KBS의 스포츠 기자는 스포츠 분야를 자신의 취재 영역으로 특화할 수 있고, 뉴스도 저녁 종합뉴스의 후반부에 별도의 코너로 편성돼 있다. MBC도 스포츠 분야의 부서를 특화해 매일 저녁 종합뉴스 후반부의 스포츠 뉴스 코너를 담당하게 하고 있다. 따라서 KBS와 MBC의 스포츠 뉴스 비중이 타 방송사보다 높은 것은 뉴스룸 구조 및 뉴스 편성상 당연하다고 볼 수 있다. 이렇게 스포츠 뉴스를 특화한 또 다른 이유는 시청률 때문인데, 저녁 종합뉴스에서의 시청률은 기대만큼 높지 않더라도 인터넷 뉴스에서는 스포츠가 항상 높은 주목을 받으며 전체 시청률을 견인한다.

MBC는 사건·사고(10.4%)의 비중이 국내 방송사 중 제일 컸으며 대담(10.0%)의 비중도 가장 컸다. 사건·사고 뉴스는 대부분 '좋은 그림'을 동반하므로 이 유형의 보도가 많다는 것은 시각적 요소가 강한 아이템으로 시청자의 주목도를 높이는 전략이라고 볼 수 있다. 대담을 많이 방송하는 것은 종편의 장점을 수용한 것이라고 볼 수 있는데, 대담의 문제점에 대해서는 후술한다.

SBS는 사건·사고를 전혀 보도하지 않은 것으로 나왔는데, 이 부분은 조심스럽게 이해할 필요가 있다. 이 연구에서는 데이터가 그렇게 나왔지만, 방송업계에서는 SBS도 사건·사고 뉴스를 비중 있게 다루는 방송사 중 하나로 보고 있다. 그간에 SBS는 화재나 살인사건, 여성을 상대로 한 폭행 사건, 일산 온수관 파열이나 저유소 폭발 사건 등 다양한 사건·사고에서 타사보다 빠른 취재와 보도를 선보였다. 심지어 SBS 사회부는 사건·사고가 발생했을 때 발생 당시의 상황을 촬영한 인근의 공공 CCTV나 차량 블랙박스 및 편의점 CCTV 등 자영업자가 자체 구비한 방범용 CCTV의 녹화본을 입수하는 전담 기자를 두고 있을 정도로 사건·사고 보도에 공을 기울이고 있다.

종편의 경우 JTBC는 국내 방송사를 통틀어 스튜디오 리포트(10.3%)의 비중도 가장 커서 이 분야의 선도자다운 결과를 보였다. 반면에 리포트 패키지 비중은 낮은 편이었다. JTBC는 단신 기사(16.0%)의 비중도 국내 방송사 가운데 가장 컸다. MBN은 리포트 패키지(81.8%)의 비중이 가장 큰 가운데 논평(3.6%)의 비중도 가장 컸다. 이 부분에 대해서도 후술한다. MBN은 사건·사고 보도는 전혀 하지 않았다. TV조선은 리포트 패키지의 비중(78.7%)이 큰 가운데 사건·사고(4.0%)와 스포츠(3.6%) 등을 비교적 고르게 보도하는 경향을 보였다. 채널A는 국내 방송사 가운데 리포트 패키지(80.7%)의 비중이 두 번째로 큰 가운데 단신 기사(7.2%)를 많이 보도하며 스튜디오 리포트(3.8%)도 자주 하는 편이었다.

2) 톱 블록 비교

톱 블록 시간

톱 블록은 방송 뉴스 프로그램이 제일 먼저 다루는 기사의 무리로서 이 무리는 보통 하나의 이슈를 2~3개의 아이템으로 나누어 보도한다. 톱 블록은 당일의 사안 가운데 방송사가 가장 중시하는 아이템이라고 말할 수 있으며, 그 아이템 무리의 전체 방송 시간이 톱 블록 시간이다.

톱 블록 시간은 평균적으로 국내 방송사는 8분 6초였으며 BBC는 6분 35초, NHK는 5분 51초, NBC는 4분 53초였다(<표 3-7> 참조). 하지만 이 차이는 통계적으로 유의미한 것은 아니어서 국내 방송사가 제일 길다고 말할 수 없다. 국내 방송사나 NBC는 톱 블록이라 할 만한 보도가 없는 날도 있어서 톱 블록 시간의 최솟값이 0으로 나왔다. 톱 블록 시간이 제일 긴 경우는 국내 방송사는 20분 13초, BBC는 9분 49초, NBC는 9분 21초, NHK는 7분 30초였다. 따라서 국내 방송사는 큰

<표 3-7> 국가별 방송사의 톱 블록 시간(단위: 분초)

매체 \ 구분	평균	최단	최장
국내 방송사	8분 6초	0초	20분 13초
미국 NBC	4분 53초	0초	9분 21초
영국 BBC	6분 35초	4분 54초	9분 49초
일본 NHK	5분 51초	1분 10초	7분 30초

$F(3, 64) = 1.36$, p = n.s

사건이 터지거나 중요한 기획물이 있는 특별한 경우에는 톱 블록에 약 20분이나 할애할 정도로 비중을 둔다는 것을 알 수 있다. 국내 방송 뉴스의 톱 블록 시간이 상대적으로 해외 방송사들보다 길다는 것은 저녁 종합뉴스의 분량 자체가 길다는 점과 연관되는 것으로 보인다.

국내 방송사의 톱 블록 시간은 종편(8분 37초)과 지상파(7분 25초) 간에 통계적으로 유의미한 차이가 발견되지 않았다(<표 3-8> 참조). 톱 블록 시간의 최대치 역시 지상파(19분 32초)와 종편(20분 13초)이 비슷했다. 관심도가 높은 톱 블록의 경우 방송사 간의 치열한 경쟁 때문에 인물 출연이나 중계차 연결 등을 통해 뉴스 분량 자체를 늘리려는 경향이 있다. 톱 블록의 시간에 있어서 지상파와 종편 간에 큰 차이가 없는 것은 이런 경향이 국내 방송사에서 보편적인 현상임을 보여준다. 국내 방송사는 저녁 종합뉴스 톱 블록의 주목도를 높여서 시청률을 높이는 전

<표 3-8> 국내 방송사의 톱 블록 시간(단위: 분초)

매체 \ 구분	평균	최단	최장
지상파	7분 25초	1분 52초	19분 32초
종편	8분 37초	0초	20분 13초
$t(47) = -.78$, p = n.s			
KBS	10분 23초	3분	19분 32초
MBC	2분 52초	1분 52초	5분 36초
SBS	9분 2초	3분 30초	17분 9초
JTBC	8분 14초	0초	20분 13초
MBN	10분 24초	6분 35초	13분 6초
TV조선	7분	3분 47초	13분 32초
채널A	8분 48초	3분 22초	12분 14초
$F(6, 42) = 1.94$, p = n.s			

략을 취하고 있는데, 방송기자들은 그것이 뉴스 신뢰도를 높이는 데 도움을 준다고 말했다.

국내 방송사별로 톱 블록의 시간을 보면, MBN(10분 24초)이 가장 길었으며 그다음은 KBS(10분 23초), SBS(9분 2초), 채널A(8분 48초), JTBC(8분 14초), TV조선(7분), MBC(2분 52초)였다. 하지만 이 차이는 통계적으로 유의미하지 않았다. 톱 블록 시간의 최대치를 보면, JTBC(20분 13초)와 KBS(19분 32초)가 타 방송사보다 긴 편이었다. 참고로 KBS는 지속적으로 저녁 종합뉴스에서 분석이나 해석의 비중을 키워왔는데 그 결과가 이 데이터에 반영된 것으로 보인다.

톱 블록 주제

톱 블록 주제는 톱 블록의 아이템들이 다루는 뉴스 토픽(topic)으로, 토픽이 '무엇에 대한 보도인가?' 또는 '결정적으로 누구/무엇 때문에 기사가 됐는가?'를 중점적으로 고려했다. 많은 경우에 뉴스 토픽은 한 주제 영역에 국한하지 않은 채 여러 영역이 혼재하는데, 여기서는 가장 두드러진 주제 영역 1개를 선택하여 코딩했다. 이 연구는 선행연구에 나타난 기사의 내용 분류를 참조하여 톱 블록의 주제를 정치, 북한·통일·남북관계, 국제정치·외교, 기술·과학·환경·보건·복지, 경제·산업, 법률·범죄·경찰, 사고·재난, 군사·국방, 농림·수산·광업, 스포츠·연예·레저·관광·인간적 흥미, 종교·문화, 생활정보, 교육, 기타 등 14개 항목으로 나누었다.

톱 블록의 주제에서는 국가 간에 통계적으로 유의미한 차이가 발견됐다. 국내 방송사들은 북한·통일·남북(32.7%) 문제와 경제·산업(32.7%) 이슈를 제법 많이 다루는 가운데 사고·재난(16.3%), 기술·과학·환경·보건(10.2%) 및 국제정치·외교(2.0%)나 법률·범죄·경찰

(2.0%) 등도 보도했다(<표 3-9> 참조). 여러 이슈를 이처럼 고르게 보도한 방송사는 해외 방송사 중에는 없었다. 오히려 국내 방송사의 톱 블록은 정치 이슈를 전혀 보도하지 않아 매우 이례적이었다.

국내 방송사와 대조적으로, NBC의 톱 블록 주제는 정치(85.7%)가 압도적으로 많아서 사실상 정치 일변도라 할 만했다. BBC는 정치(40.0%)와 국제정치 · 외교(40.0%)가 톱 블록을 양분했다. NHK는 정치(42.9%)가 다수인 가운데 기술 · 과학 · 환경 · 보건 · 복지(28.6%) 및 경제 · 산업(14.3%), 법률 · 범죄 · 경찰(14.3%) 이슈도 간혹 다루었다. 전체적으로 톱 블록의 주제 다양성은 국내 방송사가 가장 높았고 그다음은 NHK이며, NBC와 BBC는 사실상 다양성이 없다고 말할 수 있다.

일반적으로 해외 방송사들은 자국의 수도를 중심으로 한 정치 사안을 톱 뉴스로 많이 다루며, 이런 경향은 미국의 경우에 특히 심하게 나타난다. 하지만 국내 방송사들은 아주 특별한 상황이 아니라면 좀처럼 톱 블록에서 정치를 다루지 않는다. 지상파는 특히 그러하며, 그중에서도 공영방송은 정치적 이슈를 다룬 뉴스에 대해 비판이나 공격을 받은

<표 3-9> 국가별 방송사의 톱 블록 주제 구성비(단위: %, 건)

주제 / 매체	정치	북한·통일·남북	국제정치·외교	기술·과학·환경·보건	경제·산업	법률·범죄·경찰	사고·재난	기타	합계
국내 방송사	0.0 (0)	32.7 (16)	2.0 (1)	10.2 (5)	32.7 (16)	2.0 (1)	16.3 (8)	4.1 (2)	100.0 (49)
미국 NBC	85.7 (6)	0.0 (0)	0.0 (0)	0.0 (0)	0.0 (0)	0.0 (0)	0.0 (0)	14.3 (1)	100.0 (7)
영국 BBC	40.0 (2)	0.0 (0)	40.0 (2)	20.0 (1)	0.0 (0)	0.0 (0)	0.0 (0)	0.0 (0)	100.0 (5)
일본 NHK	42.9 (3)	0.0 (0)	0.0 (0)	28.6 (2)	14.3 (1)	14.3 (1)	0.0 (0)	0.0 (0)	100.0 (7)

$\chi^2(21) = 71.59$, $p < .001$

경험이 많기 때문에 톱 블록에서 정치 이슈를 다루는 것을 꺼리는 경향이 강하다. 그래서 북한·통일·남북과 같은 외교 사안이나 경제·산업 이슈가 정치를 대신해 톱 블록의 뉴스를 차지하는 경우가 많은 것이다. 통일을 포함한 남북 이슈는 과거보다 최근에 훨씬 더 중요해졌으며 경제·산업 이슈 역시 경기침체와 더불어 온 국민의 상시적 관심사가 됐으므로 톱 블록을 차지한 것으로 보인다(<표 3-10> 참조).

해외 방송사와 달리 국내 방송사의 톱 블록 뉴스에서 사고·재난 이슈가 발견된 것도 특징적이다. 한국은 크지 않은 국가라서 '뉴스 쏠림' 현상이 심한 편이다. 작은 사건이라도 자극적이거나 드라마틱한 요소를 지니고 있으면 전국적인 관심의 대상이 되므로 방송사도 그것을 중점적으로 다루려고 한다. 이와 함께 뉴스를 새롭게 보이도록 하려는 제작자의 의도도 여기에 한몫했다고 말할 수 있다. 즉 시청자들은 매일의 중대 사안에 관심을 가지면서도 식상해하는 이중적인 면을 보인다. 기자들은 시청자들이 언제나 새로운 이슈를 기다리는 이런 다이내믹한 속성을 고려하여 톱 블록을 최대한 다양하게 꾸미려고 한다. 항상 톱 블록을 새롭게 포장하려는 이 전략은 당연히 시청률과 연관된다.

국내 방송사만 보면, 지상파와 종편은 톱 블록의 주제에서 통계적으로 아무런 차이가 없었다. <표 3-10>을 보면 지상파와 종편이 톱 블록에서 다룬 주제의 비중과 분포는 놀라울 정도로 동일하다. 뿐만 아니라 방송사별로 보더라도 톱 블록의 주제는 통계적으로 유의미한 차이를 보이지 않았다.

국내 지상파와 종편은 톱 블록의 편집에 대해서 별다른 차이를 보이지 않았는데, 이런 동질성의 배경은 몇 가지로 설명할 수 있다. 우선 종편이 들어서면서 방송 뉴스의 영역이 확장됐고 다양성이 커졌지만, 내용적으로 보면 꼭 그런 것만은 아니다. 결정적인 이유는 종편 뉴스를

<표 3-10> 국내 방송사의 톱 블록 주제 구성비(단위: %, 건)

주제 / 매체	정치	북한·통일·남북	국제정치·외교	기술·과학·환경·보건	경제·산업	법률·범죄·경찰	사고·재난	기타	합계
지상파	0.0 (0)	33.3 (7)	0.0 (0)	9.5 (2)	33.3 (7)	4.8 (1)	19.0 (4)	0.0 (0)	100.0 (21)
종편	0.0 (0)	32.1 (9)	3.6 (1)	10.7 (3)	32.1 (9)	0.0 (0)	14.3 (4)	7.1 (2)	100.0 (28)
$\chi^2(6) = 3.78$, p =n.s									
KBS	0.0 (0)	28.6 (2)	0.0 (0)	0.0 (0)	42.9 (3)	0.0 (0)	28.6 (2)	0.0 (0)	100.0 (7)
MBC	0.0 (0)	28.6 (2)	0.0 (0)	28.6 (2)	28.6 (2)	14.3 (1)	0.0 (0)	0.0 (0)	100.0 (7)
SBS	0.0 (0)	42.9 (3)	0.0 (0)	0.0 (0)	28.6 (2)	0.0 (0)	28.6 (2)	0.0 (0)	100.0 (7)
JTBC	0.0 (0)	14.3 (1)	14.3 (1)	0.0 (0)	28.6 (2)	0.0 (0)	28.6 (2)	0.0 (0)	100.0 (6)
MBN	0.0 (0)	42.9 (3)	0.0 (0)	0.0 (0)	28.6 (2)	0.0 (0)	28.6 (2)	14.3 (1)	100.0 (8)
TV 조선	0.0 (0)	28.6 (2)	0.0 (0)	14.3 (1)	42.9 (3)	0.0 (0)	0.0 (0)	14.3 (1)	100.0 (7)
채널A	0.0 (0)	42.9 (3)	0.0 (0)	28.6 (2)	28.6 (2)	0.0 (0)	0.0 (0)	0.0 (0)	100.0 (7)
$\chi^2(36) = 32.76$, p =n.s									

만들고 성장시켜온 사람들이 결국 지상파에서 성장하여 종편으로 넘어온 이들이므로 뉴스의 속성과 질에서는 큰 차이를 기대하기 어렵기 때문이다. 그렇다면 국내 방송기자들의 기본적인 동질성이 하나의 문젯거리로 남는데, 방송기자들은 (신문기자도 마찬가지이지만) 정치적 입장은 다를지 몰라도 뉴스 감각은 매우 비슷하다고 말할 수 있다. 기본적으로 뉴스룸 문화가 방송사별로 크게 다르지 않고 기자들 스스로 생각하는 기자상이 거의 비슷하며, 더욱이 서로 다른 방송사의 기자라 하더

라도 출입처라는 한정된 공간에서 많은 시간을 공유한 탓에 서로 동질화하기 좋은 상황이다. 예를 들어 국내 방송기자들은 뉴스 가치 판단에 있어서 자기 나름의 독특한 시각이나 일종의 '튀는' 판단보다는 통신사 뉴스를 뒤쫓는 무난한 판단을 선호한다. 이렇게 뉴스가 비슷해지는 경향성은 다수의 연구에서 이미 밝혀졌다. 즉 국내 방송기자들은 기본적으로 비슷한 집단적 정서(group mentality)를 가진 가운데 팩 저널리즘(pack journalism)에 익숙해 있다고 말할 수 있다. 기자는 기본적으로 경쟁사 기자들과 동조하려는 동시에 특종기사 등을 통해 차별화하려는 상반된 속성을 지니는데, 이 연구의 결과는 국내 방송기자들이 동조화 쪽에 조금 더 치우쳐 있음을 보여준다.

3) 앵커 스타일 비교

앵커의 수

저녁 종합뉴스 프로그램에 등장한 앵커의 수는 국내 방송사는 평균 2.1명이었으며 NBC와 BBC는 1명, NHK는 2명이었다(<표 3-11> 참조). 이 차이는 통계적으로 유의미했다. 국내 방송사 가운데 지상파의 앵커는 평균 2.5명이었으며 종편은 1.8명이었다(<표 3-12> 참조). 이 차이 역시 통계적으로 유의미했다. 방송사별로 보면 KBS(2.9명)가 가장 많았으며 그다음은 MBC(2.7명), SBS · JTBC · TV조선 · 채널A(각 2.0명), MBN(1.3명)이었다.

앵커의 수는 남녀로 구성된 2인이 진행하는 경우와 1인 진행의 경우로 나눠볼 수 있는데, 방송사는 앵커들의 발성 유지 시간을 고려하여 30분 이상의 뉴스에서는 단독 진행보다 2인 진행을 선호하는 편이다. 또한 뉴스 후반부에 스포츠 뉴스 코너를 별도로 진행하는 경우에는 스

<표 3-11> 국가별 방송사의 앵커 수(단위: 명)

매체 \ 구분	평균	최소	최다
국내 방송사	2.1	1.0	3.0
미국 NBC	1.0	1.0	1.0
영국 BBC	1.0	1.0	1.0
일본 NHK	2.0	2.0	2.0
$F(3, 64) = 15.08$, $p < .001$			

<표 3-12> 국내 방송사의 앵커 수(단위: 명)

매체 \ 구분	평균	최소	최다
지상파	2.5	1.0	3.0
종편	1.8	1.0	2.0
$t(47) = 4.95$, $p < .001$			
KBS	2.9	2.0	3.0
MBC	2.7	1.0	3.0
SBS	2.0	2.0	2.0
JTBC	2.0	2.0	2.0
MBN	1.3	1.0	2.0
TV조선	2.0	2.0	2.0
채널A	2.0	2.0	2.0
$F(6, 42) = 14.15$, $p < .001$			

포츠 담당 앵커를 따로 둔다. 국내 방송사의 저녁 종합방송 뉴스는 해외 방송사보다 길기 때문에 앵커의 수도 많은 편이다. 국내 방송사 가운데에는 KBS의 앵커 수가 가장 많은데, 이는 방송사 전체의 인력 규모와도 연관된다.

국내 방송사는 대개 복수 앵커 체제를 선호하는데, 거기에는 몇 가지 이유가 있다. 우선 방송 뉴스 시간이 1시간이나 되므로 앵커 1명이 혼자서 이렇게 긴 뉴스를 진행하기는 힘들다. 즉 앵커를 복수로 운영하는 것은 프로그램 진행상 편하기 때문이다. 하지만 이보다 더 큰 배경은 시청률 때문이다. 기본적으로 방송은 영상이 중심이므로 똑같은 장면이 반복되면 지루하고 시각적 긴장감을 잃기 쉽다. 그 여파로 뉴스의 내용적 영향력도 감소할 수 있다. 그간에 앵커 1명이 거의 똑같은 자세로 장시간 시청자를 마주하면서 방송을 해본 결과 시청률은 매번 하락했다. 그 때문에 방송계에는 뉴스를 진행할 때 무조건 변화를 주어야 한다는 강박관념이 생겼으며, 그 여파로 복수 앵커 체제가 굳어졌다고 볼 수 있다.

사실 앵커가 자세를 바꾸거나 심지어 이동까지 하는 것은 생방송 상황에서 매우 어려운 일인데, 국내 방송사들은 기꺼이 그런 시도를 한다. 오직 시청자의 지루함을 없애고 시청률을 올리기 위한 전략이다. 앵커를 2명으로, 그것도 남녀 구성으로 두는 것이 대표적인 예이다. 두 앵커의 역할은 철저하게 분담되어 있다. 예를 들어 뉴스 프로그램을 시작할 때 나오는 앵커 멘트 두 문장의 경우, 첫 문장은 남자 앵커가 말하고 두 번째 문장은 여자 앵커가 말하는 식이다. 즉 남녀 앵커가 번갈아 말함으로써 최대한 변화를 주려고 한다. 뉴스를 진행하는 동안에도 남녀 앵커는 서로 다른 역할을 한다. 한 앵커가 뉴스를 앉아서 진행하면 다른 앵커는 서서 진행한다. 또한 남자 앵커가 앉아서 뉴스를 진행하고 나면 여자 앵커는 미디어월을 배경으로 걸어나오면서 그다음 뉴스 아이템을 소개한다. 카메라 앵글도 앵커의 위치나 동작에 연동하여 움직인다. 대개 카메라 4대가 두 앵커를 이리저리 비춘다. 어떤 때는 남자만 원샷으로 또는 여자만 원샷으로 비추며, 그 중간에 남녀 앵커를 동시에 하면에 잡기도 한다. 앵커 1명이 뉴스 리포트를 진행하는 경우에도 처음에 앵커는 1번 카메라를 보면서 두 문장을 읽고, 그다음에 2번 카메라를 보면서 두 문장을 읽는다. 이처럼 남녀 앵커가 번갈아 말하고, 동작도 바뀌고 샷도 바뀌게 만들어서 변화를 주는 것은 어렵고 번거롭지만, 이는 모두 뉴스를 역동적으로 보이게 하기 위해 고안한 전략이다. 이런 앵커 운용의 유일한 예외는 1인 앵커 체제인 MBN이었다. MBN은 '스타 앵커 체제'로서 김주하 앵커를 최대한 활용하기 위해 오히려 복수의 앵커 체제를 피한다고 볼 수 있다.

앵커의 논평 및 내용

앵커의 논평은 앵커가 뉴스를 진행하는 중간이나 뉴스 프로그램을 끝내면서 일정 시간 시청자에게 메시지를 전하는 것이다. 뉴스 프로그램 중간쯤에 앵커의 논평을 전하는 고정코너를 별도로 만들어놓은 경우와, 뉴스를 마치면서 앵커 클로징 코멘트를 하는 경우의 두 가지로 나눌 수 있다. 앵커의 논평은 유무를 체크한 다음에 코더가 내용 전체를 기입하도록 했다.

해외 방송사에 앵커 논평 고정코너를 둔 경우는 하나도 없었다. 앵커 클로징 코멘트는 조사 기간인 일주일 동안 NBC는 4회, NHK는 2회 보도했으며 BBC는 전무했다. NBC의 앵커 클로징 코멘트는 모두 한 문장으로, 당일 보도한 뉴스 아이템의 일부 내용을 재언급하는 정도였다. 또 NHK의 앵커 클로징 코멘트는 날씨가 따뜻해지면서 화분증에 주의하라는 것과 일본 우주탐사선 '하야부사2'의 성공적인 착륙을 기원하는 내용이었다. 주관적 평가가 전혀 들어 있지 않은, 평범한 주의와 기원의 내용이었다.

국내 방송사 중 일부는 앵커 논평 고정코너와 앵커 클로징 코멘트를 모두 방송했으며 나머지는 그렇지 않았다. 앵커 논평 고정코너는 2~3분짜리의 긴 영상이었고 앵커 클로징 코멘트는 대개 2~3문장으로 짧았다. 앵커 논평 고정코너가 있는 방송사는 MBN, TV조선, JTBC였으며 나머지 방송사는 이런 고정코너 없이 부정기적으로 앵커 클로징 코멘트만 방송했다.

위 두 경우를 모두 합해서 앵커 논평을 한 방송사를 빈도순으로 정리하면 MBN, TV조선, JTBC, MBC, KBS, SBS, 채널A였다. 구체적으로 위 두 경우를 거의 매일 활용했던 방송사는 MBN과 TV조선이었다. MBN은 김주하 앵커의 고정코너인 '뉴스 초점'을 5회 방송했으며 앵커 클로징 코멘트는 7회 방송했다. TV조선은 신동욱 앵커의 고정코너인 '앵커의 시선'을 5회 방송했으며 앵커 클로징 코멘트는 3회 방송했다. JTBC는 손석희 앵커의 고정코너인 '앵커 브리핑'을 3회 방송했다. MBC는 앵커 클로징 코멘트를 2회, KBS는 1회 방송했다. SBS와 채널A는 앵커 논평이 하나도 없었다.

앵커 논평의 내용을 보면, MBN 김주하 앵커의 '뉴스 초점'은 방송했던 5회 모두 비판적인 내용을 담고 있었다. 비판의 대상과 내용은 CCTV의 인권침해에 대한 정부 대책의 미비, 대법원과 법관의 신뢰 추락, 학교 폭력에 속수무책인 교육 당국, 사법부 70주년을 맞은 시점에서 사법개혁에 손 놓고 있는 김명수 대법원장, 자동차 판매 영업사원의 사기에 발뺌하는 대기업 자동차 회사 등이었다. MBN은 매일 앵커 클로징 코멘트도 했는데, 여기는 비판과 기대 등 다양한 내용이 섞여 있었다. 비판으로는 정부의 예산 타령에 소방서가 부족해서 소방관들만 고생한다는 내용이 있었으며, 기대로는 북한이 9·9절 열병식에서 ICBM을 공개하지 않은 것이 남북정상회담과 북미협상을 이어가겠다는 뜻으로 기대해볼 만하다는 내용이 있었다. 또한 일본에서 운동회 같은 행사에 바빠서 오지 못하는 아버지를 대신해 행사에 참석해주는 '계약 아빠'가 유행하고 있다는 요지경을 보도하기도 했으며 광화문에서 열린 '실패박람회'를 열심히 살자는 취지로 해석하며 긍정적인 메시지를 전하기도 했다.

TV조선의 경우, 신동욱 앵커의 고정코너인 '앵커의 시선'은 5회 중 4회가 비판적인 내용이었다. 구체적으로 정부의 미흡한 메르스 대응책, 일본에서 열린 18세 이하 아시아야구선수권대회에서 우승한 한국 선수들이 페트병 세리머니를 하고 치우지 않은 무책임함, 정부의 부동산 대책과 종부세 비판, 부동산 대책과 고용 현황에 대한 정부의 무책임한 인식 등을 비판했다. 한편 마윈 '알리바바' 회장의 아름다운 퇴진을 긍정적으로 전한 경우도 있었다. 앵커 클로징 코멘트 3회는 당부의 성격이 강했다. 예를 들어 메르스에 대응하는 실용 정보를 알려주며 정부의 철저한 대응을 당부하거나, 3차 남북정상회담에서 북한 비핵화 의제가 뒤로 밀리지 않도록 해야 한다거나, 3차 남북정상회담에서 북한의 입맛에만 맞춰주는 일이 없도록 해야 한다는 등이었다.

JTBC는 손석희 앵커의 '앵커 브리핑'을 3회 방송했는데, 비판과 당부가 혼합되어 있었다. 예를 들어 결핵에 대한 경계심을 유지해야 한다거나, 태풍을 가벼이 보다가 유치원 건물이 무너진 점을 지적하거나, 사법부 70주년을 맞이한 시점에 대법원의 권위와 신뢰의 실추를 비판했다.

MBC의 앵커 클로징 코멘트 2회는 기대 또는 호평의 내용이었다. 예를 들어 정부 부동산 대책의 순효과를 기대해본다거나 분양권만 갖게 되면 주택 청약에서 절대적 우선권을 주겠다는 정부 대책을 좋게 평가했다. KBS는 앵커 클로징 코멘트를 1회 방송했는데, 메르스 검역이나 방역에 신경을 더 써달라고 정부에 당부하는 내용이었다. SBS와 채널A는 전술한 바와 같이 앵커 논평이 전무했다.

앵커와의 대담

앵커와의 대담은 뉴스 프로그램 진행 중에 앵커가 기자를 스튜디오에 초청하거나 현장에 있는 기자를 불러내 대화를 나누는 것으로, 취재원을 스튜디오에 초청한 경우, 그리고 기자와 기자가 대화를 나눈 경우도 포함했다.

국내 방송사의 저녁 종합뉴스 프로그램 가운데 앵커와의 대담이 포함된 경우는 79.6%였으며 NBC는 42.9%였다(<표 3-13> 참조). BBC는 매일 앵커와의 대담이 있었으며 NHK는 이와 정반대로 한 번도 그런 경우가 없었다. 이 차이는 통계적으로 유의미했다. 다만 BBC의 대담은 앵커가 현장에 나가 있는 기자를 불러내어 대화를 나누는 것인 반면에 국내 방송사의 대담은 대부분 기자를 스튜디오에 초청하여 앵커가 대화를 나누는 형식이었다. 해외 방송의 뉴스는 길지 않기 때문에 앵커가 현장의 기자와 대화를 나누더라도 짧게 할 수밖에 없지만, 국내 방송은 뉴스가 길기 때문에 앵커와 기자의 대담도 상당히 긴 편이다. 이와 연관되어, 해외 방송사의 대담은 결정적인 팩트나 포인트를 현장 기자를 통해 재확인하는 수준이라면 국내 방송사는 사안을 취재한 기자를 통해 배경 정보나 맥락 등에 대한 기자의 의견까지 구하는 식이어서 다소

<표 3-13> 국가별 방송사의 앵커와의 대담 여부 구성비(단위: %)

매체 \ 구분	있음	없음	합계
국내 방송사	79.6	20.4	100.0
미국 NBC	42.9	57.1	100.0
영국 BBC	100.0	0.0	100.0
일본 NHK	0.0	100.0	100.0
$\chi^2(3) = 22.68$, $p < .001$			

주관적이라는 인상을 준다.

국내 방송사를 보면, 앵커와의 대담은 지상파(90.5%)와 종편(71.4%) 간에 통계적으로 유의미한 차이가 없었다(<표 3-14> 참조). 7개 방송사 간에도 별다른 차이가 없었다. 적어도 국내 방송 뉴스에서 대담은 과거 금기사항이었다. 사실 기자가 주도하는 뉴스 리포트는 시청자에게 안성적이고 경세적인 뉴스 전달 방식이다. 영상이 동반되어 역동성이 있으며 정보를 압축적으로 요약하고 메시지를 간명하게 전달하므로 시청률을 올리는 데 도움이 된다. 하지만 대담은 그간의 경험에서 보면 시도할 때마다 시청률이 하락했기 때문에 절대로 해서는 안 되는 것으로 인식됐다. 특히 지상파의 저녁 종합뉴스에서는 완전히 금기시됐다. 하지만 이 고정관념은 JTBC의 과감한 시도로 깨졌다. JTBC는 저녁 종합

<표 3-14> 국내 방송사의 앵커와의 대담 여부 구성비(단위: %)

매체 \ 구분	있음	없음	합계
지상파	90.5	9.5	100.0
종편	71.4	28.6	100.0
$\chi^2(1) = 2.68$, p = n.s			
KBS	71.4	28.6	100.0
MBC	100.0	0.0	100.0
SBS	100.0	0.0	100.0
JTBC	71.4	28.6	100.0
MBN	42.9	57.1	100.0
TV조선	85.7	14.3	100.0
채널A	85.7	14.3	100.0
$\chi^2(6) = 10.30$, p = n.s			

뉴스에 대담을 끼워넣었으며 그것도 라이브로, 또한 상당히 길게 편집하여 효과를 톡톡히 보았다. JTBC의 성공에는 몇 가지 배경이 있다.

우선 '손석희 효과'를 보았다고 말할 수 있다. 손석희라는 인지도와 신뢰도가 높은 앵커가 대담을 주도하면서 시청자들은 예전에 방송 뉴스에서 보지 못했던 신선함을 맛보고 긍정적으로 호응했다. 이보다 더 큰 요인은 JTBC가 대담에 초대한 뉴스 인물의 속성이다. JTBC는 뉴스의 초점이 되는 핵심 인물을 과감하게 스튜디오로 초청했으며 앵커와 대담하는 중에 민감한 내용을 라이브로 여과 없이 내보냈다. 즉 인지도 높은 유명인사 또는 인지도는 없더라도 핫 이슈의 당사자나 핵심 관련자와 대담을 시도함으로써 시청자들의 이목을 끌었다. 또한 기본적으로 대담이 시청률을 하락시킨다는 점을 의식하여 손석희 앵커는 초청 인사에게 자극적이고 공격적으로 질문을 던짐으로써 시청자들의 관심을 지속적으로 유도했다. 실제로 손석희의 대담은 JTBC의 시청률을 높이는 데 크게 기여했다.

JTBC의 성공 이후에 국내 방송계에서 대담에 대한 인식이 바뀌었다. 대담이 사안을 심층적으로 전달할 수 있는 도구라고 생각하게 되어 본격적으로 시도해보려는 분위기가 만들어졌다. 더구나 대담은 스튜디오에서 뉴스의 현장성을 구현할 수 있는 기법으로 인식됐다. 즉 사건의 당사자나 직접 관계자가 뉴스에 나와서 육성으로 사안이 핵심 내용을 전하는 방식이 저널리즘의 현장성 측면에서 긍정적이라고 생각하게 된 것이다. 이는 서지현 검사나 김지은 비서가 손석희 앵커와의 대담을 통해 미투 고발을 했던 사례에서 잘 알 수 있다.

국내 방송계에서 앵커와 대담을 나누는 경우는 갈수록 증가하는 추세이다. 다만 시청률이 떨어지지 않도록 고민하며 신중하게 제작하고 있다. 한편 초청 인사의 발언이 실시간으로 여과 없이 방송되므로 앵커로서는 삼각확인(triangulation)의 기회가 없다는 점이 대담의 가장 큰 문제점이다. 초청 인사의 개인적인 의견이 뉴스라는 양식으로 전달됨으로써 뉴스의 주관화 위험성이 있다. 이는 JTBC 앵커가 2014년 세월호 사건 때 이종인 씨와 대담하면서 구조장비 다이빙 벨을 투입해야 한다는 그의 주장을 여과 없이 보도한 것이나, 역시 JTBC 앵커가 2019년 장자연 사건과 관련한 윤지오의 증언을 검증 없이 전달했던 예에서 잘 볼 수 있다.

앵커의 스타일

앵커 스타일은 뉴스를 진행하는 앵커의 자세, 억양, 말하는 속도와 옷차림, 세부적으로 앵커가 손에 방송 원고나 스마트폰, 탭을 들고 있는지, 앵커의 자세(기립, 착석, 이동 여부)와 앵커의 옷차림(정장, 캐주얼, 기타)은 어떠했는지를 분석했다. 이 분석은 개별 뉴스 아이템에 대해 코딩을 한 것이 아니라 앵커가 뉴스 프로그램을 진행하는 것을 보면서 전반적 패턴이 어떠했는지를 코딩해 이루어졌다.

① 원고 및 스마트폰을 들고 있는가

국내 방송사들의 앵커가 저녁 종합뉴스를 진행하면서 방송 원고를 손에 들었던 경우는 83.7%였으며 BBC는 100%로서 매번 원고를 손에 들고 진행했다(<표 3-15> 참조). 이에 비해 NBC와 NHK의 앵커는 손에 아무것도 들지 않은 채 뉴스를 진행했다. 국내 방송사를 보면, 종편 앵커가 손에 원고를 들었던 경우는 92.9%였으며 지상파 앵커는 71.4%였다(<표 3-16> 참조). 이 차이는 통계적으로 유의미했다. 방송사별로 보면 MBC, SBS, JTBC, TV조선의 앵커는 매번 손에 원고를 들었고, MBN과 채널A의 앵커는 85.7%의 비율로, KBS는 14.3%의 비율로

<표 3-15> 국가별 방송사의 앵커가 원고를 들고 있는지 여부 구성비(단위: %)

매체 \ 구분	그렇다	아니다	합계
국내 방송사	83.7	16.3	100.0
미국 NBC	0.0	100.0	100.0
영국 BBC	100.0	0.0	100.0
일본 NHK	0.0	100.0	100.0
$\chi^2(3) = 34.41$, $p < .001$			

<표 3-16> 국내 방송사의 앵커가 원고를 들고 있는지 여부 구성비(단위: %)

매체 \ 구분	그렇다	아니다	합계
지상파	71.4	28.6	100.0
종편	92.9	7.1	100.0
$\chi^2(1) = 4.03$, $p < .05$			
KBS	14.3	85.7	100.0
MBC	100.0	0.0	100.0
SBS	100.0	0.0	100.0
JTBC	100.0	0.0	100.0
MBN	85.7	14.3	100.0
TV조선	100.0	0.0	100.0
채널A	85.7	14.3	100.0
$\chi^2(6) = 30.18$, $p < .001$			

손에 원고를 들었다.

앵커는 뉴스를 진행하면서 손을 어떻게 처리해야 할지를 가장 곤란해한다. 손에 원고에 드는 것은 앵커로서는 마음의 안정감을 얻고 시청자들에게 자연스럽게 보이도록 하는 전략일 수 있다. 또한 앵커는 계속해서 카메라 렌즈를 빤히 쳐다보기가 민망할 수 있는데, 이때 원고가 시선을 옮길 수 있도록 돕는 도구가 되기도 한다. 앵커의 눈앞에는 (시청자에게는 보이지 않지만) 프롬프터가 있어서 앵커가 멘트를 잊지 않고 잘 읽을 수 있도록 도와주는데, 앵커의 멘트에 맞춰 프롬프터가 제때 올라오지 않는 기술적 오류가 발생하기도 한다. 이런 경우에 앵커가 종이 원고나 큐 카드(카드 모양의 원고)를 손에 들고 있으면 당황하지 않고 뉴스를 계속할 수 있다. 또한 뉴스를 진행하는 중간에 새로운 취재 정보가 들어오면 급히 원고를 고쳐야 하는데, 이때는 앵커가 종이 원고에 직접 수정하는 것이 프롬프터를 수정하는 것보다 더 쉽고 빠르므로 종이 원고를 손에 들고 있는 것은 여러 갑작스러운 상황에 도움이 된다. 최근에는 종이 원고보다 더 빠른 방식으로, 앵커석에 데스크톱 모니터나 노트북 컴퓨터를 설치하고 내부 보도 시스템을 연결하여 현장 기자들이 올리는 기사들을 앵커가 실시간으로 볼 수 있게 하는 사례도 많아지고 있다. 이는 저녁 종합뉴스에서는 아직 흔하지 않지만, 발생사건 뉴스가 많은 낮 시간대에는 자주 활용되는 방식이다.

② 앵커의 자세

앵커의 자세를 보면, 국내 방송사는 앵커가 뉴스 프로그램 내내 다양한 동작을 취했다(<표 3-17> 참조). 앉아 있다가 서 있는 자세를 취한 경우(49.0%), 앉았다가 섰다가 이동을 한 경우(49.0%) 및 계속 서 있는 경우(2.0%)도 있었다. 다시 말해 가만히 앉아서 뉴스를 진행하는 경우는 한 번도 없었다. NBC 앵커는 앉아 있다가 서 있는 경우(85.7%) 및 앉아 있기만 한 경우(14.3%)뿐이었으며 BBC 앵커는 언제나 앉아 있다가 서 있는 자세를 취했다. NHK 앵커는 시종일관 서 있다가 잠시 이동하는 자세를 취했다.

<표 3-17> 국가별 방송사의 앵커 자세 구성비(단위: %)

매체 \ 자세	기립	착석	이동	기립 + 착석	기립 + 이동	착석 + 이동	기립 + 착석 + 이동	합계
국내 방송사	2.0	0.0	0.0	49.0	0.0	0.0	49.0	100.0
미국	0.0	14.3	0.0	85.7	0.0	0.0	0.0	100.0
영국	0.0	0.0	0.0	100.0	0.0	0.0	0.0	100.0
일본	0.0	0.0	0.0	0.0	100.0	0.0	0.0	100.0
$\chi^2(12) = 86.95$, $p < .001$								

앞에서 언급했듯이 국내 뉴스 프로그램들은 포맷의 다양성을 추구하는 경향이 강한데, 그 목적은 시청자들의 집중도를 높이기 위해서이다. 단순히 반복되는 포맷보다는 여러 가지 포맷을 다양하게 운용하려고 애쓰는 것이다. 앵커의 움직임도 이런 맥락에서 이해될 수 있다. 앵커가 앉아 있다가 서거나, 서서 이동하는 등의 다양한 자세를 취하는 것은 시청자에게 있어서 포맷의 변화를 주는 것과 비슷한 효과를 내기 위함이다.

국내 방송사를 보면, 지상파는 앉아 있다가 서 있는 경우가 61.9%였으며 앉아 있다가 서 있다가 이동하는 경우는 33.3%였는데, 종편은 그 반대로 앉아 있다가 서 있는 경우는 39.3%였으며 앉아 있다가 서 있다가 이동하는 경우는 60.7%였다(<표 3-18> 참조). 이처럼 종편 앵커의 이동이 지상파 앵커보다 많은 것은 종편이 앵커의 동작 변화를 통해 시청자들에게 좀 더 신선하게 다가가려는 시도를 한 것으로 보인다. 또한 종편은 지상파보다 무대 세트나 CG의 운용이 단조로우므로 앵커의 움직임을 통해 변화를 추구하는 것으로 추정된다.

<표 3-18> 국내 방송사의 앵커 자세 구성비(단위: %)

자세 / 매체	기립	착석	이동	기립 + 착석	기립 + 이동	착석 + 이동	기립 + 착석 + 이동	합계
지상파	4.8	0.0	0.0	61.9	0.0	0.0	33.3	100.0
종편	0.0	0.0	0.0	39.3	0.0	0.0	60.7	100.0
$\chi^2(2) = 4.42$, p = n.s								
KBS	0.0	0.0	0.0	100.0	0.0	0.0	0.0	100.0
MBC	0.0	0.0	0.0	28.6	0.0	0.0	71.4	100.0
SBS	14.3	0.0	0.0	57.1	0.0	0.0	28.6	100.0
JTBC	0.0	0.0	0.0	14.3	0.0	0.0	85.7	100.0
MBN	0.0	0.0	0.0	28.6	0.0	0.0	71.4	100.0
TV조선	0.0	0.0	0.0	41.3	0.0	0.0	85.7	100.0
채널A	0.0	0.0	0.0	100.0	0.0	0.0	0.0	100.0
$\chi^2(12) = 30.92$, $p < .01$								

앵커의 움직임이 가장 많은 경우, 즉 앵커가 앉아 있다가 서 있다가 이동도 하는 경우는 JTBC와 TV조선(각 85.7%)이 가장 많았으며, 그다음은 MBC와 MBN(각 71.4%)이었다. SBS(28.6%)는 그런 경우가 별로 없었고 KBS와 채널A는 그런 경우가 전무했다. 한편 KBS와 채널A는 모두 앵커가 앉아 있다가 서는 자세 변화를 보였다.

③ 앵커의 옷차림

국내 지상파와 종편 및 해외 방송사의 모든 앵커가 정장 차림이어서 매체 간 특징적인 차이는 없었다. 국내 방송사의 저녁 종합뉴스는 최대한 시청자를 존중하며 점잖게 진행한다는 원칙이 있어서 남자 앵커이든 여자 앵커이든 깔끔한 정장 차림으로 뉴스를 진행한다. 특히 남자 앵커의 경우 정형화된 양복 복장을 탈피하고자 하는 시도는 거의 없다. 저녁 종합뉴스는 해당 언론사의 대표적인 정통 뉴스이기 때문에 편안한 캐주얼 형태의 복장을 하는 것이 시청자에 대한 예의가 아니라는 인식이 강하다. 하지만 일부 방송사에서는 나비넥타이를 하거나 원색의 셔츠 및 재킷을 입는 등 차별화를 시도하기도 한다. 여성 앵커의 경우 지나치게 여성성을 강조하는 스타일의 복장은 지양하고 보수적인 색채의 복장을 선호하는 경향이 강하다. 이는 방송사 내에서 의상이나 분장이 지나치게 튀는 드라마나 예능 프로그램을 의식해 뉴스 프로그램은 차분하고 안정된 분위기를 유지해야 한다는 공감대가 작용한 측면도 있다.

다만 낮 시간대에 진행하는 뉴스의 경우에는 조금 더 격의 없이 시청자에게 다가간다는 마음에서 양복 상의를 벗고 와이셔츠의 소매를 걷어붙인 채 뉴스를 진행하는데, 이는 열심히 일하는 이미지, 프로페셔널한 느낌을 전달하기 위해서이다.

2. 텔레비전 뉴스의 리포트 분석: 형식 요소

방송 뉴스의 품질을 결정짓는 요소에는 여러 가지가 있다. 이 절에서는 그 가운데서도 뉴스 리포트의 형식에 대해 알아본다. 리포트 형식으로는 기사의 길이와 시간 요소가 있다. 기사 길이와 시간이 길면 관련 정보를 많이 담을 수 있다. 사실을 맥락적으로 전달하는 데도 기사 길이와 시간은 중요하다. 뉴스 품질은 일차적으로 관련 정보를 많이 담고, 투명하고, 맥락적으로 전달했는지에 따라 결정된다. 또 리포트의 형식도 방송 뉴스 품질의 결정 요소로 중요하다. 방송 뉴스는 그동안 녹화 형식으로 전달되는 것이 관행이었다. 그러나 최근에는 현장 생중계나 스튜디오 생중계가 늘어나는 추세이다. 생중계가 꼭 좋은 뉴스의 조건은 아니지만, 현장성이 중시되는 방송 저널리즘 특성상 생중계 방식의 뉴스 전달은 가치가 있다. 방송 뉴스에서는 '현장성'이 무엇보다 중요하기 때문이다.

리포트의 구성 방식도 방송 뉴스의 품질에 영향을 미치는 요소 가운데 하나로, 리포트를 어떤 형식으로 전달하는가에 따라 시청자에게 미치는 효과가 다르다. 방송 리포트 기사 형식은 크게 스트레이트 기사, 내러티브 기사, 그리고 스트레이트와 내러티브를 함께 사용한 복합기사로 구분된다. 이들 기사 형식 가운데 과거에는 스트레이트 기사가 많이 사용되었지만 최근에는 내러티브나, 스트레이트와 내러티브를 합친 복합기사가 더 많이 사용된다. 그런 추세를 고려하면 내러티브형 기사가 스트레이트형 기사보다 더 주목을 받는 것은 사실이다. 한편 취재원 육성의 지속 시간과 취재원 육성을 담은 기사 문장의 수도 뉴스 품질을 결정짓는 요소로 고려할 만하다. 뉴스에서 취재원은 중요한 역할을 한다. 뉴스 내용의 충실성과 객관성은 취재원의 말에 많이 좌우된다. 취재원의 말이 기사를 통해 충분히 잘 전달되면 그것은 좋은 뉴스로 볼 수 있다. 또한 방송 뉴스에서 이해관계자인 취재원의 말이 길게 반영되었다면 더 충실한 뉴스로 볼 수 있다.

기자가 뉴스를 진행할 때 스탠드업 상태로 등장하는가 하는 점도 뉴스의 품질을 결정짓는 요소에 포함할 수 있겠다. 기자의 목소리만 나오고 얼굴이 아예 나오지 않는 경우도 많지만, 기자가 현장에서 뉴스를 전달하면서 직접 선 채로 자연스럽게 보도하는 것이 뉴스 주목도나 시청자와의 교감 측면에서 유리하다. 즉 기자가 서서 보도하는 이른바 '스탠드업 리포팅'은 그렇지 않은 리포팅 방식보다 낫다. 스탠드업 리포팅은 현장에서 보도할 때 자주 사용되기 때문에 이것이 많다는 것은 현장보도가 많음을 의미하는 것이기도 하다. 그런 점에서 스탠드업 리포팅은 뉴스의 현장 전달이라는 측면에서 효과가 크다.

지금부터는 리포트 형식에 대한 구체적 데이터를 통해 국내외 방송 뉴스의 품질을 비교·평가해볼 것이다.

1) 리포트의 길이와 시간

리포트의 길이와 시간은 하나의 리포트에 사용된 문장의 전체 수를 기준으로 측정했다. 취재원의 문장 수도 여기에 포함했다. 국내외 방송사 리포트의 길이(이하 문장 수)를 분석한 결과, 국내 방송사, 미국 방송사, 영국 방송사 등 3개 집단 간에 유의미한 차이를 보였다(<표 3-19> 참조).

리포트 내 문장 수는 국내 방송사가 평균 13.74개의 문장을 사용한 데 반해, BBC는 평균 28.97개를, NBC는 평균 16.44개를 사용했다. 이를 통해 국내 방송사들의 리포트 문장 수가 미국이나 영국 등 선진 해외 방송사들에 비해 전체적으로 적었음을 알 수 있다. 특히 BBC와 비

<표 3-19> 국가별 방송사 리포트의 문장 수(단위: 개)

구분 / 매체	사례 수	평균	최소	최다
국내 방송사	457	13.74	6	56
미국 NBC	62	16.44	8	33
영국 BBC	31	28.97	10	45

$F(2, 547) = 120.11, p < .001$

교해서는 절반 이하 수준이었다. 리포트 최소 문장 수에서도 차이가 있었다. 국내 방송사는 6개로 BBC 10개, NBC 8개에 비해 적었다. 다만 최다 리포트 문장 수에서는 국내 방송사가 56개로 BBC 45개, NBC 33개보다 많았다.

국내 방송사들은 해외 방송사와 비교해 평균적으로 짧은 리포트 문장을 사용하는 것으로 확인된다. 뉴스 품질을 평가할 때 기사 길이는 중요한 요소이다. 기사 길이가 길다는 것은 그만큼 많은 정보를 담았다는 의미이다. 국내 방송사 뉴스의 품질이 BBC나 NBC에 비해 떨어진다는 평가가 나올 수밖에 없다. 그러나 방송 현장에 있는 기자들의 이야기는 좀 다르다. 심석태 전 SBS 보도본부장은 "기사 길이를 뉴스 품질 평가 기준으로 삼는 것이 타당한지 의문"이라며 "뉴스 성격에 따라 짧게 쓸 수밖에 없다"고 강조했다. 정명원 SBS 기자는 "무조건 긴 기사가 좋은 기사는 아니다"라고 말한다. 길게 써야 할 때가 있고, 짧게 써야 할 때가 있다는 것으로, 무조건 기사를 길게 쓰는 것이 좋은 원칙은 아니라는 것이다. 정명원 기자는 "기사 길이가 품질 기준의 양적 지표는 될 수 있을지 몰라도, 기사 길이가 너무 길면 불친절한 뉴스가 될 수 있다"고 말한다. 성재호 KBS 기자는 "기사가 길면 좋다고 하는데, 그것은 기사 주제에 따라 기사 길이가 달라질 수 있다는 점을 감안하지 않은 것"이라고 지적한다. 이처럼 방송기자들은 기사의 길이가 뉴스의 품질을 결정한다는 주장에 동의하지 않았다.

그러나 국내 방송사 기자들의 이런 의견은 뉴스의 품질 관점에서 보면 설득력이 떨어진다. 기사 길이가 짧은데 거기에 충분한 정보를 담을 수는 없다. 상황을 맥락적으로 전달하기도 어렵다. 신문기사도 그렇지만 국내 방송사의 뉴스 기사는 해외 선진국 방송사에 비해 전반적으로 짧은 것이 사실이다. 앞의 데이터 결과에서 볼 수 있듯이 국내 방송사의 기사 길이는 BBC와 비교했을 때 거의 절반 수준에도 못 미친다. 기사 길이가 짧다는 것은 관련 정보를 충분히 담지 못했거나 기사 요건을 제대로 갖추지 못했다는 것을 뜻한다. 물론 국내와는 다른 방송문화를 지닌 BBC와 단순 비교는 무리일 수 있다. 그렇더라도 기사 길이의 현격한 차이는 뉴스의 품질 차이로 이어질 수밖에 없다.

짧은 기사로 좋은 뉴스를 만들 수는 없다. 방송기사의 길이와 관련해서 기사가 몇 개의 문장으로 쓰여져야 한다는 기준은 없다. 분명한 사실은 기사의 길이가 정보의 양과 밀접한 관련을 가질 수밖에 없다는 점이다. 기사 길이가 길면 정보의 양이 늘어날 수 있고, 그만큼 기사 내용이 충실해지는 것은 당연하다. 즉 기사의 문장 수가 결국 기사의 품질을 결정한다고 볼 수 있다. 기사의 품질 수준은 육하원칙이라는 사실을 담는 것에서 나아가 이해관계자의 인터뷰, 현장의 다양한 장면 제시, 기자의 해석 등을 제대로 담을 때 높아진다. 기사 길이가 짧으면 이런 조건을 제대로 충족하기 어렵다. 자연히 기사의 품질 수준이 떨어질 수밖에 없다.

국내 방송기자들의 의견대로 기사는 길게 써야 하는 경우와 짧게 써야 하는 경우로 구분될 수 있다. 즉 모든 방송기사의 길이가 늘 길어야 할 필요는 없다는 것이다. 하지만 그렇더라도 평균적으로 어느 정도의 길이는 유지해야 할 필요가 있다. 실제로 국내 방송사들은 가장 짧게 쓴 기사와 가장 길게 쓴 기사 간의 편차가 NBC나 BBC에 비해 월등히 크다. 구체적으로 최소 문장 수보다 최다 문장 수가 9배 이상 많다. 이에 반해 NBC와 BBC는 그 차이가 4배 정도로 국내 방송사에 비해 적다. 이는 국내 방송사들의 기사 길이가 대체적으로 균질하지 못하다는 것을 보여준다. 방송기사의 길이가 늘 길어야 한다는 것이 아니라, 모든 기사가 평균적으로 어느 정도의 길이를 유지할 필요가 있다는 것이다.

방송 속성상 기사 길이가 무한정 늘어지는 것도 문제이지만 지나치게 짧은 것도 문제이다. 국내 방송기사는 대체로 짧기도 하거니와 짧은 기사와 긴 기사 간의 편차가 지나치게 크다. 어떤 기사는 너무 짧고 어떤 기사는 너무 길어 기사의 길이가 전체적으로 균형적이지 못하다. "기사 길이가 너무 길면 불친절하다"는 한 방송기자의 지적은 미국이나 영국이 아닌 국내 방송기사의 리포트에 해당되는 문제이다.

국내 방송사 리포트의 문장 수에서는 지상파와 종편 간에 유의미한 차이를 보였다(<표 3-20> 참조). 지상파 방송은 평균 14.55개로 종편의 평균 13.15개보다 약간 많았다. 또 최소 리포트 문장 수는 지상파가 평균 8개인 데 반해 종편은 평균 3개로 지상파가 더 많았다. 최다 리포트 문장 수에서도 지상파가 56개로, 종편 43개보다 많았다. 이는 지상파가 최소 문장 수에서뿐만 아니라 최다 문장 수에서도 종편보다 많다는

<표 3-20> 국내 방송사 리포트의 문장 수(단위: 개)

매체 \ 구분	사례 수	평균	최소	최다
지상파	195	14.55	8	56
종편	262	13.15	3	43
$t(455) = 2.91, p < .004$				
KBS	66	14.59	9	26
MBC	64	15.81	9	56
SBS	65	13.26	8	28
JTBC	65	14.86	6	43
MBN	66	11.74	3	17
TV조선	65	13.18	7	35
채널A	66	12.82	7	33
$F(6, 450) = 5.05, p < .001$				

사실을 보여준다. 종편의 리포트 문장 수 편차는 14배로, 아주 적거나 아주 많은 극단적 경향을 보인 반면, 지상파는 그 편차가 7배로 종편에 비하면 상대적으로 적은 편이었다. 리포트 문장 수만 놓고 보면 지상파가 평균적으로 종편에 비해 더 길게, 그리고 더 균질적으로 보도한다고 볼 수 있다.

국내 방송사별로 사용하는 리포트 내 문장 수에서도 차이가 있었다. 방송사별 분석 결과를 보면 MBC가 평균 15.81개로 가장 많았고, JTBC 14.86개, KBS 14.59개, SBS 13.26개, TV조선 13.18개, 채널A 12.82개, MBN 11.74개 순으로 나타났다. 전체적으로 MBC가 가장 많은 편이었고, NBN이 가장 적은 편이었다. 리포트 문장 수를 최소와 최다 기준으로 비교해본 결과에서도 MBC가 최소 9개 문장에 최다 56개 문장으로 긴 편이었다. KBS가 최소 9개 문장에 최다 26개 문장, SBS가 최소 8개 문장에 최다 28개 문장으로 그 뒤를 이었다. 지상파 방송만 놓고 보면 MBC가 최소 문장 수와 최다 문장 수 간에 편차가 6배로 가장 컸으며, KBS와 SBS가 3배가량 편차가 있었다. 결론적으로 지상파 가운데는 MBC가 상대적으로 길게 보도하는 편이었다.

종편의 경우 최소 문장 수에서는 TV조선과 채널A가 7개로 가장 긴 편이었고, JTBC 6개, MBN 3개 순이었다. MBN이 4개 채널 가운데 가장 적었다. 최다 문장 수 기준으로는 JTBC가 43개로 가장 길었고, TV조선 35개, 채널A 33개, MBN 17개 순으로 나타났다. 리포트 최다 문장 수에서도 MBN이 4개 채널 가운데 가장 적었다. MBN은 최다 문장 수가 가장 많은 JTBC와 비교해 절반 이하였다. JTBC는 최소 문장 수와 최다 문장 수의 편차가 7배로 가장 컸으며, MBN(6배), TV조선(5배)과 채널A(5배) 순이었다. 그러나 방송사별로 편차가 큰 편은 아니었다.

전체적으로 지상파가 종편에 비해 다소 더 길게 보도하는 편임을 알 수 있다. 짧은 기사에서도 지상파가 종편에 비해 그 정도가 덜 심하다. 지상파 3사 방송 간에는 기사의 전체 문장 수와 최소 문장 수에 큰 차이가 없으나 MBC가 평균적으로 문장 수가 많고, 최다 문장 수에서도 다른 2개 지상파에 비해 두드러지게 많았다. 즉 기사의 문장 수만 놓고 보면 MBC가 가장 나은 편이다. 종편의 경우에는 JTBC가 전체적으로 기사의 문장 수도 많고 최소 문장 수도 상대적으로 많은 편으로, 문장 수 측면에서 가장 나은 양상을 보였다. 이에 반해 MBN은 종편 가운데 전체 문장 수에서나 최소 문장 수에서 가장 적다. MBN은 특히 최다 문장 수도 다른 채널에 비해 크게 적은 편이다.

방송 리포트 시간은 하나의 리포트가 시작해서 끝날 때까지의 시간으로, 국가별 방송 리포트 시간은 통계적으로 유의미한 차이를 보였다(<표 3-21> 참조). 국내 방송사의 리포트 시간은 평균 88.93초로, NBC 평균 95.85초, BBC 평균 153.61초와 비교해 짧았다. 국내 방송사는 BBC와 비교해 거의 2분의 1 수준으로 리포트 시간이 짧아 차이가 컸다. NBC에 비해서는 아주 큰 차이는 아니어도 평균 7초가량 짧았다. 이러한 결과는 국내 방송사 뉴스 리포트 시간이 해외 방송사에 비해 전체적으로 짧다는 사실을 보여준다.

최단 리포트 시간에서도 국내 방송은 평균 44초로 BBC 95초, NBC

<표 3-21> 국가별 방송사 리포트의 시간(단위: 초)

매체 \ 구분	사례 수	평균	최단	최장
국내 방송사	457	88.93	44	280
미국 NBC	62	95.85	45	180
영국 BBC	31	153.61	95	235

$F(2, 547) = 98.24, p < .001$

45초에 비해 짧았다. 최단 리포트 시간의 경우 국내 방송사와 NBC 간에는 큰 차이가 없었지만, BBC와 비교해서는 국내 방송사가 거의 절반에도 못 미쳤다. 그러나 최장 리포트 시간은 국내 방송사가 280초로 BBC 235초, NBC 180초보다 길었다. 뉴스 리포트 시간은 뉴스의 깊이를 결정하는데, 시간이 짧은 상황에서는 관련 정보를 충분히 담아서 전달하기 어렵다. 따라서 국내 방송사는 해외 방송사에 비해 평균적으로 뉴스의 정보량이 적고, 심층성이 부족할 개연성이 있다고 추론해볼 수 있다. 특히 BBC와 비교했을 때에는 전달 정보량이 절대적으로 적었다. 다만 국내 방송사들은 뉴스 아이템에 따라 특정 뉴스를 아주 길게 보도한다는 특징을 보인다. 국내 방송사의 최장 리포트 시간은 280초로 NBC에 비해 100초 이상 길었다. 국내 방송사가 특정 뉴스에 대해서는 상당한 시간을 들여 보도한다는 것을 의미한다. 그것은 어떤 식으로든지 바람직하다. 문제는 그런 긴 기사가 평균적으로 늘 있는 것이 아니라 아주 가끔씩 있다는 점이다. 특정 뉴스 한두 개를 정성들여 만든다고 해서 모든 뉴스의 품질이 올라가는 것은 아니다.

국내 방송 뉴스의 본질적인 문제는 모든 기사가 길게 작성되지 않는다는 점이다. 국내 방송사들이 전체적으로 해외 방송사에 비해 리포트 시간이 짧다는 점에서 정보의 양적 수준이 떨어질 수 있다. 기사 리포트 시간이 짧으면 정보가 제한되는 것은 물론, 상황을 맥락적으로 전달하기 어렵다는 문제도 있다. 그렇지 않아도 방송 뉴스는 시간의 제약을 많이 받는다. 제한된 시간 안에 많은 기사 꼭지를 전달하려다 보면 꼭지당 배당 시간을 줄일 수밖에 없다. 대표적인 예가 단신 기사이다. 단신 기사는 리포트 시간이 워낙 짧기 때문에 필요한 정보를 다 담아내기 어렵다. 물론 모든 기사를 길게 보도해야 할 필요는 없다. 기사 가치를 고려해 기사 리포트 시간의 장단(長短)을 결정할 수밖에 없다. 그러한 점을 고려하더라도 리포트 시간이 방송 뉴스 품질에 영향을 미치는 결정적인 요소라는 사실은 분명하므로 리포트 길이 결정 시 보다 신중한 접근이 필요하다.

국내 방송사는 뉴스 아이템과 관계없이 리포트 시간이 일관된 편이 아니다. 어떤 기사는 아주 짧게 보도하면서, 반대로 어떤 기사는 아주 길게 보도한다. 성재호 기자는 "기사 길이는 뉴스의 주제나 소재를 고려해 달리 결정해야 한다"고 말한다. 성재호 기자의 말대로 뉴스 가치의 경중에 따라 리포트 시간을 달리한다는 관행이 잘못됐다고 말할 수는 없다. 모든 뉴스는 크게 보면 '더 중요한 뉴스'와 '덜 중요한 뉴스'로 나뉜다. 더 중요한 뉴스에 시간을 더 들여 보도하는 것은 자연스럽다. 반대로 덜 중요한 뉴스는 짧게 다뤄질 수밖에 없다. 문제는 기사 리포트에 쏟는 평균적인 시간의 양이다. 앞의 데이터에서 볼 수 있듯이, 국내 방송사들의 평균 리포트 시간은 해외 방송사에 비해 크게 적은 편이다. 그리고 리포트 시간의 길이가 해외 방송사와 비교해 훨씬 불규칙적이다. 어떤 경우에는 너무 짧게, 어떤 경우에는 너무 길게 보도한다. 한마디로 일관성이 없다. 최단 리포트 시간과 최장 리포트 시간의 편차가 크다는 사실은 기사별 리포트 시간이 일관되게 유지되고 있지 못하다는 뜻이다. 리포트 시간은 앞에서 설명한 기사의 리포트 문장 수와 비슷하다고 볼 수 있다.

특정 뉴스 아이템을 더 길게 보도했다고 해서 그것이 반드시 좋은 뉴스라고 말할 수는 없다. 뉴스도 일반 상품처럼 균질한 품질이 무엇보다 중요하다. 뉴스의 품질이 일률적이지 못하면 그 가치가 떨어질 수밖에 없다. 따라서 전체 뉴스에 대해 평균적으로 리포트 시간을 늘리는 것이 중요하다. 리포트 시간을 적게 들이고도 좋은 뉴스를 보도할 수 있는 방법은 존재하지 않는다. 기사당 리포트 시간을 지금보다 늘릴 필요가 있다. 그것이 좀 더 완성된 뉴스를 만드는 지름길이다.

국내 방송사만 떼어서 리포트 시간을 분석한 결과를 보면 지상파가 평균 96.68초, 종편이 평균 83.16초로 서로 차이가 있었다(<표 3-22> 참조). 즉 지상파의 평균 리포트 시간이 종편에 비해 14초가량 더 길었다. 이는 국내 방송사들이 평균 1분 30초 안에 모든 리포트를 마무리한다는 것을 보여준다. 최단 및 최장 리포트 시간을 살펴본 결과에서는 지상파가 최단 57초, 최장 280초인 데 반해, 종편은 최단 44초, 최장 229초로 나타났다. 지상파가 종편에 비해 최단 및 최장 리포트 시간이 모두 더 길었다. 지상파와 종편 모두 최단 리포트 시간과 최장 리포트 시간 간의 편차가 5배 정도로 차이가 났다.

국내의 방송사별 리포트 시간을 분석한 결과에서는 MBC가 평균 106.17초로 가장 길었으며, SBS 92.26초, KBS 91.83초, JTBC 87.82

<표 3-22> 국내 방송사 리포트의 시간(단위: 초)

매체 \ 구분	사례 수	평균	최단	최장
지상파	195	96.68	57	280
종편	262	83.16	44	229
$t(455) = 6.25, p < .001$				
KBS	66	91.83	72	116
MBC	64	106.17	71	280
SBS	65	92.26	57	191
JTBC	65	87.82	44	225
MBN	66	82.00	62	113
TV조선	65	83.91	60	157
채널A	66	79.02	48	229
$F(6, 450) = 10.47, p < .001$				

초, TV조선 83.91초, MBN 82.0초, 채널A 79.02초 순으로 각각 나타나 차이가 있었다. 전체적으로 지상파가 종편에 비해 방송 리포트 시간이 더 긴 편이었다. 지상파 가운데는 MBC가 가장 길게 보도했고, KBS가 가장 짧게 보도했으며, 특히 MBC는 전체 방송사 가운데 기사당 리포트 시간이 가장 길었다. 종편 가운데는 JTBC가 가장 길었고, 채널A가 가장 짧았다. 종편 간에는 기사당 리포트 시간의 차이가 그지 않았다. 하지만 리포트 시간이 가장 긴 MBC와 가장 짧은 채널A 간의 차이는 평균 27초로 비교적 컸다. 방송사별 최단 리포트 시간 비교분석에서는 KBS가 72초로 가장 길었으며, MBC 71초, MBN 62초, SBS 57초, 채널A 48초, JTBC 44초 순으로 나타났다. 지상파와 종편 간의 최단 리포트 시간은 일관되게 차이를 보이지는 않았다. 다만 지상파 방송 가운데는 KBS와 MBC가 최단 리포트 시간이 상대적으로 긴 편이었다. 최단 리포트 시간이 가장 긴 KBS와 가장 짧은 JTBC 간에는 평균 28초 차이가 났다.

방송 리포트의 최장 시간을 비교분석한 결과에서는 MBC가 280초로 가장 길었다. 이어서 채널A 229초, JTBC 225초, SBS 191초, TV조선 157초, KBS 116초, MBN 113초 순으로 나타났다. 최장 리포트 시간에서는 지상파와 종편 간의 우열을 가리기 어려웠다. 리포트 시간이 가장 긴 MBC와 가장 짧은 MBN 간에는 평균적으로 무려 167초나 차이가 났다. 방송사별로 최단 리포트 시간과 최장 리포트 시간 간의 편차를 보면 JTBC 5배, 채널A 4.8배, MBC 4배, SBS 3.4배, TV조선 2.6배, MBN 1.8배, KBS 1.6배 순으로 나타났다. JTBC가 기사 아이템에 따라 리포트 시간의 기복이 가장 크고, KBS가 가장 작다.

우리는 이 분석 결과를 통해 몇 가지 특징을 추론해볼 수 있다. 첫째, 방송 리포트 시간만 놓고 보면 지상파가 종편에 비해 전반적으로 나은 편이다. 기사당 전체 평균 리포트 시간에서나 최단 혹은 최장 리포트 시간에서나 지상파가 종편보다 더 길게 보도해 긍정적이었다. 둘째, 공영방송인 KBS는 다른 방송사에 비해 리포트 시간 배분이 비교적 균형적으로 관리되고 있다. 최단 리포트 시간은 가장 길면서 최장 리포트 시간은 지나치게 긴 편이 아니어서 그 편차가 크지 않았다. 셋째, 한때 뉴스 시청률이 뒤처졌던 MBC가 리포트 시간에 관한 한 상대적으로 길게 보도하는 관행이 눈에 띈다. MBC의 경우 최장 리포트 시간이 전체 방송사 가운데 가장 길었는데, 이는 새로운 뉴스 포맷을 통해 차별화를 시도한 것으로 보인다. 종편 가운데는 JTBC가 다른 종편과 비교해 상대적으로 리포트 시간이 긴 경우와 짧은 경우 간에 차이가 컸다.

리포트 내 문장 수와 마찬가지로 리포트 시간이 길수록 많은 정보를 담을 수 있고 사실을 맥락적으로 구성할 수도 있다. 반대로 리포트 시간이 짧으면 정보 제공이 제한적일 수밖에 없다. 따라서 리포트 시간의 길이에 따라 기사의 심층성과 맥락성이 영향을 받는다. 그런 기준만 놓고 보면 지상파가 종편에 비해 더 양질의 뉴스를 제공한다고 말할 수 있다. 방송사별로는 MBC가 상대적으로 양질의 뉴스를 제공하고, 채널A가 그렇지 않은 것으로 평가된다.

2) 리포트의 형식

리포트의 형식은 방송에서 해당 리포트가 보도되는 방식으로서, 구체적으로 녹화, 현장 생중계, 스튜디오 생중계, 녹화+현장 생중계, 녹화+스튜디오 생중계, 기타 등으로 구분해 측정했다. 비교 대상은 국내 방송사와 NBC, BBC, NHK이다. 국내외 방송사의 리포트 형식을 비교한 결과에는 유의미한 차이가 있었다(<표 3-23> 참조). 모든 국내외 방송사

<표 3-23> 국가별 방송사 리포트의 형식 구성비(단위: %, 건)

형식 / 매체	녹화	현장 생중계	스튜디오 생중계	녹화 + 현장 생중계	녹화 + 스튜디오 생중계	기타	합계
국내 방송사	93.5 (458)	1.0 (5)	2.2 (11)	1.6 (8)	1.6 (8)	0.0 (0)	100.0 (490)
미국 NBC	88.6 (62)	0.0 (0)	0.0 (0)	1.4 (1)	7.1 (5)	2.9 (2)	100.0 (70)
영국 BBC	62.0 (31)	12.0 (6)	0.0 (0)	20.0 (10)	4.0 (2)	2.0 (1)	100.0 (50)
일본 NHK	92.6 (63)	0.0 (0)	1.5 (1)	2.9 (2)	0.0 (0)	2.9 (2)	100.0 (68)

$\chi^2(15) = 118.58,\ p < .001$

가 녹화 형식을 다른 리포트 형식들보다 절대적으로 많이 사용했다. 특히 국내 방송사가 녹화 형식으로 리포트를 하는 비율은 93.5%로 NHK 92.6%, NBC 88.6%, BBC 62.0%에 비해 많았다.

국내 방송사는 녹화에 주로 의존하는 반면에 현장 생중계, 녹화+현장 생중계, 녹화+스튜디오 생중계는 적은 편이었다. 그것은 NBC나 NHK도 크게 다르지 않았다. 다만 BBC는 예외적으로 녹화+현장 생중계 20.0%, 현장 생중계 12.0%로 다른 방송사에 비해 현장성 중계가 많았다. 적은 비율이지만 NBC는 녹화+스튜디오 생중계가 7.1%, NHK는 녹화+현장 생중계가 2.9%로 부분적으로 생중계 리포트 형식을 사용했다. 현장 생중계에 비중을 두는 BBC를 제외하고는 대부분의 방송사가 녹화 방송에 의존했다.

우리는 해외 방송사의 리포트 형식 분석 결과를 통해 두 가지 시사점을 얻을 수 있다. 하나는 NBC 모델의 경우이다. NBC는 녹화에 가장 큰 비중을 두면서도 스튜디오 생중계 리포트 방식을 선호하는 편이다. 특히 NBC는 스튜디오에 인물을 직접 초대해 사회적 현안에 대해 인터뷰하는 형식을 많이 사용한다. 다른 하나는 BBC 모델의 경우이다. BBC는 다른 방송사에 비해 녹화 비중을 적게 하고, 대신 현장 생중계를 선호한다. BBC는 현장에서 뉴스를 직접 전달하는 현장 중심 방식을 지향한다는 사실을 알 수 있다. 이에 반해 국내 방송사나 NHK는 녹화 방송 의존 비율이 월등히 높은 편이다. 국내 방송사의 경우는 그 정도가 더 심하다. 따라서 국내 방송사는 BBC 모델과 NBC 모델을 통해 현장 생중계와 스튜디오 생중계 비율을 늘리는 문제를 적극 검토해볼 필요가 있다고 하겠다.

국내 방송사의 리포트 형식에서는 지상파와 종편 모두 녹화 방식이 가장 많은 가운데 통계적으로 유의미한 차이는 없었다(<표 3-24> 참조).

<표 3-24> 국내 방송사 리포트의 형식 구성비(단위: %, 건)

형식 / 매체	녹화	현장 생중계	스튜디오 생중계	녹화 + 현장 생중계	녹화 + 스튜디오 생중계	합계
지상파	93.3(196)	1.0(2)	1.4(3)	2.9(6)	1.4(3)	100.0(210)
종편	93.6(262)	1.1(3)	2.9(8)	0.7(2)	1.8(5)	100.0(280)
$\chi^2(4) = 4.58, p = .473$						
KBS	94.3(66)	2.9(2)	0.0(0)	2.9(2)	0.0(0)	100.0(70)
MBC	91.4(64)	0.0(0)	4.3(3)	2.9(2)	1.4(1)	100.0(70)
SBS	94.3(66)	0.0(0)	0.0(0)	2.9(2)	2.9(2)	100.0(70)
JTBC	92.9(65)	1.4(1)	1.4(1)	1.4(1)	2.9(2)	100.0(70)
MBN	94.3(66)	2.9(2)	1.4(1)	0.0(0)	1.4(1)	100.0(70)
TV조선	92.9(65)	0.0(0)	4.3(3)	0.0(0)	2.9(2)	100.0(70)
채널A	94.3(66)	0.0(0)	4.3(3)	1.4(1)	0.0(0)	100.0(70)
$\chi^2(24) = 23.61, p = .497$						

지상파의 경우 녹화 형식이 93.3%로 가장 많았고, 녹화+현장 생중계(2.9%), 스튜디오 생중계(1.4%), 녹화+스튜디오 생중계(1.4%) 순으로 녹화 이외의 형식은 미미하게 나타났다. 종편 역시 녹화 형식이 93.6%로 가장 많은 비중을 차지했고, 스튜디오 생중계(2.9%), 녹화+스튜디오 생중계(1.8%), 현장 생중계(1.1%) 순이었다.

국내의 방송사별로 분석해본 결과에서는 녹화 형식의 경우 KBS, SBS, MBN, 채널A가 각각 94.3%였고, JTBC와 TV조선이 92.9%, MBC가 91.4% 순으로 나타났다. 그러나 이들 방송사 간의 차이는 통계적으로 유의미하지 않았다. 현장 생중계는 전체적으로 그 비율이 높지 않은 가운데, KBS와 MBN이 2.9%로 상대적으로 많았다. 스튜디오 생중계의 경우는 MBC, TV조선, 채널A가 각각 4.3%로 상대적으로 많았고, 녹화+현장 생중계는 KBS, MBC, SBS가 각각 2.9%로 다른 방송사에 비해 많았다. 녹화+스튜디오 생중계는 SBS, JTBC, TV조선이 각각 2.9%로 나타나 상대적으로 많았다.

국내 방송사는 지상파와 종편 모두 리포트 형식에서 녹화 방식을 압도적으로 많이 사용했다. 반면 현장이나 스튜디오 생중계 비율은 미미했다. 방송사별로는 전체적으로 녹화 방식의 비율이 90%를 넘는 가운데 MBC, TV조선, 채널A가 스튜디오 생중계를 일부 하는 정도라는 점이 눈에 띈다. 종합하면, 국내 방송사는 특별한 경우가 아니면 대부분 녹화 방식으로 뉴스를 제작해 '뉴스는 녹화로 진행한다'는 과거의 오랜 관행을 그대로 유지하고 있었다.

3) 리포트의 구성 방식

리포트의 구성 방식은 기자들이 방송 리포트를 하기 위해 사용하는 전달 방식에 관한 것으로, 크게 스트레이트형, 제작형, 절충형으로 구분해 그 비율을 측정했다. 먼저 스트레이트형 리포트는, ① 그날 일어난 일을 육하원칙에 따라 평면적으로 전달하는 리포트이거나, ② '누가 뭐라고 말했다'는 식의 발표 혹은 정책에 대한 내용을 소개 · 설명하는 리포트이거나, ③ 검찰 수사 속보 및 외교부 긴급 사안에 대한 리포트 등이 해당한다. 제작형 리포트는, ① 사례나 스토리라인을 중심으로 전개하는 내러티브 방식의 리포트이거나, ② 인터뷰와 스탠드업, CG, 현장화면 등 리포트의 구성 요소들을 두루 갖춘 방식의 리포트가 해당한다. 절충형 리포트는 앞부분에 2~3문장 정도 간단히 사례를 보여주는 '모자 씌우기'로 시작한 뒤, 뒷부분은 스트레이트형 방식을 사용하는 경우이다. 즉 도입부에는 사례나 예시를 제시하면서 시작한 뒤 중간 지점부터 육하원칙을 적용한 스트레이트형으로 리포트를 변환하는 방식이다.

국내외 방송사의 리포트 구성 방식을 비교분석한 결과를 보면, 스트레이트형의 경우 국내 방송사는 절반 가까운 47.7%가 이 형식으로 리포트를 구성한 반면에, NHK는 41.3%, NBC는 6.5%, BBC는 3.2% 순으로 차이가 있었다(<표 3-25> 참조). 국내 방송사와 NHK는 NBC나 BBC에 비해 스트레이트형 리포트를 절대적으로 많이 사용하는 편임을

<표 3-25> 국가별 방송사 리포트의 구성 방식 구성비(단위: %, 건)

매체 \ 구성 방식	스트레이트형	제작형	절충형	합계
국내 방송사	47.7(218)	11.2(51)	41.1(188)	100.0(457)
미국 NBC	6.5(4)	48.4(30)	45.2(28)	100.0(62)
영국 BBC	3.2(1)	32.3(10)	64.5(20)	100.0(31)
일본 NHK	41.3(26)	31.7(20)	27.0(17)	100.0(63)

$\chi^2(6) = 95.02$, $p < .001$

알 수 있다. 제작형 리포트는 NBC가 48.4%로 가장 선호하는 가운데, BBC(32.3%), NHK(31.7%)가 그 뒤를 이었으며, 국내 방송사는 11.2%로 가장 적었다. 절충형 리포트 방식에서는 BBC가 64.5%로 가장 많은 가운데, NBC(45.2%), 국내 방송사(41.1%), NHK(27.0%) 순으로 나타났다. 결론적으로 국내 방송사와 NHK는 스트레이트형, NBC는 제작형과 절충형, BBC는 절충형과 제작형 중심으로 리포트하는 편이었다. 이에 반해 NHK는 스트레이트형을 가장 많이 사용하는 가운데 제작형과 절충형을 비교적 균형적으로 사용했다.

국내 방송사 리포트의 구성 방식은 스트레이트형과 절충형으로 심하게 쏠려 있으며, 제작형 리포트 방식은 4개 집단 가운데 가장 적었다. 이런 결과는 국내 방송(혹은 신문) 기자들이 전통적으로 즐겨 쓰는 스트레이트형 기사와 절충형 기사에 지나치게 의존하고 있으며, 이에 반해 제작형 방송기사는 적게 사용하는 편임을 보여준다. 국내 방송사의 기사들 중 제작형의 비율은 미국, 영국, 일본의 3분의 1 내지 4분의 1 정도에 불과해, 이를 통해 리포트 구성이 제한적임을 알 수 있다. 따라서 국내 방송사는 딱딱하고 재미없는 인상을 주는 스트레이트형 기사에서 나아가 사례나 예시로 구성된 제작형 기사를 좀 더 적극적으로 도입할 필요가 있다고 하겠다. 좋은 기사는 많이 읽는 기사이다. 사람들은 스트레이트형보다는 제작형 기사를 많이, 그리고 오래 읽을 가능성이 있다. 그것은 방송 뉴스에서 그대로 적용된다. 재미없는 기사는 이제 상품가치를 인정받지 못한다. 국내 방송사들이 앞으로 어떤 유형의 기사로 리포트할지 고민할 필요가 있는 이유이다.

국내 방송사 리포트의 구성 방식에 대한 비교분석에서는 지상파와 종편 간에 뚜렷한 차이가 있었다(<표 3-26> 참조). 지상파는 절충형이 54.9%로 가장 많은 비율을 차지한 가운데, 스트레이트형(28.7%), 제작

<표 3-26> 국내 방송사 리포트의 구성 방식 구성비(단위: %, 건)

매체 \ 구성 방식	스트레이트형	제작형	절충형	합계
지상파	28.7(56)	16.4(32)	54.9(107)	100.0(195)
종편	61.8(162)	7.3(19)	30.9(81)	100.0(262)
$\chi^2(2) = 49.70,\ p < .001$				
KBS	42.4(28)	19.7(13)	37.9(25)	100.0(66)
MBC	34.4(22)	12.5(8)	53.1(34)	100.0(64)
SBS	10.6(7)	16.7(11)	72.7(48)	100.0(65)
JTBC	63.1(41)	15.4(10)	21.5(14)	100.0(65)
MBN	62.1(41)	0.0(0)	37.9(25)	100.0(66)
TV조선	56.9(37)	6.2(4)	36.9(24)	100.0(65)
채널A	65.2(43)	7.6(5)	27.3(18)	100.0(66)
$\chi^2(12) = 80.29,\ p < .001$				

형(16.4%) 순으로 나타났다. 이에 반해 종편은 스트레이트형이 61.8%로 가장 많은 가운데, 절충형(30.9%), 제작형(7.3%) 순으로 나타났다. 이는 지상파가 절충형 기사로, 종편이 스트레이트형 기사로 각각 더 자주 리포팅한다는 점을 보여준다. 특히 스트레이트형 기사의 경우 종편(61.8%)이 지상파(28.7%)에 비해 2배 이상 비율이 높았다. 이는 종편이 상대적으로 스트레이트형 기사로 리포팅하는 빈도가 높다는 뜻이다.

국내의 방송사별 비교분석에서는 지상파의 경우 KBS가 스트레이트형(42.4%)을, SBS는 절충형(72.7%), MBC 역시 절충형(53.1%) 기사를 가장 많이 사용했다. KBS가 스트레이트형, SBS가 절충형 기사를 특별히 많이 사용하고 있는 점이 눈에 띈다. MBC는 절충형(53.1%)과 스트레이트형(34.4%)을 함께 많이 사용하는 편이었다. 종편은 모두 비슷한 수준으로 스트레이트 유형이 많았는데 채널A(65.2%), JTBC(63.1%),

MBN(62.1%), TV조선(56.9%)의 순으로 비율에 차이가 있었다. 종편은 10개 가운데 6개가량이 스트레이트형 기사라고 볼 수 있으며, 예외적으로 JTBC가 제작형 기사(15.4%)를, MBN과 TV조선이 절충형 기사를 각각 37.9%, 36.9% 사용해 다른 방송사와 차이가 있었다.

결론적으로 지상파는 리포트 구성 방식이 사례나 예시로 기사를 시작해 중간 지점부터 육하원칙의 일반 스트레이트형으로 전환되는 절충형 기사 리포팅을 선호하는 데 반해, 종편은 처음부터 육하원칙을 따르는 역피라미드식 스트레이트 기사를 더 선호하는 편이다. 지상파 가운데는 SBS가 다른 방송사와 달리 절충형 기사를 압도적으로 많이 사용해 차별성을 보인다. 리포트 구성 방식에서 제작형 기사 비율은 전체적으로 미미한 가운데, KBS, SBS, JTBC가 적은 비율이나마 이 방식을 사용해 차이가 있었다.

4) 취재원 육성의 전체 시간

취재원 육성의 전체 시간은 하나의 취재원 육성이 시작된 뒤 끝날 때까지의 시간으로, 취재원 육성이 나가는 시간을 기준으로 측정했다. 국내외 방송사별 기사당 취재원 육성 시간에 대한 분석 결과는 국내 방송사가 평균 18.89초인 데 반해, NBC 28.02초, BBC 49.21초, NHK 50.78초 순으로 나타나 차이가 있었다(<표 3-27> 참조). 취재원 육성의 최단 시간은 국내 방송사가 2초로 가장 짧았고, NHK(3초), NBC(4초), BBC(7초) 순으로 나타났다. 또한 최장 시간은 NHK가 187초로 가장 길었고, 국내 방송사(101초), BBC(97초), NBC(72초) 순으로 나타났다.

기사 건당 평균 취재원 육성 시간은 국내 방송사가 가장 짧았고 NHK가 가장 길었다. 또 국내 방송사는 기사당 평균 취재원 육성 시간

<표 3-27> 국가별 방송사 리포트의 기사 건당 취재원 육성의 전체 시간(단위: 초)

구분 / 매체	사례 수	평균	최단	최장
국내 방송사	391	18.89	2	101
미국 NBC	58	28.02	4	72
영국 BBC	28	49.21	7	97
일본 NHK	51	50.78	3	187
$F(3, 524) = 68.2, p < .001$				

이 BBC나 NHK와 비교해 30초가량 짧았다. 국내 방송사의 취재원 육성 시간이 짧은 것은 실제 뉴스 리포팅 과정에 잘 드러나는 편이다. 국내 방송사의 리포트에서는 취재원의 육성을 중간에 끊는 경우가 많은데, 이런 관행이 그 이유로 파악된다. 취재원 육성은 방송기자들이 취재원의 말을 인용할 때 자주 사용되며, 객관적 사실을 전달하는 중요한 장치이다. 취재원 육성 시간이 길다는 것은 두 가지 의미를 지닌다. 하나는 방송 뉴스를 전달하는 과정에 동원되는 취재원의 주장이나 의견을 비교적 자세하게 밝힌다는 뜻이고, 다른 하나는 취재원의 말을 실제 육성으로 인용하는 과정에서 중간에 끊지 않는다는 의미이다. 둘 다 이해관계자의 주장이나 의견을 시청자에게 전달하는 데 중요하게 기여하는 요소이다. 반대로 취재원의 육성 시간을 짧게 가져갈 경우 취재원의 주장이나 의견을 시청자에게 제대로 전달하기 어렵다. 특히 취재원의 육성을 전달하는 과정에서 중간에 끊어버리면 주장이나 의견의 왜곡이 일어날 가능성이 크다. 따라서 방송 뉴스에서 취재원의 육성 인용 과정에는 가능한 한 일정한 시간을 제공하는 것이 그렇지 않는 경우보다 낫다.

국내 방송사는 해외 방송사에 비해 평균적으로 취재원 육성 시간이 짧은 편이라고 할 수 있다. 이는 결국 취재원의 주장이나 의견이 시청자에게 충분히 전달되지 못하는 원인으로 파악된다. 국내 방송사의 경우 최단 취재원 육성 시간이 해외 방송사보다 짧은 2초에 불과하다는 사실도 취재원이 채 이야기를 끝마치기 전에 다른 장면으로 넘어간다는 사실을 방증한다.

국내 지상파와 종편 간 비교분석에서는 지상파의 기사 건당 취재원 육성 시간이 평균 21.1초로 종편의 평균 17.2초에 비해 약간 길었다 (<표 3-28> 참조). 최단 취재원 육성 시간은 지상파와 종편 모두 평균 2초였으며, 최장 취재원 육성 시간은 지상파가 평균 101초, 종편이 71초로 큰 차이가 있었다. 국내의 방송사별 기사 건당 취재원 육성 시간 비교분석에서는 KBS가 평균 22.4초로 가장 길었으며, MBC(21.7초), SBS(19.0초), MBN(18.1초), JTBC(17.5초), 채널A(17.2초), TV조선(15.9

<표 3-28> 국내 방송사 리포트의 기사 건당 취재원 육성의 전체 시간(단위: 초)

구분 매체	사례 수	평균	최단	최장
지상파	171	21.1	2	101
종편	220	17.2	2	71
$t(389) = 3.5, p < .001$				
KBS	61	22.4	7	54
MBC	57	21.7	2	101
SBS	53	19.0	6	67
JTBC	45	17.5	2	71
MBN	57	18.1	5	47
TV조선	57	15.9	2	62
채널A	61	17.2	4	37
$F(6, 384) = 2.8, p < .05$				

초) 순으로 나타나 차이가 있었다.

지상파 3사가 종편 4사에 비해 전체적으로 취재원 육성 시간이 조금 더 길었다. 최단 취재원 육성 시간은 KBS가 7초로 가장 길었으며, SBS가 6초, MBN이 5초, 채널A가 4초 순이었다. MBC, JTBC, TV조선은 각각 2초로 가장 짧았다. 최장 취재원 육성 시간은 MBC가 101초로 가장 길었으며, JTBC 71초, SBS 67초, TV조선 62초 순이었다. 이에 반해 MBN과 채널A는 각각 47초와 37초로, 다른 방송사에 비해 최장 취재원 육성 시간이 상대적으로 많이 짧았다.

국내 방송사 리포트에서 나타나는 취재원 육성 시간은 지상파가 종편에 비해 평균 4초가량 더 많은 시간을 배분하고 있다는 점에서 낫다. 최장 취재원 육성 시간에서도 지상파가 종편에 비해 평균 30초나 길다는 점에서 취재원 육성 시간에 관한 한 지상파가 종편에 비해 전체적으로 앞선다는 것을 알 수 있다. 그러나 방송사별로는 평균적으로 가장 긴 KBS와 가장 짧은 TV조선 간에 6초가량 차이가 나는 것을 제외하고는 서로 큰 차이가 없었다. 최단 취재원 육성 시간은 평균 2~7초 사이로 긴 편은 아니었다. 다만 KBS와 SBS가 상대적으로 길고, MBC, JTBC, TV조선이 짧았다. 최장 취재원 육성 시간은 지상파가 종편에 비해 대체로 긴 편이었으며, 특히 MBC가 길었다. 이에 반해 MBN과 채널A는 다른 방송사에 비해 크게 짧았다.

5) 취재원 육성의 전체 문장 수

취재원 육성의 전체 문장 수는 하나의 리포트를 시작해서 끝날 때까지 언급된 모든 문장의 수를 의미한다. 중간에 말이 끊기더라도 의미 전달이 되면 하나의 문장으로 보고 이를 카운팅해 전체 문장 수에 포함했다. 국내외 방송사 간 기사 건당 취재원 육성 문장 수를 비교분석한 결과 국내 방송사는 평균 3.65개인 데 반해 NBC 5.41개, NHK 8.82개, BBC 10.89개 순으로 차이가 있었다(<표 3-29> 참조). 즉 기사 건당 취재원 육성 문장 수는 국내 방송사가 가장 적었고, BBC가 가장 많았다. 특히 국내 방송사는 문장 수가 가장 많은 BBC와 비교해 평균 7개나 적었다. 취재원 육성의 최소 문장 수에서는 국내외의 각 방송사 간에 큰 차이가 없었다. 취재원 육성의 최다 문장 수에서는 국내 방송사가 30개로 가장 많았으며, NHK 29개, NBC와 BBC가 각각 19개 순으로 나타났다.

기사당 취재원 육성의 전체 문장 수는 국내 방송사가 해외 방송사에 비해 눈에 띌 정도로 적었다. BBC와 비교해서는 3분의 1 수준이었다. 취재원 육성의 최다 문장 수는 국내 방송사가 NBC나 BBC보다 평균 11개 더 많아서 적은 편은 아니었다. 문제는 취재원 육성을 담은 문장 수의 평균이다. 앞에서 보았듯이 국내 방송사는 해외 방송사와 비교해 취재원 육성의 문장 수가 평균적으로 더 적다. 방송 뉴스에서 취재원 육성의 문장 수가 적다는 것은 취재원의 주장이나 의견이 뉴스에 충분히 담기지 않는다는 뜻이다. 따라서 국내 방송사가 미국, 영국, 일본

<표 3-29> 국가별 방송사 리포트의 기사 건당 취재원 육성의 전체 문장 수(단위: 개)

매체 \ 구분	사례 수	평균	최소	최다
국내 방송사	391	3.65	1	30
미국 NBC	58	5.41	1	19
영국 BBC	28	10.89	2	19
일본 NHK	51	8.82	1	29

$F(3, 524) = 59.68$, $p < .001$

방송사에 비해 대체적으로 취재원의 발언 내용을 충분히 담고 있지 못하는 것으로 해석해볼 수 있다. 취재원 육성 문장 수의 많고 적음은 취재원의 주장이나 의견의 정도를 결정한다. 취재원 육성의 시간과 마찬가지로 육성의 문장 수가 적으면 취재원이 말하고자 하는 바를 시청자에게 충분히 전달하기 어렵다. 메시지는 그 길이가 길수록 화자가 청자에게 제 뜻을 전달하기에 유리하다. 이해관계자의 견해가 제대로, 그리고 맥락적으로 전달될수록 방송 뉴스의 품질이 높다고 할 수 있기 때문이다.

국내의 방송사별 취재원 육성 문장 수 비교분석에서는 지상파가 평균 3.91개, 종편이 평균 3.45개로 큰 차이가 없었다(<표 3-30> 참조). 취재원 육성의 최소 문장 수는 지상파와 종편 모두 1개로 같았고, 최다 문장 수는 지상파가 30개, 종편이 16개로 차이가 있었다.

<표 3-30> 국내 방송사 리포트의 기사 건당 취재원 육성의 전체 문장 수(단위: 개)

매체 \ 구분	사례 수	평균	최소	최다
지상파	171	3.91	1	30
종편	220	3.45	1	16
$t(389) = 1.53, p = .127$				
KBS	61	3.75	1	15
MBC	57	4.56	1	30
SBS	53	3.38	1	12
JTBC	45	4.13	1	16
MBN	57	3.05	1	8
TV조선	57	3.31	1	12
채널A	61	3.44	1	12
$F(6, 384) = 1.8, p = .098$				

국내의 방송사별 기사 건당 취재원 육성의 문장 수 비교분석에서는 MBC가 평균 4.56개로 가장 많았고, JTBC(4.13개), KBS(3.75개), 채널A(3.44개), SBS(3.38개), TV조선(3.31개), MBN(3.05개) 순으로 나타났다. 각 방송사의 최소 취재원 육성 문장 수는 모두 1개였고, 최다 문장 수는 MBC가 30개로 가장 많았다. 이에 비해 MBN은 최다 문장 수가 8개로 다른 방송사에 비해 적은 편이었다.

기사당 취재원 육성의 문장 수는 지상파와 종편 간에 평균적으로 큰 차이가 없었다. 다만 최다 문장 수는 지상파가 종편에 비해 2배가량 길었다. 방송사별로도 지상파와 종편 간에 평균 취재원 육성의 문장 수는 큰 차이가 없었다. 최다 취재원 육성의 문장 수는 지상파 3사가 종편 4사에 비해 전체적으로 많은 편이었다. 따라서 국내 방송사별 취재원 육성의 문장 수에 관한 한 지상파와 종편 간에 수준 차이는 크지 않음을 알 수 있다.

6) 기자의 스탠드업 여부

기자의 스탠드업은 해당 리포트에서 기자가 스탠드업 리포팅을 하는 영상이 담겼는지 여부를 중심으로 측정했다. 기자가 스탠드업 리포팅을 하는 영상이 있는 경우를 기준으로 국내외 방송을 비교한 결과 BBC가 77.4%로 가장 많았으며, NBC(40.3%), 국내 방송사(33.5%), NHK(15.9%) 순이었다(<표 3-31> 참조). 기자 스탠드업 영상이 있는 경우는 BBC가 10번 가운데 8번, 없는 경우가 2번 정도로, 있는 경우가 없는 경우보다 훨씬 많았다. NBC는 기자 스탠드업 리포팅 영상이 있는 경우가 10번 가운데 4번, 없는 경우가 6번으로 비슷한 수준을 보였다. 이에 반해 NHK와 국내 방송사는 기자 스탠드업 리포팅 영상이 있

<표 3-31> 국가별 방송사 리포트의 기자 스탠드업 영상 유무 구성비(단위: %, 건)

매체 \ 구분	있음	없음	합계
국내 방송사	33.5(153)	66.5(304)	100.0(457)
미국 NBC	40.3(25)	59.7(37)	100.0(62)
영국 BBC	77.4(24)	22.6(7)	100.0(31)
일본 NHK	15.9(10)	84.1(53)	100.0(63)
$\chi^2(3) = 36.04$, $p < .001$			

는 경우가 10번 가운데 2~3번 정도이고, 아예 없는 경우가 7~8번 정도로 차이가 많았다.

영국과 미국 같은 서구권 방송사들은 스탠드업 리포팅 영상을 많이 내보내는 반면에, 일본이나 국내 방송사는 기자의 스탠드업 리포팅 영상을 상대적으로 적게 사용했다. 뉴스 진행 과정에서 기자의 스탠드업 리포팅이 동·서양 간에 뚜렷한 차이를 보임을 알 수 있다. 기자가 서서 리포팅하는 영상 장면을 보여주면 시청자가 더 큰 몰입감과 역동감을 느낀다. 또한 서서 리포팅하는 장면은 기자의 전문성과 자신감을 보여주는 데도 효과적이다. 그러나 동적인 문화 성향을 지닌 서양과 달리 정적인 문화 성향의 동양에서는 스탠드업 방송 리포팅 방식을 전통적으로 적게 사용해왔다. 국내 방송기자들의 경우 사건 현장 리포팅이 아니면 대부분 기자의 목소리만 드러내고 모습은 드러내지 않는다. 기자와 시청자 간 교감이 줄고, 그로 인해 시청자의 주목도가 떨어질 수밖에 없다.

최근에는 국내 방송사들도 앵커가 스탠드업 상태에서 리포팅하는 것은 물론 현장의 기자들 역시 스탠드업 리포팅을 많이 하는 추세이다. 기자 스탠드업 리포팅 영상이 뉴스 품질을 결정짓는 요소에 해당한다는 것을 보여주는 검증된 자료는 없으나, 최근 전 세계적으로 기자 스탠드업 리포팅 영상이 늘어나는 추세인 것만은 사실이다. 그것은 뉴스의 역동성과 현장성을 보여주는 데 유리하기 때문이다. 따라서 기자 스탠드업 리포팅 영상이 있는지 없는지를 기준으로 방송 뉴스의 품질을 평가하는 것은 의미가 있다.

기자 스탠드업 리포팅 영상의 유무에 대한 국내 지상파와 종편 간 비교분석에서는 지상파가 평균 33.8%, 종편이 평균 33.2% 비율로 영상이 있는 것으로 나타나 그 결과에 차이가 없었다. 방송사별 기자 스탠드업 리포팅 영상은 SBS가 평균 47.7%로 가장 많았고, TV조선(46.2%), MBN(37.9%), MBC(31.3%), JTBC(26.2%), KBS와 채널A(각 22.7%) 순으로 나타나 차이를 보였다(<표 3-32> 참조). SBS와 TV조선이 스탠드업 영상을 많이 내보내는 반면 KBS와 채널A는 그 비중이 적었다.

<표 3-32> 국내 방송사 리포트의 기자 스탠드업 영상 유무 구성비(단위: %, 건)

매체 \ 구분	있음	없음	합계
지상파	33.8(66)	66.2(129)	100.0(195)
종편	33.2(87)	66.8(175)	100.0(262)
$\chi^2(1) = .02, p = .857$			
KBS	22.7(15)	77.3(51)	100.0(66)
MBC	31.3(20)	68.8(44)	100.0(64)
SBS	47.7(31)	52.3(34)	100.0(65)
JTBC	26.2(17)	73.8(48)	100.0(65)
MBN	37.9(25)	62.1(41)	100.0(66)
TV조선	46.2(30)	53.8(35)	100.0(65)
채널A	22.7(15)	77.3(51)	100.0(66)
$\chi^2(6) = 19.72, p < .01$			

국내 방송사에서 기자 스탠드업 리포팅 영상은 지상파와 종편 간에 차이가 없으나, 전체적으로 평균 10건 중 3건은 있고, 7건은 없었다. 그러므로 국내 방송은 기자 스탠드업 리포팅 영상이 없는 경우가 더 많음을 알 수 있다. 방송사별로는 SBS와 TV조선의 경우 기자 스탠드업 리포팅 영상이 평균 절반은 있고, 절반은 없었다. 나머지 방송사는 있는 경우가 평균 2~3건 정도에 불과했다. SBS와 TV조선이 다른 채널에 비해 기자 스탠드업 리포팅 영상을 상대적으로 과감하게 내보내는 것으로 추정해볼 수 있다.

7) 기자 스탠드업의 전체 수

기자 스탠드업의 전체 수는 해당 리포트에서 기자가 스탠드업 리포팅을 하는 모든 영상 신(scene)의 수를 세서 측정했다. 국내외 방송사 기자 스탠드업의 전체 수 비교분석에서는 BBC가 기사당 평균 1.13개로 가장 많았고, NBC(0.50개), 국내 방송사(0.38개), NHK(0.21개) 순으로 나타나 차이를 보였다(<표 3-33> 참조). 기자 스탠드업 리포팅 건당 최소 전체 수는 모든 국내외 방송사가 아예 없어서 0이었다. 그리고 기

<표 3-33> 국가별 방송사 리포트의 건당 기자 스탠드업 전체 수(단위: 개)

매체 \ 구분	사례 수	평균	최소	최다
국내 방송사	457	0.38	0	4
미국 NBC	62	0.50	0	3
영국 BBC	31	1.13	0	7
일본 NHK	63	0.21	0	2
$F(3, 609) = 15.32, p < .001$				

자 스탠드업 리포팅 건당 최다 전체 수는 BBC가 7개로 가장 많았으며, 국내 방송사(4개), NBC(3개), NHK(2개) 순으로 나타났다.

국내외 방송사의 기자 스탠드업 리포팅 전체 수는 BBC가 기사당 평균 1개 남짓이었으며, NBC는 평균 0.5개, 국내 방송사와 NHK는 평균 0.2~0.3개에 불과했다. BBC를 제외하고는 한국, 미국, 일본 방송사 모두 기자 스탠드업 리포팅 영상이 채 1개가 되지 않을 정도로 미미했다. 엄밀하게는 국내 방송사와 NHK가 기자 스탠드업 리포팅 영상을 전체적으로 NBC나 BBC에 비해 적게 사용했다.

앞에서도 언급했듯이 기자의 스탠드업 리포팅 영상 장면은 시청자의 주목도와 상호 교감을 높이는 데 도움이 된다. 기자의 스탠드업 리포팅이 적을수록 기사 전달이 정적이고 딱딱하다는 느낌을 줄 수 있으며, 기자와 시청자 간의 커뮤니케이션 효과도 떨어진다. 방송 뉴스는 정보 전달도 중요하지만 전달자와 시청자 간의 커뮤니케이션이 더 중요하다. 따라서 기자 스탠드업 리포팅이 늘면 기자와 시청자 간의 상호 교감이 늘어나게 되어 뉴스 전달 효과가 커진다.

국내 지상파와 종편의 기자 스탠드업 리포팅 전체 수 비교분석에서는 지상파(평균 0.35개)와 종편(평균 0.40개) 간에 거의 차이가 없었다(<표 3-34> 참조). 지상파와 종편의 기자 스탠드업 리포트 건당 최소 전체 수는 아예 없어서 0이었고, 최다 전체 수는 지상파가 2개, 종편이 4개였다. 방송사별 기자 스탠드업 리포트 건당 전체 수 비교분석에서는 SBS가 평균 0.51개로 가장 많았으며, JTBC(0.49개), TV조선(0.48개), MBN(0.38개), MBC(0.31개), 채널A(0.24개), KBS(0.23개) 순으로 나타나 약간의 차이를 보였다. 기자 스탠드업 리포팅 영상은 지상파와 종편 모두 기사당 평균 채 1개가 나오지 않았다. 국내 방송사 전체적으로 기자 스탠드업 리포팅 영상이 매우 적다는 뜻이다.

<표 3-34> 국내 방송사 리포트의 건당 기자 스탠드업 전체 수(단위: 개)

매체 \ 구분	사례 수	평균	최소	최다
지상파	195	0.35	0	2
종편	262	0.40	0	4
$t(455) = -.84$, $p = .596$				
KBS	66	0.23	0	1
MBC	64	0.31	0	1
SBS	65	0.51	0	2
JTBC	65	0.49	0	4
MBN	66	0.38	0	1
TV조선	65	0.48	0	2
채널A	66	0.24	0	2
$F(6, 450) = 2.58$, $p < .05$				

이런 경향은 국내 방송사별로도 크게 다르지 않았다. SBS와 JTBC, TV조선이 기자 스탠드업 리포팅을 기사당 0.5개 정도 사용하는 반면에, 나머지 방송 채널은 0.2~0.4개 사용할 정도로 적었다. 종합하면 기자 스탠드업 리포팅 영상은 방송사 간에 약간의 차이는 있지만, 전체적으로 평균 1개를 넘지 않는다는 점에서 미미한 수준이었다. 즉 기자 스탠드업 리포팅 관점에서 보면 국내 방송사의 수준은 많이 떨어지는 편이라고 볼 수 있다.

8) 기자 스탠드업의 전체 시간

기자 스탠드업의 전체 시간은 하나의 리포트에서 기자가 스탠드업 상태로 리포팅하는 시간의 전체 합을 의미한다. 국내외 방송사 기자의 스탠드업 전체 시간에 대한 비교분석에서는 NHK가 평균 42.10초로 가장 길었고, 그 뒤를 이어 BBC(25.38초), NBC(18.12초), 국내 방송사(13.78초) 순으로 차이를 보였다(<표 3-35> 참조). 기자 스탠드업 리포팅의 최단 전체 시간은 NHK가 8초로 가장 길었고, NBC(6초), 국내 방송사와 BBC(각 3초) 순으로 나타났다. 기자 스탠드업 리포팅 최장 전체 시간은 BBC가 174초로 가징 길었고, NHK(155초), 국내 방송사(134초), NBC(56초) 순으로 나타났다.

기자 스탠드업 리포팅의 전체 시간은 국내 방송사가 해외 방송사에 비해 전체적으로 짧았다. 국내 방송사의 경우 NHK에 비해서는 28초, BBC에 비해서는 12초, NBC에 비해서도 4초가량 짧았다. 또 기자 스탠드업 리포팅의 최단 전체 시간에서도 국내 방송사는 BBC와 비교해 차이가 없었지만, NBC와 NHK에 비해서는 짧았다. 최장 전체 시간 역시 국내 방송사는 NBC에 비해서는 상대적으로 길었으나, BBC나 NHK에 비해서는 짧았다.

스탠드업 리포팅의 시간이 짧다는 것은 기자가 직접 선 채로 리포팅하는 장면이 적거나 그 시간이 짧다는 것을 의미한다. 국내 방송사는 해외 방송사에 비해 스탠드업 리포팅을 하는 대신에 기자의 모습을 아

<표 3-35> 국가별 방송사 리포트의 건당 기자 스탠드업 전체 시간(단위: %, 초)

구분 / 매체	사례 수	평균	최단	최장
국내 방송사	153	13.78	3	134
미국 NBC	26	18.12	6	56
영국 BBC	24	25.38	3	174
일본 NHK	10	42.10	8	155
$F(3, 209) = 7.11, p < .001$				

예 드러내지 않는 방법을 선택함으로써 뉴스 전달 효과가 떨어지는 편이다. 반면 NHK와 BBC는 스탠드업 리포팅 시간을 길게 이끌어가기 때문에 뉴스 전달 효과가 국내 방송사나 NBC에 비해 상대적으로 큰 편이다.

국내 지상파와 종편의 기자 스탠드업 전체 시간에 대한 비교분석에서는 지상파가 평균 14.95초, 종편이 평균 12.90초로 통계적으로 유의미할 정도로 큰 차이는 없었다(<표 3-36> 참조). 기자 스탠드업의 최단 전체 시간은 지상파 4초, 종편 3초로 큰 차이가 없었고, 최장 전체 시간은 지상파가 134초로 종편 69초에 비해 2배 가까이 길었다. 국내의 방송사별 기자 스탠드업의 전체 시간 비교분석에서는 JTBC가 평균 25.06초로 가장 길었으며, MBC(17.65초), SBS(15.26초), 채널A(11.73초), KBS(10.73초), MBN(9.48초), TV조선(9.43초) 순으로 차이를 보였다.

<표 3-36> 국내 방송사 리포트의 건당 기자 스탠드업 전체 시간(단위: 초)

매체 \ 구분	사례 수	평균	최단	최장
지상파	66	14.95	4	134
종편	87	12.90	3	69
$t(151) = .77, p = .262$				
KBS	15	10.73	7	17
MBC	20	17.65	4	123
SBS	31	15.26	5	134
JTBC	17	25.06	7	69
MBN	25	9.48	6	16
TV조선	30	9.43	3	21
채널A	15	11.73	5	18
$F(6, 146) = 2.47, p < .05$				

기자 스탠드업의 전체 시간은 지상파와 종편 모두 평균 15초 미만으로 긴 편이 아니었다. 기자 스탠드업의 최단 시간은 3~4초에 불과할 정도로 짧았고, 최장 시간은 지상파가 종편에 비해 2배 가까이 길었다. 방송사별로는 지상파 3사가 JTBC를 제외한 나머지 종편에 비해 기자 스탠드업의 전체 시간이 긴 편이었다. 한편 종편에서도 기자 스탠드업의 전체 시간이 가장 긴 JTBC와 가장 짧은 MBN 또는 TV조선 간에 2~3배가량 차이가 났다. 따라서 기자 스탠드업의 전체 시간 측면에서는 지상파의 수준이 종편에 비해 높은 것으로 보인다.

3. 텔레비전 뉴스의 리포트 분석: 시각 요소

방송은 신문과 달리 영상을 통해 뉴스를 전달하는 매체이다. 따라서 영상 화면이 제대로 구성되지 않으면 뉴스의 품질은 떨어질 수밖에 없다. 영상에서 시각성과 사실성은 중요한 요소인데, 방송 뉴스가 시각적으로 선명하게 전달되고, 사실을 있는 그대로 보여주는 것이 그렇지 않는 것보다 뉴스 품질 측면에서 낫다. 가장 좋은 영상은 있는 그대로 보여주는 것이다. 뉴스는 특히 사실을 꾸미지 않고 그대로 보여주는 것이 중요하다. 뉴스의 생명은 사실성에 있기 때문이다(Tuchman, 1978).

영상에 모자이크 처리를 하는지 여부는 뉴스의 시각성과 사실성을 결정한다. 뉴스 영상을 모자이크 처리했을 때와 그렇지 않았을 때 뉴스 품질은 달라진다. 방송 뉴스에서 모자이크 처리가 문제가 되는 경우는 두 가지 관점에서 평가해볼 수 있다. 하나는 영상을 불필요하게 모자이크 처리하는 경우로, 이는 방송 뉴스의 시각성과 사실성이 떨어진다. 다른 하나는 취재원 보호를 위해 모자이크 처리가 필요함에도 그렇게 하지 않는 경우이다. 전자는 뉴스 품질 측면에서 문제이고, 후자는 저널리즘 윤리 측면에서 문제이다. 이 연구에서는 모자이크 처리가 얼마나 지나치게 많이 이뤄졌는가 하는 문제에 집중해 살펴보고자 했다.

모자이크는 그 존재 유무 못지않게 대상도 중요하다. 어떤 대상에 대해 모자이크 처리를 했는가에 따라 뉴스의 신뢰도가 영향을 받는다. 불필요하게 영상을 모자이크 처리하는 것은 좋은 제작 방식이 아니다. 또 모자이크를 하는 이유는 취재원을 보호하는 데 있기 때문에 인물의 얼굴로 제한해 처리하는 것이 원칙이다. 하지만 방송을 보면 인물의 얼굴과 관계없는 물건이나 무생물체에 대한 모자이크 처리가 의외로 많다. 모자이크 처리는 가급적 적게 하고, 그 대상도 가려서 하는 것이 좋다.

모자이크 대상 못지않게 중요한 요소가 모자이크된 대상의 속성이다. 방송 뉴스에서 모자이크된 대상의 속성이 어떠한가에 따라 뉴스의 품질이 좌우된다. 가령 모자이크된 대상에 포함된 특정인이 사건·사고의 가해자인지, 사건·사고와 무관한 취재원인지, 아니면 보호되어야 할 취재원인지에 따라 평가는 다르다. 만약 보호되어야 할 취재원이 모자이크 처리되지 않았다면 그 리포트는 좋은 평가를 받을 수 없다.

영상의 시각 요소 가운데 영상 초점 흐리기 및 카메라 흔들기도 중요하다. 뉴스 전달에서는 최대한 영상의 조작을 배제하는 것이 원칙이다. 영상 초점 흐리기 및 카메라 흔들기는 뉴스 촬영 과정에 조작이 개입된 경우에 해당한다. 이것은 뉴스 윤리 측면에서 문제가 될 수 있다. 화면 부각이나 강조, 리포트 재연, 외부 영상 사용, 동일 장면 사용, 그리고 CG 사용 등도 방송 뉴스에서 중요한 시각적 요소에 속한다.

뉴스 전달 과정에서 특정 장면을 지정 표시하거나 강조할 경우 사실을 특정한 방향으로 인식 혹은 왜곡시킬 여지가 있다. 그것은 심하게 이야기하면 화면 조작에 해당한다. 대역 및 이미지를 통한 리포트 재연이나 동일 장면 반복도 마찬가지이다. 기자가 리포팅 과정에서 특정 장면을 재연해 내보내거나 같은 장면을 반복적으로 보여주면 역시 시청자가 사실을 잘못 받아들이거나 왜곡해서 받아들일 수 있다. 재연 방식의 영상을 내보내면 어떤 경우에도 있는 사실을 그대로 전달했다고 말하기 어렵다. 재연 자체가 이미 사실의 왜곡에 해당하기 때문이다. 뉴스는 가능한 한 사실을 있는 그대로 보여주는 것이 중요하다.

영상자료의 문제도 뉴스 품질에서 고려될 필요가 있다. 뉴스 전달 자료가 독자적으로 촬영한 것인지, 아니면 외부에서 가져왔는지에 따라 자료의 품질은 달라지는데, 주로 외부 영상이 독자적으로 생산한 자료에 비해 '원천성(originality)'이 떨어진다. 뉴스의 신뢰성도 어떤 자료를 사용했는가에 따라 영향을 받는다. 방송기자가 외부 영상을 사용하는 것은 (일반)기자가 직접 취재하지 않고 보도자료를 베껴쓰는 것과 마찬가지이다. 기자가 독자적으로 생산한 자료가 무조건 더 가치가 있다.

이 절에서는 방송 뉴스의 품질을 결정짓는 시각 요소에 대한 구체적 데이터를 통해 국내외 방송 뉴스의 품질을 비교·평가해볼 것이다.

1) 화면 흐리기 및 조작

모자이크 처리 여부

모자이크 처리 여부는 일반 영상이나 CCTV 영상에서 어떤 대상에 대해 모자이크 혹은 화면 흐리기를 한 부분이 있는지를 기준으로 측정했다. 국내외 방송사의 모자이크 처리 여부에 대한 비교분석에서는 국내 방송사가 절반이 넘는 53.2%를 모자이크 처리했으며, NBC(12.9%), BBC(9.7%), NHK(1.6%) 순으로 나타나 큰 차이를 보였다(<표 3-37> 참조). 국내 방송사는 10개 영상 가운데 평균 5개를 모자이크 처리했는

<표 3-37> 국가별 방송사 리포트의 모자이크 처리 리포트 유무 구성비(단위: %, 건)

매체 \ 구분	있음	없음	합계
국내 방송사	53.2(243)	46.8(214)	100.0(457)
미국 NBC	12.9(8)	87.1(54)	100.0(62)
영국 BBC	9.7(3)	90.3(38)	100.0(31)
일본 NHK	1.6(1)	98.4(62)	100.0(63)
$\chi^2(3) = 100.73, p < .001$			

데 반해, NBC와 BBC는 10개 영상 가운데 평균 1개 정도만을 모자이크 처리했다. NHK는 모자이크 처리를 하는 경우가 거의 보이지 않을 정도로 그 비율이 적었다.

이 결과를 통해 국내 방송사들이 해외 방송사에 비해 모자이크 영상을 상대적으로 많이 사용하고 있음을 알 수 있다. 모자이크 영상은 '사실 전달'이라는 방송 뉴스의 기능을 훼손한다. 모자이크 영상이 많을수록 뉴스에 대한 신뢰도는 떨어질 수 있다. 그러나 화면 흐리기에 대해 현장 방송기자들의 생각은 좀 다르다. 사회적·법적 문제이면서 문화의 문제라는 것이다. 성재호 기자는 "방송 뉴스에서 화면 흐리기는 그 사회의 법과 관습의 복합적 문제"라고 말한다. 화면 흐리기를 뉴스 품질 판단의 기준으로 삼는 데 대해서도 방송기자들의 시각은 좀 다르다. 정명원 기자는 "방송 뉴스에서 블러(blur) 처리가 몇 번 등장했는가를 기준으로 품질을 정하는 것은 문제가 있다"며 "차라리 공인과 같은 주요 취재원에 대한 블러 비율을 기준으로 정하는 것이 더 타당하다"고 말했다.

방송 뉴스에서 화면 흐리기의 여부는 사회적 공인과 같은 주요 취재원을 대상으로 그 유무의 비율을 측정하는 것이 중요하다는 게 현장 기자들의 견해이다. 뉴스는 그 사회의 문화와 제도의 반영을 통해 만들어진다. 한국사회는 얼굴 공개를 인권침해로 본다(정명원 SBS 기자). 그러므로 영상 모자이크나 화면 흐리기를 뉴스 품질과 연관지어 이야기하기도 하지만, 사회관행상 언론의 횡포로 보는 시각이 더 많다는 견해도 있다. 정명원 기자는 "언론중재위에 가면 일반인은 무조건 보호해야 한다는 시각을 갖고 있다"고 말했다. 성재호 기자도 "화면 블러 처리를 하지 않아 소송에 가면 피곤해진다. 방송기자들은 가급적 소송을 피하고 싶어 한다"고 말했다.

방송통신심의위원회나 언론중재위원회 같은 심의기관들도 언론의 취재원 얼굴 공개에 부정적이라는 의견이 많다(성재호 KBS 기자). 일반인들은 무조건 보호해야 한다는 분위기도 존재한다(정명원 SBS 기자). 취재원에 따라 화면 흐리기가 불가피하다는 것이다. 이 때문에 방송기자들은 화면 흐리기를 뉴스 품질과 연결하는 데 대해 부정적이다. 그렇다고 화면 흐리기 경향을 우리 사회의 제도나 관습의 탓으로만 돌릴 수는 없다. 사실 국내 방송사들은 습관적으로 화면 흐리기를 하는 경우도 적지 않다. 모자이크나 화면 흐리기를 굳이 하지 않아도 되는 장면까지 그렇게 처리한다.

한 예로 KBS에서 2018년 5월 2일 보도된 <2분 만에 바이러스 확인…농가 생산성 '껑충'>이라는 리포트는 국내 방송사들이 화면 흐리기를 관행적으로 한다는 사실을 잘 보여준다. 이 뉴스는 농작물 바이러스 감염 여부를 쉽게 진단할 수 있는 도구가 개발됐다는 내용의 리포트 영상이었다. 전문가가 해당 농가에 방문해 진단 도구로 바이러스를 확인하는 장면에서 방송은 농장주의 얼굴을 모두 모자이크 처리했다. 뉴스의 신뢰도를 떨어뜨릴 수밖에 없다. 물론 농장주가 자신의 얼굴을 드러내는 것을 원하지 않았을 수 있지만, 뉴스 특성상 그렇게 할 만한 타당한 사유에 해당되지는 않는다.

무엇보다 뉴스에서 음성 변조 및 화면 흐리기가 남발되면 사실의 정확성과 투명성이 의심받을 수 있다. NBC, BBC, NHK 등 해외 방송사들이 음성 변조 및 화면 흐리기 처리를 적게 하는 이유를 단순히 그 사회의 문화나 관습의 문제로만 볼 일은 아니다. 뉴스는 기본적으로 특별한 경우를 제외하고는 사실의 투명한 공개가 원칙이다. 그런 면에서 모자이크 및 화면 흐리기는 사실 공개 및 투명성 원칙에 위배된다. 얼굴 모자이크 처리가 취재원 보호 목적으로 이루어지는 것 이외에 남발되는 것은 바람직하지 않다. 원칙 없이 무조건 모자이크 처리된 뉴스는 사실을 투명하게 전달한다는 저널리즘 규범을 훼손한다.

리포트의 모자이크 처리 여부에서는 지상파(51.8%)와 종편(54.2%) 모두 절반 이상이 모자이크 처리를 하고 있었으며, 서로 간에 큰 차이가 없었다(<표 3-38> 참조). 방송사별 모자이크 처리 여부에서는 MBC가

<표 3-38> 국내 방송사의 모자이크 처리 리포트 유무 구성비(단위: %, 건)

매체 \ 구분	있음	없음	합계
지상파	51.8(101)	48.2(94)	100.0(195)
종편	54.2(142)	45.8(120)	100.0(262)
$\chi^2(1) = .26,\ p = .607$			
KBS	45.5(30)	54.5(36)	100.0(66)
MBC	57.8(37)	42.2(27)	100.0(64)
SBS	52.3(34)	47.7(31)	100.0(65)
JTBC	53.8(35)	46.2(30)	100.0(65)
MBN	51.5(34)	48.5(32)	100.0(66)
TV조선	55.4(36)	44.6(29)	100.0(65)
채널A	56.1(37)	43.9(29)	100.0(66)
$\chi^2(6) = 2.56,\ p = .823$			

57.8%로 모자이크 처리를 하는 비율이 가장 높았으며, 채널A(56.1%), TV조선(55.4%), JTBC(53.8%), SBS(52.3%), MBN(51.5%), KBS(45.5%) 순으로 나타났다. 즉 국내 지상파와 종편 모두 10개 리포트 가운데 평균 5개 이상은 모자이크 처리를 하는 셈이며, 방송사별로도 큰 차이가 없이 대부분이 10개 중 5개가량은 모자이크 처리를 했다. 다만 KBS가 다른 방송사에 비해 모자이크 처리를 적게 하는 편이었다.

모자이크 대상

모자이크 대상은 일반 영상이나 CCTV 영상의 화면에서 무엇/누구를 모자이크 처리하거나 흐리게 처리했는지를 중심으로 측정했다. 국내외 방송사가 리포트할 때 모자이크 처리하는 대상에 대한 비교분석 결과, 국내 방송사는 인물 얼굴이 30.4%로 가장 많았으며, 특정 시설 및 장소(19.5%), 등장인물 모두(15.6%), 화면 전체(9.3%) 순으로 나타났다(<표 3-39> 참조). NBC 역시 인물 얼굴(36.4%)을 가장 많이 모자이크 처리한 가운데, 인물 전체(18.2%), 문서(9.1%)를, BBC는 인물 전

<표 3-39> 국가별 방송사 리포트의 모자이크 대상 구성비(단위: %, 건)

매체 \ 대상	인물 얼굴	인물 전체	등장인물 모두	특정 시설 및 장소	문서	화면 전체	기타	합계
국내 방송사	30.4 (225)	6.4 (47)	15.6 (115)	19.5 (144)	5.3 (39)	9.3 (69)	13.6 (100)	100.0 (738)
미국 NBC	36.4 (4)	18.2 (2)	0.0 (0)	0.0 (0)	9.1 (1)	0.0 (0)	36.4 (4)	100.0 (11)
영국 BBC	25.0 (1)	75.0 (3)	0.0 (0)	0.0 (0)	0.0 (0)	0.0 (0)	0.0 (0)	100.0 (4)
일본 NHK	100.0 (1)	0.0 (0)	0.0 (0)	0.0 (0)	0.0 (0)	0.0 (0)	0.0 (0)	100.0 (1)

* 표에 제시된 값은 다중반응분석의 결과임.

체(75.0%), 인물 얼굴(25.0%)을, NHK는 인물 얼굴(100%)을 주로 모자이크 처리했다. 국내외 방송사 가릴 것 없이 인물 얼굴이나 인물 전체를 대상으로 모자이크 처리하는 비율이 보편적으로 많았다. 하지만 국내 방송사는 특정인의 얼굴이나 전체 모습에 대해 모자이크 처리한 비율이 가장 많으면서도, 동시에 집단이나 무생물체에 대한 모자이크 처리도 상당한 비중을 차지하는 특징을 보였다. 예를 들어 등장인물 모두를 모자이크 처리하거나 특정 시설 및 장소, 혹은 화면 전체를 모자이크 처리하는 식인데, 이런 경우는 해외 방송사에서는 찾아보기 어렵다. 이에 반해 해외 방송사는 특정 인물에 대해 제한적으로 모자이크 처리를 하고, 대신 인물 집단이나 무생물체에 대해서는 모자이크 처리를 거의 하지 않았다. 분석 샘플 수가 많지는 않지만, BBC는 인물 얼굴이나 전체 모습을, NHK는 인물 얼굴만을 모자이크 처리했다.

국내 방송사는 해외 방송사와는 달리 모자이크 대상이 다양하다. 다시 말하면 사람뿐만 아니라 무생물체에 대해서도 모자이크 처리를 하는 등 그 기준이 명확하지 않다. 이는 국내 방송사들이 특정 대상에 대한 영상 노출을 지나치게 민감하게 받아들이기 때문인 것으로 해석된다. BBC의 경우는 인물 얼굴 및 인물 전체에만 제한적으로 모자이크 처리를 하고 있는데, 이는 영상에서 모자이크 처리 기준을 어디에 둬야 하는지에 대한 시사점을 준다. 리포트 과정에서 특정 대상에 대해 과도한 모자이크 처리를 하는 것은 뉴스의 신뢰도를 떨어뜨릴 수 있기 때문에 바람직한 제작 관행으로 보기 어렵다.

국내 지상파와 종편에서 나타난 모자이크 대상을 비교분석한 결과에 따르면 지상파는 인물 얼굴이 25.6%로 가장 많았고, 등장인물 모두(19.9%), 특정 시설 및 장소(17.9%), 화면 전체(10.3%), 인물 전체(6.1%) 순으로 나타났다(<표 3-40> 참조). 종편 역시 인물 얼굴이 33.8%로 가

<표 3-40> 국내 방송사 리포트의 모자이크 대상 구성비(단위: %, 건)

대상 / 매체	인물 얼굴	인물 전체	등장인물 모두	특정 시설 및 장소	문서	화면 전체	기타	합계
지상파	25.6 (80)	6.1 (19)	19.9 (62)	17.9 (56)	8.3 (26)	10.3 (32)	11.9 (37)	100.0 (312)
종편	33.8 (144)	6.6 (28)	12.4 (53)	20.7 (88)	3.1 (13)	8.7 (37)	14.8 (63)	100.0 (426)
KBS	17.0 (16)	6.4 (6)	26.6 (25)	11.7 (11)	6.4 (6)	5.3 (5)	26.6 (25)	100.0 (94)
MBC	36.5 (31)	5.9 (5)	11.8 (10)	23.5 (20)	7.1 (6)	9.4 (8)	5.9 (5)	100.0 (85)
SBS	24.8 (33)	6.0 (8)	20.3 (27)	18.5 (25)	10.4 (14)	14.3 (19)	5.3 (7)	100.0 (133)
JTBC	38.2 (47)	9.8 (12)	8.1 (10)	17.9 (22)	4.9 (6)	8.1 (10)	13.0 (16)	100.0 (123)
MBN	21.8 (12)	1.8 (1)	34.5 (19)	20.0 (11)	3.6 (2)	12.7 (7)	5.5 (3)	100.0 (55)
TV조선	31.6 (50)	7.6 (12)	13.3 (21)	17.1 (27)	2.5 (4)	3.2 (5)	24.7 (39)	100.0 (158)
채널A	38.9 (35)	3.3 (3)	3.3 (3)	31.1 (28)	1.1 (1)	16.7 (15)	5.6 (5)	100.0 (90)

* 표에 제시된 값은 다중반응분석의 결과임.

장 많았고, 특정 시설 및 장소(20.7%), 등장인물 모두(12.4%), 화면 전체(8.7%) 순으로 나타나 비슷한 양상을 보였다.

방송사별 비교분석에서는 지상파의 경우 KBS가 등장인물 모두(26.6%)와 인물 얼굴(17.0%)을, MBC는 인물 얼굴(36.5%)과 특정 시설 및 장소(23.5%)를, SBS는 인물 얼굴(24.8%)과 등장인물 모두(20.3%)를 많이 모자이크 처리해 차이가 있었다. 종편을 보면 JTBC는 인물 얼굴(38.2%)과 특정 시설 및 장소(17.9%)를, MBN은 등장인물 모두(34.5%)와 인물 얼굴(21.8%)을, TV조선은 인물 얼굴(31.6%)과 특정 시설 및 장소(17.1%)를, 채널A는 인물 얼굴(38.9%)과 특정 시설 및 장소(31.1%)를 모자이크 처리하는 경우가 많았다.

방송 뉴스 리포트 과정에서 모자이크 처리를 하는 대상은 지상파와 종편 간에 큰 차이가 없었다. 다만 지상파는 등장인물 모두와 문서를 모자이크 처리하는 비율이 종편에 비해 더 큰 편이었으며, 종편은 인물 얼굴에 대한 모자이크 처리가 지상파에 비해 많은 편이었다. 방송사별로 보면 MBC, JTBC, 채널A는 다른 채널에 비해 인물 얼굴을 상대적으로 더 많이 모자이크 처리하는 편이었고, KBS, SBS, MBN은 다른 채널에 비해 등장인물 모두를 모자이크로 더 많이 가리는 편이었다. MBC와 채널A는 다른 방송사에 비해 특정 시설 및 장소에 대한 모자이크 처리를 상대적으로 많이 하는 편이었다. 화면 전체에 대한 모자이크 처리에서는 채널A와 SBS가 다른 채널에 비해 그 비율이 높았다.

모자이크 대상의 속성

모자이크 대상의 속성은 일반 영상이나 CCTV 영상에서 모자이크 처리 및 화면 흐리기 처리를 한 구체적 대상을 의미한다. 모자이크 대상의 속성으로는 비판의 대상 혹은 사건·사고 기사에서 가해자에 해당하는 비판 취재원, 사건과 직접적인 관련성이 없는 무관한 취재원, 사건·사고의 피해자 혹은 국가적으로 보호해야 할 대상인 인물·시설 등을 포함한다. 국내외 방송사가 리포트할 때 나타나는 모자이크 대상의 속성에 대한 비교분석 결과를 보면, 국내 방송사는 사건·사고와 무관한 취재원이 45.7%로 절반 가까이를 차지했고, 보호 대상(21.3%), 비판의 대상 및 가해자(17.8%) 순으로 나타났다(<표 3-41> 참조). NBC 역시 사건·사고와 무관한 취재원에 대한 모자이크 처리 비율이 45.5%로 절반 가까이를 차지했으며, 기타(45.5%)와 비판의 대상 및 가해자(9.1%)가

<표 3-41> 국가별 방송사 리포트의 모자이크 대상의 속성 구성비(단위: %, 건)

매체 \ 속성	비판의 대상 및 가해자	무관한 취재원	보호 대상 인물·시설	기타	합계
국내 방송사	17.8(131)	45.7(337)	21.3(157)	15.3(113)	100.0(740)
미국 NBC	9.1(1)	45.5(5)	0.0(0)	45.5(5)	100.0(11)
영국 BBC	0.0(0)	25.0(1)	0.0(0)	75.0(3)	100.0(4)
일본 NHK	100.0(1)	0.0(0)	0.0(0)	0.0(0)	100.0(1)

* 표에 제시된 값은 다중반응분석의 결과임.

그 뒤를 이었다. BBC와 NHK는 관련 데이터가 많지 않은 가운데, 특이점은 발견되지 않았다. 이 분석 결과를 보면, 국내 방송사의 경우 가해자와 보호 대상에 대한 모자이크 처리 비율은 상대적으로 낮았다. 사건·사고와 무관한 취재원이 모자이크를 통해 보호받는 것은 바람직하지만 가해자나 정작 보호가 필요한 대상에 대해 모자이크 처리가 제대로 되지 않는 것은 문제이다. 한편 NBC, BBC, NHK는 분석 데이터가 워낙 적어 특징을 설명하기는 무리인 것으로 판단된다.

국내 지상파와 종편이 리포트할 때 모자이크 처리를 하는 대상의 속성에 대한 비교분석에서는 지상파의 경우 사건·사고와 무관한 취재원이 52.9%로 절반을 넘어 가장 많았으며, 보호 대상(20.8%)과 가해자(17.9%) 순으로 나타났다(<표 3-42> 참조). 종편도 마찬가지로 무관한 취재원이 40.4%로 가장 많았고, 보호 대상(21.6%)과 가해자(17.6%) 순으로 나타나 지상파와 차이가 없었다.

방송사별 리포트 내 모자이크 대상의 속성에 대한 비교분석에서는 JTBC(31.7%)와 TV조선(19.6%)을 제외하고는 모든 채널에서 사건·사고와 무관한 취재원 비율이 가장 높았다. 사건·사고와 무관한 취재원에 대한 모자이크 처리는 MBN이 78.2%로 가장 많았고, 채널

<표 3-42> 국내 방송사 리포트의 모자이크 대상의 속성 구성비(단위: %, 건)

매체 \ 속성	비판의 대상 및 가해자	무관한 취재원	보호 대상 인물·시설	기타	합계
지상파	17.9(56)	52.9(165)	20.8(65)	8.3(26)	100.0(312)
종편	17.6(75)	40.4(172)	21.6(92)	20.4(87)	100.0(426)
KBS	11.7(11)	54.3(51)	26.6(25)	7.4(7)	100.0(94)
MBC	20.0(17)	55.3(47)	15.3(13)	9.7(8)	100.0(85)
SBS	21.1(28)	50.4(67)	20.3(27)	8.3(11)	100.0(133)
JTBC	9.8(12)	31.7(39)	39.8(49)	18.7(23)	100.0(123)
MBN	16.4(9)	78.2(43)	1.8(1)	3.6(2)	100.0(55)
TV조선	20.3(32)	19.6(31)	24.1(38)	36.1(57)	100.0(158)
채널A	24.4(22)	65.6(59)	4.4(4)	5.6(5)	100.0(90)

* 표에 제시된 값은 다중반응분석의 결과임.

A(65.5%), MBC(55.3%), KBS(54.3%), SBS(50.4%) 순으로 나타났다. 보호 대상에 대한 모자이크 처리에서는 JTBC가 39.8%로 가장 많았고, KBS(26.6%)와 TV조선(24.1%)도 비교적 많았다. 비판의 대상인 가해자에 대해서는 채널A가 24.4%로 가장 많았으며, SBS(21.1%), TV조선(20.3%), MBC(20.0%)가 뒤를 이었다.

국내 방송사들은 지상파와 종편 모두 사건·사고와 무관한 취재원에 대해 모자이크 처리를 하는 비율이 전체 영상의 절반 가까이에 이를 정도로 높았다. 한 가지 흥미로운 점은 비판의 대상인 가해자와 보호 대상에 대한 모자이크 처리 비율이 상대적으로 낮다는 점이다. 가해자에 대한 노출은 인권 보호 차원에서 신중해야 한다. 마찬가지로 보호가 필요한 인물이나 시설에 대해서도 모자이크 처리가 필요하다. 그러나 국내 방송사들은 사건·사고와 관계없는 대상에 대해서는 모자이크 처리를 통해 비교적 적극 보호하는 반면에, 그렇지 않은 취재 대상에 대해서는 모자이크 처리가 상대적으로 소홀했다. 방송사별로는 TV조선과 JTBC의 경우 사건·사고와 무관한 취재원에 대한 모자이크 처리가 상대적으로 잘 이뤄지고 있는 데 반해, MBN은 지나치게 많은 비율(78.2%)로 모자이크 처리를 해 상반된 양상을 보였다.

보호 대상에 대한 모자이크 처리 비율은 JTBC가 월등히 높았고, 반대로 MBN과 채널A는 극단적으로 낮은 편이었다. 사건·사고 가해자에 대한 모자이크 처리 비율은 JTBC와 KBS가 크게 낮았고, 나머지 방송사는 전반적으로 비슷한 수준을 보였다. 국내 방송사의 경우 모자이크 처리 수준은 방송사마다 그 대상이 다르다는 점이 특징적이었다.

영상 초점 흐리기 및 카메라 흔들기 여부

영상 초점 흐리기 및 카메라 흔들기 여부를 알아보는 것은 리포트 영상에서 카메라의 조작이 있었는가를 파악하기 위함이다. 모자이크가 화면의 편집 과정에서 다뤄지는 영상 편집에 해당한다면, 영상 초점 흐리기 및 카메라 흔들기는 촬영 과정에 제작자의 의도가 개입하는 것에 해당한다.

국내외 방송사들의 취재 과정에 영상 초점 흐리기 및 카메라 흔들기가 있었는지 조사한 비교분석에서는 NHK를 제외하고 국내외 방송 모두 전체적으로 영상 초점 흐리기 및 카메라 흔들기를 많이 사용하지 않는 것으로 나타났다(<표 3-43> 참조). 국내 방송사는 영상 초점 흐리기 및 카메라 흔들기를 사용하는 경우가 5.0%로 NBC 1.6%, BBC 3.2%보다는 많았으나 NHK 20.6%에 비해서는 적었다. 분석한 4개 집단 가운데 NHK의 경우 영상 10개 중 2개가량이 영상 초점 흐리기 및 카메라 흔들기로 만들어졌는데, 그 이유는 이 연구 결과만으로는 알 수 없다.

<표 3-43> 국가별 방송사의
영상 초점 흐리기 및 카메라 흔들기 사용 리포트 유무 구성비(단위: %, 건)

매체 \ 구분	있음	없음	합계
국내 방송사	5.0(23)	95.0(434)	100.0(457)
미국 NBC	1.6(1)	98.4(61)	100.0(62)
영국 BBC	3.2(1)	96.8(30)	100.0(31)
일본 NHK	20.6(13)	79.4(50)	100.0(63)
$\chi^2(3) = 26.36, p < .001$			

뉴스 리포트 과정에서 영상 초점 흐리기 및 카메라 흔들기 처리를 한 영상은 사실의 왜곡을 가져올 수 있다는 점에서 문제가 될 수 있다. 방송 뉴스는 영상의 선명성과 사실의 투명성이 중요하다. 영상 촬영 과정에서 초점을 흐리게 하면 그 대상의 선명성이 떨어져 취재 대상과 관련된 사실의 투명성을 확인하기 어려울 수도 있다. 또 영상 초점 흐리기 및 카메라 흔들기는 현장의 실제적인 장면을 왜곡할 수도 있다. 촬영 과정에서 영상의 초점을 흐리거나 카메라를 흔들면 현장의 분위기를 제대로 전달하기 어렵기 때문이다. 흔히 '몰래 카메라'나 '추적 취재'에서 영상 초점 흐리기 및 카메라 흔들기를 자주 볼 수 있는데, 이러한 경우는 사건·사고에 은밀성이나 긴박성이 있는 경우이다. 이 경우에 영상 초점을 흐리거나 카메라를 흔들면 취재 대상자의 은밀성을 부각하고, 현장의 긴박성을 과도하게 강조하는 인상을 줄 수 있다. 즉 방송이 촬영 과정에서 카메라를 조작하는 것은 현장의 장면을 있는 그대로 전달해야 하는 방송의 보도규범을 벗어나는 행위이다. 그리고 영상 초점 흐리기 및 카메라 흔들기는 뉴스의 선정성과도 연결된다. 뉴스 리포팅 중에 어떤 대상에 대한 영상의 초점이 흐려지거나 흔들리면 대상이 더 심각

하게 비칠 수 있고, 이는 뉴스의 선정화로 이어질 수 있기 때문이다.

국내 지상파와 종편이 뉴스 리포팅을 할 때 영상 초점 흐리기 및 카메라 흔들기를 하는지 비교분석한 결과에서는 그런 사례가 전체적으로 적었지만, 종편(8.4%)이 지상파(0.5%)에 비해 상대적으로 많았다(<표 3-44> 참조). 방송사별 비교분석에서는 JTBC(13.8%)와 채널A(13.6%)가 영상 초점 흐리기 및 카메라 흔들기 비율이 다른 방송사의 평균 수준보다 높았다. 이에 반해 KBS와 SBS는 한 건도 없었다. 영상 초점 흐리기 및 카메라 흔들기 기법은 지상파에서는 대체로 적은 편이었지만 종편에서는 많은 편이었다. 종편이 지상파에 비해 카메라를 통해 현장 장면을 더 극적으로, 또 심각하게 전달하는 것으로 볼 수 있다. 영상 초점 흐리기 및 카메라 흔들기가 선정성을 유발할 수 있음을 감안한다면 종편

<표 3-44> 국내 방송사의
영상 초점 흐리기 및 카메라 흔들기 사용 리포트 유무 구성비(단위: %, 건)

매체 \ 구분	있음	없음	합계
지상파	0.5(1)	99.5(194)	100.0(195)
종편	8.4(22)	91.6(240)	100.0(262)
$\chi^2(1) = 14.54, p < .001$			
KBS	0.0(0)	100.0(66)	100.0(66)
MBC	1.6(1)	98.4(63)	100.0(64)
SBS	0.0(0)	100.0(65)	100.0(65)
JTBC	13.8(9)	86.2(56)	100.0(65)
MBN	1.5(1)	98.5(65)	100.0(66)
TV조선	4.6(3)	95.4(62)	100.0(65)
채널A	13.6(9)	86.4(57)	100.0(66)
$\chi^2(6) = 31.07, p < .001$			

이 지상파에 비해 더 선정적 보도를 한다는 평가가 내려질 수 있다. 방송사별로 봤을 때 JTBC와 채널A가 영상 초점 흐리기 및 카메라 흔들기를 상대적으로 많이 사용하는 이유는 이 분석만으로는 알 수 없다. 하지만 추측하자면, 뉴스 보도 경쟁 과정에서 시청자의 주목을 끌기 위한 장치로 해석해볼 수 있다.

화면 부각 및 강조 여부

화면 부각 및 강조는 리포트 영상에서 긴장감을 유발하거나 주목도를 높이기 위한 화면 조작 기법으로 정의한다. 이것은 흐린 화면상에서 특정 대상이 더 잘 보이도록 동그라미 등의 강조 표시를 하거나 진하게 보여주며 따라가는 등 의도적으로 편집하는 것을 가리킨다.

국내외 방송사의 화면 부각 및 강조 기법 사용 여부를 비교분석해보면, 국내 방송사에서 사용한 경우는 32.6%로 NBC 14.5%, NHK 4.8%, BBC 3.2%에 비해 지나치게 많았다(<표 3-45> 참조). 국내 방송사는 뉴스 전달 화면의 부각 및 강조 기법을 10개 뉴스 가운데 3개가량 사용해 해외 방송사에 비해 지나치게 많이 사용하는 편이었다. 따라서 화면 부각 및 강조 측면에서 보면 국내 방송사는 해외 방송사에 비

<표 3-45> 국가별 방송사의 화면 부각 및 강조 사용 리포트 유무 구성비(단위: %, 건)

매체 \ 구성	있음	없음	합계
국내 방송사	32.6(149)	67.4(308)	100.0(457)
미국 NBC	14.5(9)	85.5(53)	100.0(62)
영국 BBC	3.2(1)	96.8(30)	100.0(31)
일본 NHK	4.8(3)	95.2(60)	100.0(63)
$\chi^2(3) = 37.28, p < .001$			

해 그 수준이 떨어진다고 볼 수 있다.

화면 부각 및 강조는 실제 상황과 다르게 긴장을 유발하고 과장된 느낌을 줄 수 있다. 특정 대상을 강조해 프레임 왜곡이 일어날 여지도 있다. 따라서 이것은 영상 초점 흐리기 및 카메라 흔들기와 마찬가지로 방송 저널리즘에서 피해야 할 기법에 속한다. 이런 화면 조작 기법을 불가피하게 사용해야 하더라도 수용자들에게 뉴스에 대한 신뢰를 떨어뜨리는 원인이 될 수 있다는 점을 염두에 두고 신중히 결정해야 한다.

국내 지상파와 종편이 리포트할 때 화면 부각 및 강조를 하는지 비교분석한 결과, 종편이 40.8%로 지상파 21.5%보다 2배가량 많이 했다(<표 3-46> 참조). 이는 종편이 리포트할 때 특정 화면을 부각하거나 강조하는 관행이 지상파에 비해 그 정도가 훨씬 심각한 수준임을 보여준다. 방송사별 비교분석에서는 JTBC가 87.7%로 가장 많았으며,

<표 3-46> 국내 방송사의 화면 부각 및 강조 사용 리포트 유무 구성비(단위: %, 건)

매체 \ 구분	있음	없음	합계
지상파	21.5(42)	78.5(153)	100.0(195)
종편	40.8(107)	59.2(155)	100.0(262)
$\chi^2(1) = 18.95, p < .001$			
KBS	15.2(10)	84.8(56)	100.0(66)
MBC	18.8(12)	81.3(52)	100.0(64)
SBS	30.8(20)	69.2(45)	100.0(65)
JTBC	87.7(57)	12.3(8)	100.0(65)
MBN	7.6(5)	92.4(61)	100.0(66)
TV조선	30.8(20)	69.2(45)	100.0(65)
채널A	37.9(25)	62.1(41)	100.0(66)
$\chi^2(6) = 124.36, p < .001$			

채널A(37.9%), TV조선과 SBS(각 30.8%), MBC(18.8%), KBS(15.2%), MBN(7.6%) 순으로 나타났다.

뉴스 리포트 화면 부각 및 강조에서는 지상파와 종편 모두 그 비율이 높은 편이었다. 특히 종편이 지상파보다 그 정도가 심했다. 지상파는 뉴스 10개 가운데 2개 정도가, 종편은 10개 가운데 4개가량이 화면 부각 및 강조 기법을 사용했다. 화면 부각 및 강조는 방송사별로도 차이가 비교적 큰 사례에 속했다. 전체 방송사 가운데 JTBC는 10개 뉴스 가운데 8~9개가 화면 부각 및 강조를 했다. 이는 이 기법을 가장 적게 사용한 MBN(7.6%)과 비교해 10배 이상 차이가 나는 결과였다.

2) 재연 및 외부 영상 활용

재연 여부

재연은 리포트 영상에서 실사 또는 CG로 재연하는 것을 가리킨다. 국내외 방송사의 영상 재연 여부에 대한 비교분석 결과를 보면 전체적으로 재연이 적었으나 국내 방송사가 2.4%로 해외 방송사(전체적으로 거의 발견하기 어려움)에 비해 많았다(<표 3-47> 참조).

<표 3-47> 국가별 방송사의 재연 사용 리포트 유무 구성비(단위: %, 건)

매체 \ 구분	있음	없음	합계
국내 방송사	2.4(11)	97.6(446)	100.0(457)
미국 NBC	1.6(1)	98.4(61)	100.0(62)
영국 BBC	0.0(0)	100.0(31)	100.0(31)
일본 NHK	0.0(0)	100.0(63)	100.0(63)
$\chi^2(3) = 2.40, p = .497$			

방송 리포트에서 재연은 '사실 전달'이라는 저널리즘 원칙에서 벗어난다. 재연 과정에서 실재와 다른 왜곡이 일어날 수 있기 때문이다. 그것은 실사 재연이든 CG이든 같다. 성재호 기자는 "리포팅 과정에서 재연은 사실 전달과 투명성이 중요한 저널리즘 윤리 측면에서 피하는 것이 바람직하다"고 말했다. 국내 방송의 경우 재연이 예전보다 줄어든 것은 사실이다. 하지만 앞의 데이터에서 볼 수 있듯이 리포팅 과정에서 재연이 완전히 사라진 것은 아니다. 원칙적으로 뉴스 보도는 사실에 기반을 둬야 한다. 사실과 재연은 충돌하는 개념이다. 한국영상기자협회가 발간한 『영상보도 가이드라인』(나준영 외, 2018: 20)에도 뉴스 보도에서 재연이나 대역은 자제되어야 한다는 점을 명시하고 있다.

국내 지상파와 종편이 리포트 때 영상 재연을 하는지에 대한 비교분석에서는 지상파(2.1%)와 종편(2.7%) 간에 별 차이가 없었다(<표 3-48>

<표 3-48> 국내 방송사의 재연 사용 리포트 유무 구성비(단위: %, 건)

매체 \ 구분	있음	없음	합계
지상파	2.1(4)	97.9(191)	100.0(195)
종편	2.7(7)	97.3(255)	100.0(262)
$\chi^2(1) = .20, p = .657$			
KBS	0.0(0)	100.0(66)	100.0(66)
MBC	3.1(2)	96.9(62)	100.0(64)
SBS	3.1(2)	96.9(63)	100.0(65)
JTBC	0.0(0)	100.0(65)	100.0(65)
MBN	6.1(4)	93.9(62)	100.0(66)
TV조선	4.6(3)	95.4(62)	100.0(65)
채널A	0.0(0)	100.0(66)	100.0(66)
$\chi^2(6) = 10.22, p = .113$			

참조). 방송사별 영상 재연 여부에 대한 비교분석에서는 MBN이 6.1%로 가장 비율이 높았고, TV조선(4.6%), MBC와 SBS(각 3.1%) 순이었다. KBS, JTBC, 채널A는 영상 재연을 하지 않았다. 국내 방송사는 재연이 전체적으로 많은 편은 아니다. 그 비율도 평균 3~4%를 넘지 않는다. 하지만 재연이 거의 없는 해외 방송사에 비해서는 적다고 말하기 어렵다. 방송사별로는 MBN이나 TV조선이 재연 사례가 상대적으로 많은 편이었다.

외부 영상 활용 여부

외부 영상은 리포트 영상에서 외부의 제보 영상 또는 CCTV 클립 등을 활용했는가의 여부로 가늠한다. 국내외 방송사가 외부 영상을 활용하는지 비교분석한 결과를 보면 국내외 방송사들이 10개 가운데 대략 3~4개씩의 외부 영상을 사용했으나 방송사 간에는 뚜렷한 차이가 없었다(<표 3-49> 참조). 최근 미디어 기술 환경의 변화로 방송사들이 외부 영상을 비교적 많이 사용하는 편이다. 감시카메라나 녹취록과 같은 외부 영상자료는 그 자체로 보도할 가치가 있기 때문이다. 특히 개인이 영상을 찍기 쉬워진 오늘날에는 외부 영상자료가 중요한 '보도 소

<표 3-49> 국가별 방송사의 외부 영상 활용 리포트 유무 구성비(단위: %, 건)

매체 \ 구분	있음	없음	합계
국내 방송사	33.0(151)	67.0(306)	100.0(457)
미국 NBC	35.5(22)	64.5(40)	100.0(62)
영국 BBC	38.7(12)	61.3(19)	100.0(31)
일본 NHK	31.7(20)	68.3(43)	100.0(63)
$\chi^2(3) = .62, p = .895$			

스'가 된다.

그렇더라도 외부 영상은 정보의 신뢰성 측면에서 적게 사용하는 것이 좋다. 허위조작 정보를 담은 자료가 보도물로 사용될 수도 있으므로 외부 영상자료는 무엇보다 신중하게 사용해야 한다. 그것이 초상권이나 인권 침해에 해당되는지도 꼼꼼히 따져봐야 한다. 잘못된 정보에 대해서는 방송사가 책임을 져야 한다는 점도 고려해야 한다. 출처를 밝혀야 하는 것은 말할 것도 없다. 한국영상기자협회도 일차적으로는 방송사가 스스로 취재하고 확인한 자료에 근거해 보도해야 한다는 점을 강조하며, 만약 그러지 못할 경우에는 기자 스스로 사실 확인을 위한 노력을 기울이고, 저작권·초상권·인격권의 침해가 일어나지 않도록 유의해야 한다고 권고한다(나준영 외, 2018: 98).

국내 지상파와 종편이 리포트할 때 외부 영상을 활용하는지 비교분석한 결과에서는 종편(37.0%)이 지상파(27.9%)보다 상대적으로 더 많이 사용하는 것으로 조사됐다(<표 3-50> 참조). 지상파는 10개 영상 가운데 평균 3개 정도를, 종편은 10개 가운데 평균 4개 정도의 외부 영상을 각각 사용했다. 방송사별 외부 영상 활용 여부에 대한 비교분석에서는 JTBC가 63.1%로 가장 많이 사용했으며, TV조선(49.2%), SBS(36.9%), 채널A(25.8%), MBC(25.0%), MBN(10.6%) 순으로 나타났다. 외부 영상을 특히 많이 활용하는 방송사는 JTBC였다. TV조선과 SBS도 비교적 많이 사용하는 가운데 MBN이 가장 적게 사용하는 편이었다. 외부 영상을 가장 많이 사용하는 JTBC와 가장 적게 사용하는 MBN 간에는 비율상 6배 정도 차이가 났다. 이는 국내 방송사들이 MBN을 제외하고는 독자적으로 촬영한 영상보다 외부 영상을 더 많이 사용한다는 것으로 해석된다.

<표 3-50> 국내 방송사의 외부 영상 활용 리포트 유무 구성비(단위: %, 건)

매체 \ 구분	있음	없음	합계
지상파	27.9(55)	72.1(142)	100.0(197)
종편	37.0(97)	63.0(165)	100.0(262)
$\chi^2(1) = 4.21, p < .040$			
KBS	21.2(14)	78.8(52)	100.0(66)
MBC	25.0(16)	75.0(48)	100.0(64)
SBS	36.9(24)	63.1(41)	100.0(65)
JTBC	63.1(41)	36.9(24)	100.0(65)
MBN	10.6(7)	89.4(59)	100.0(66)
TV조선	49.2(32)	50.8(33)	100.0(65)
채널A	25.8(17)	74.2(49)	100.0(66)
$\chi^2(6) = 57.29, p < .001$			

동일 장면 반복 여부

동일 장면 반복 여부는 같은 장면이 반복적으로 노출되는가에 관한 문제이다. 국내외 방송사의 동일 장면 반복 리포트 유무에 대한 비교분석 결과를 보면 NBC가 91.9%로 가장 많았고, 국내 방송사가 88.6%, BBC 45.2%, NHK 1.6% 순으로 나타났다(<표 3-51> 참조). 동일 장면의 경우는 국내 방송사와 NBC가 평균 10개 가운데 9개가량을 반복해서 내보내 그 정도가 가장 심했다. 이에 반해 NHK는 동일 장면 반복이 매우 적은 편이었다. 동일 장면을 반복 사용하면 장면의 다양성이 줄어들고, 특정 장면을 강조하는 결과를 만들어내기 때문에 사실의 균형성과 객관성을 훼손할 수 있다. 또한 동일 장면이 반복되면 사전에 충분한 취재를 거치지 않아 특정 장면을 계속 내보낸다는 의심을 살 여지도 있다.

<표 3-51> 국가별 방송사의 동일 장면 반복 리포트 유무 구성비(단위: %, 건)

매체 \ 구분	있음	없음	합계
국내 방송사	88.6(405)	11.4(52)	100.0(457)
미국 NBC	91.9(57)	8.1(5)	100.0(62)
영국 BBC	45.2(14)	54.8(17)	100.0(31)
일본 NHK	1.6(1)	98.4(62)	100.0(63)
$\chi^2(3) = 269.27, p < .001$			

그러나 방송 현장의 기자들은 동일 장면의 반복 사용에 대한 현실적 불가피성을 주장한다. 정명원 기자는 자료화면의 반복 사용에 대해 "마감시간에 임박해 사건이 터지면 어쩔 수 없다"고 말한다. 그는 2018년 싱가포르 북·미 정상회담을 대표적 사례로 꼽았다. 정상회담 당시 공식적으로 배포된 영상이 15초짜리였는데, 방송사 내부적으로 보도 꼭지가 여러 개로 나눠지면서 부득이 화면을 반복적으로 내보낼 수밖에 없었다는 것이다. 불가피한 경우는 차치하더라도 원칙적으로 장면의 반복 노출은 적게 하는 것이 바람직하다. 특정 장면을 반복적으로 내보내면 그 장면이 지나치게 강조되고, 그에 따라 사실이 왜곡될 수 있다. 가령 범죄나 사건에 연루된 인물의 얼굴을 반복적으로 내보내면 '각인효과'가 커져 잘못된 이미지를 재생산해낼 여지가 많다.

국내 지상파와 종편이 리포트 때 같은 장면을 반복적으로 내보내는지의 여부를 비교분석한 결과에서는 지상파와 종편 모두 반복 노출이 많은 가운데 약간의 차이가 있었다(<표 3-52> 참조). 지상파는 리포트의 99.5%가 같은 장면을 반복적으로 내보냈으며, 종편은 80.5%로 지상파보다는 그 비율이 다소 낮은 편이었다. 여기서 볼 수 있듯이 특정 장면의 반복 노출은 지상파와 종편 모두 심각한 수준이었다. 그 가운데서

<표 3-52> 국내 방송사의 동일 장면 반복 리포트 유무 구성비(단위: %, 건)

매체 \ 구분	있음	없음	합계
지상파	99.5(194)	0.5(1)	100.0(195)
종편	80.5(211)	19.5(51)	100.0(262)
$\chi^2(1) = 39.82, p < .001$			
KBS	100.0(66)	0.0(0)	100.0(66)
MBC	98.4(63)	1.6(1)	100.0(64)
SBS	100.0(65)	0.0(0)	100.0(65)
JTBC	46.2(30)	53.8(35)	100.0(65)
MBN	100.0(66)	0.0(0)	100.0(66)
TV조선	75.4(49)	24.6(16)	100.0(65)
채널A	100.0(66)	0.0(0)	100.0(66)
$\chi^2(6) = 167.43, p < .001$			

도 지상파가 그 정도가 더 심했다.

방송사별 비교분석에서는 KBS, SBS, MBN, 채널A가 모든 기사에 걸쳐 동일 장면을 반복적으로 사용하는 것으로 나타났다. 이러한 결과는 국내 방송사에서 동일 장면 반복 노출이 일반적인 관행임을 보여준다. 이에 반해 TV조선(75.4%)과 JTBC(46.2%)는 같은 장면의 반복 노출 빈도가 상대적으로 적은 편이었다. 그 가운데서도 JTBC는 비율이 현격히 낮았다. JTBC가 다른 방송사와 달리 같은 장면을 반복적으로 내보내는 대신 다양한 장면을 보여준다는 차별적인 특징을 보이는 것으로 평가할 수 있다.

4. 텔레비전 뉴스의 리포트 분석: 소리(사운드) 요소

신문이 문자로 정보를 전달한다면 방송 뉴스는 영상과 소리(사운드)로 정보를 전달한다. 따라서 영상과 함께 소리는 내용 전달의 수단으로서 핵심적 역할을 한다. 방송 리포트에 등장하는 소리를 큰 틀에서 구분하자면, ① 취재원의 육성(사운드바이트)과 ② 이를 제외한 다양한 음향으로 나눌 수 있다. 연구자들은 이번 조사에서 취재원의 육성을 다양하게 분석했다. 구체적으로는 방송 뉴스의 핵심 요소인 '취재원의 육성이 어떤 형식으로든 가공되었는지'와 다른 하나는 '취재원의 음성을 얼마나 충분히 다뤘는지'이다. 다시 말해 ① 취재원의 육성을 변조했는가, ② 어떤 취재원의 육성을 변조했는가, ③ 리포트에 포함된 취재원 육성의 시간 길이는 어느 정도인가 등이다.

첫 번째로 취재원의 육성을 변조했는지, 또 어떤 취재원의 육성을 변조했는지를 분석한 이유는 뉴스 리포트에서 사운드의 가공(변조, 추가 등)은 저널리즘에서 추구하는 '사실성의 원칙'에 어긋나기 때문이다. 저널리즘 분야에서 교과서로 여겨지는 『저널리즘의 기본 원칙(*The Elements of Journalism*)』의 저자인 코바치와 로젠스틸은 사실성을 추구하는 첫 번째 원칙으로 "무엇인가를 새로 추가하지 말라"고 제언했다(Kovach & Rosenstil, 2014). 코바치와 로젠스틸(2014: 113)은 "TV 뉴스를 찍는 도중에 사이렌이 울렸는데 극적인 효과를 위해 한 장면에서 다른 장면으로 이 소리가 옮겨졌다면, 이 소리는 두 번째 장면에 추가된 것이다. 그러면 한 때의 사실이 뒤에서는 허구가 된다"[3]고 말할 정도로

3 "If a siren rang out during the taping of a TV story, and for dramatic effect it is moved from one scene to another, it has been added to that second place. What was once a fact becomes a fiction."

사실성 추구에서 엄격함을 요구했다. 같은 맥락에서 이재경(2004: 104)은 한국의 TV 뉴스 양식에 대한 연구에서 "한국 TV 뉴스에는 지나치게 많은 영상 효과가 동원된다. CG와 자막의 처리도 문제이지만 화면 변조와 음성 변조는 심각한 문제이다. 뉴스는 사실성을 생명으로 하는데, 변조된 화면의 남용은 방송의 신뢰도를 추락시킬 수 있기 때문에 철저히 자제될 필요가 있다"고 말했다.

두 번째로 취재원 육성의 시간은 방송 뉴스를 제작할 때 취재원의 발언을 얼마나 충실하게 반영했는가를 가늠할 수 있게 하기 때문에 저널리즘 연구에서 중요하게 다뤄졌다(반현·홍원식, 2009; 손영준·최영재, 2004; 이재경, 2004). 뉴스는 기자들이 취재한 사실을 나열한 것이라고 볼 수 있으며, 리포트에 포함된 취재원 육성의 시간은 취재가 얼마나 충실하게 이뤄졌는지를 나타내는 지표로도 볼 수 있다.

이번 조사의 결과를 간략히 정리하면, 선행연구의 결과와 유사하게 해외 방송 뉴스에 비해 국내 방송 뉴스에서는 ① 취재원 육성의 변조가 빈번하고, ② 리포트에 포함된 취재원의 육성은 짧으며, ③ 이 가운데서도 특히 일반인 취재원의 육성이 짧다는 것이다.

1) 취재원의 육성 변조

이 연구에서는 국내의 방송 리포트가 해외에 비해 얼마나 빈번하게 취재원의 육성을 변조하는지, 그리고 취재원의 육성을 변조한다면 어떤 취재원(가해자, 피해자 등)의 육성을 변조한 것인지 등을 분석했다.

취재원의 육성 변조 여부

취재원의 육성 변조 여부는 개별 리포트가 취재원의 육성을 변조했는지의 여부를 분석한 것으로, 예를 들어 하나의 리포트에서 취재원 한 명의 육성이라도 변조되었다면 이는 육성을 변조한 리포트로 분류했다. 이번 연구에서 국내 방송사와 미국, 영국, 일본 방송사 등 4개 집단을 대상으로 취재원의 육성 변조 여부를 분석한 결과, 집단별로 유의미한 차이를 보였다(<표 3-53> 참조). 국내 방송사의 경우 취재원의 육성을 변조한 기사가 전체의 19.5%(89건)에 이르렀으나, NBC와 BBC 중에는 취재원의 육성을 변조한 리포트가 한 건도 없었다. NHK도 4.8%에 불과했다.

한편 국내 지상파와 종편 방송사 사이에는 취재원의 육성 변조 정도에서 유의미한 차이가 없었고 국내 7개 방송사를 비교분석한 결과에서도 방송사별로 유의미한 차이가 없었다(<표 3-54> 참조). 다만 KBS, JTBC, MBN은 취재원의 육성을 변조한 리포트의 비중이 13%대로 다소 낮은 반면, MBC, SBS, TV조선, 채널A 등은 20%대로 상대적으로 높았다.

한편 이번 조사의 결과를 선행연구와 비교하면, 국내 리포트의 육성 변조 비율은 점차 높아지는 추세였다. 반현과 홍원식(2009)이 국내 지

<표 3-53> 국가별 방송사의 취재원 육성 변조 리포트 유무 구성비(단위: %, 건)

매체 \ 구분	있음	없음	합계
국내 방송사	19.5(89)	80.5(368)	100.0(457)
미국 NBC	0.0(0)	100.0(62)	100.0(62)
영국 BBC	0.0(0)	100.0(31)	100.0(31)
일본 NHK	4.8(3)	95.2(60)	100.0(63)
전체	15.0(92)	85.0(521)	100.0(613)

$\chi^2(3) = 28.8, p < .001$

<표 3-54> 국내 방송사의 육성 변조 리포트 유무 구성비(단위: %, 건)

매체 \ 구분	있음	없음	합계
지상파	21.5(42)	78.5(153)	100.0(195)
종편	17.5(47)	82.5(215)	100.0(263)
$\chi^2(1) = .92,\ p > .05$			
KBS	13.6(9)	86.4(57)	100.0(66)
MBC	26.6(17)	73.4(47)	100.0(64)
SBS	24.6(16)	75.4(49)	100.0(65)
JTBC	13.8(9)	86.2(56)	100.0(65)
MBN	13.6(9)	86.4(57)	100.0(66)
TV조선	21.5(14)	78.5(51)	100.0(65)
채널A	22.7(15)	77.3(51)	100.0(66)
전체	19.5(89)	80.5(370)	100.0(457)
$\chi^2(6) = 7.95,\ p > .05$			

상파 3사의 저녁 메인뉴스를 비교분석한 연구에서는 전체 기사 중 취재원의 육성을 변조한 기사의 비중이 KBS <뉴스9> 12.4%, MBC <뉴스데스크> 5.1%, SBS <뉴스8> 7.3% 등으로 전체 평균은 7.1%에 머물렀다. 그러나 이번 연구 결과에서는 이보다 훨씬 높은 19.5%에 이르렀다.

취재원의 육성 변조에 대한 이와 같은 결과가 의미하는 바를 파악하기 위해 현장의 방송기자를 대상으로 인터뷰를 진행한 결과, 이들은 국내의 뉴스 리포트가 우리 사회의 변화상을 담고 있다고 설명했다. 다시 말해 초상권이나 익명성에 대한 취재원들의 요구가 높아지고 있으며, 법원도 이들의 권리를 보장하는 방향으로 판결한다는 것이다. 특히 일반인 혹은 리포트의 내용과 직접적 관련이 없는 무관한 취재원의 음성을 변조하는 사례도 많은데, 이 역시 같은 맥락이다. 방송기자들의 상세한 설명은 다음 절에서 다뤘다.

육성 변조의 대상

연구자들은 뉴스 리포트에서 취재원의 육성을 변조한 경우, 어떤 취재원의 육성을 변조했는지를 분석했다. 다시 말해 리포트에는 가해자, 피해자 등 다양한 유형의 취재원이 등장하는데, 주로 어떤 취재원의 육성이 변조되는지를 알아보고자 한 것이다.

이 연구에서는 육성 변조 대상인 취재원을 '비판의 대상 및 가해자', '보호 대상 인물 및 시설', '사건 · 사고와 무관한 취재원', 그리고 기타 등 4개 유형으로 구분했으며, 하나의 리포트에서 여러 취재원의 육성을 변조했을 경우에는 최대 7명의 취재원의 육성 변조를 분석했다. 한편 사건 · 사고와 무관한 취재원이란 직접적인 비판의 대상이나 가해자, 혹은 보호 대상은 아니지만 기사와 관련이 있는 취재원을 의미한다. 예를 들어 보험사기 기사에서 보험사기범은 비판의 대상(혹은 가해자)이지만, 보험 연구원 등의 전문가는 무관한 취재원으로 볼 수 있다.

어떤 취재원의 육성을 변조했는지에 대한 분석은 국내 방송사와 NHK의 리포트만을 대상으로 진행했다. 이 두 국가의 방송에서만 취재원의 육성을 변조한 리포트가 있었기 때문이다. 그 결과 국내에서는 '보호 대상 인물 · 시설'이 41.0%로 가장 많았으나, 가해자의 육성을 변조하거나(26.1%), 아예 기사와 무관한 취재원의 육성을 변조한 사례(17.2%)도 많았다(<표 3-55> 참조). 한편 NHK의 경우 비판의 대상, 즉 가해자의 육성을 변조한 리포트가 전체의 절반(50.0%)이었다. 그러나 그 수가 전체에서 단 3건에 불과했기 때문에 큰 의미는 없다.

국내 리포트에서 유독 취재원 육성을 자주 변조한다는 이번 조사 결

<표 3-55> 국가별 방송사 리포트의 육성 변조 대상 구성비(단위: %)

대상 / 매체	비판의 대상 및 가해자	무관한 취재원	보호 대상 인물·시설	기타	합계
국내 방송사	26.1	17.2	41.0	15.7	100.0
일본 NHK	50.0	0.0	0.0	50.0	100.0

과는 선행연구의 결과와도 일치한다. 오해정과 김경모(2020)가 KBS와 BBC 메인뉴스의 익명 취재원의 육성 변조를 비교분석한 결과를 보면, KBS는 육성 변조를 하면서 자료화면을 쓴 뉴스가 약 54%, 모자이크와 육성 변조를 혼용한 뉴스가 18%, 포커스아웃과 육성 변조를 함께 사용한 뉴스가 14%였으나, BBC는 익명 취재원의 육성이 등장한 7회 중 6회를 포커스아웃으로 처리했고 나머지 1건은 더빙과 함께 포커스아웃으로 처리하여 육성 변조는 전혀 사용하지 않은 것으로 나타났다. 또 국내 지상파와 종편 방송사를 비교한 결과, 지상파는 보호 대상의 육성을 변조한 비율이 51.9%로 종편의 33.8%에 비해 높았지만, 종편은 무관한 취재원의 육성을 변조한 비율이 22.5%로 지상파의 9.3%에 비해 높았다(<표 3-56> 참조).

요약하면 육성 변조 여부와 육성 변조 대상에서 국내 리포트는 해외 방송사와 다른 양상을 보였다. 우선 비교 대상인 미국과 영국, 일본 방송사에 비해 유독 취재원의 육성 변조가 많았으며, 육성 변조 대상에서는 무관한 취재원이 많았다는 점이다. 이에 대해서 이번 연구 결과의 해석을 위해 인터뷰를 진행한 지상파 3사의 기자들은 "사회적 맥락이 다르다"고 설명했다. 앞서 간략히 언급한 바와 같이, 국내에서는 엘리트 취재원 혹은 공인 취재원은 익명으로만 취재에 응하고, 일반인 취재원은 초상권을 요구하며, 법원은 이들에게 유리하게 판결하기에 익명

<표 3-56> 국내 방송사 리포트의 육성 변조 대상 구성비(단위: %)

대상 매체	비판의 대상 및 가해자	무관한 취재원	보호 대상 인물·시설	기타	합계
지상파	24.1	9.3	51.9	14.8	100.0
종편	27.5	22.5	33.8	16.3	100.0
KBS	9.1	27.3	63.6	0.0	100.0
MBC	38.1	0.0	23.8	38.1	100.0
SBS	18.2	9.1	72.7	0.0	100.0
JTBC	59.1	4.5	36.4	0.0	100.0
MBN	11.1	77.8	11.1	0.0	100.0
TV조선	8.0	12.0	56.0	24.0	100.0
채널A	32.1	28.6	14.3	25.0	100.0

성과 육성 변조는 이러한 사회적 환경에 적응한 결과라는 항변이다. 이들의 해명은 다음과 같다.

"취재원들이 방송에 나간다는 것에 대해 반감을 가지고 있다. 지금도 언론중재위 가면 일반인은 무조건 보호해줘야 한다는 쪽이다. 공인과 언론이 싸우면 언론이 이길 수 있지만, 일반인과 언론인이 싸우면 무조건 일반인이 유리하다. 이건 인권의 문제로 본다. 여기서 언론의 품질 얘기하면 언론의 횡포로 본다."(정명원 SBS 기자)

"뉴스는 그 사회의 문화와 특징을 반영한다. 사회적으로 얼마나 표현의 자유를 보장하는가? 과연 언론중재위원회 같은 곳이 언론의 자유를 위한 곳인가? 해외에는 이런 제도가 없지 않나? 이런 곳들이 사전적인 심리적 위축이나 검열을 하도록 이끈다. 그것이 나중에 가서 소송에 가서 패소하지 않는다고 하더라도, (기사 때문에) 불려다니고, 준비해야 하고 그러다 보면 다음에는 그렇게 반복하고 싶지 않아진다. 그런 경험 뒤에는 익명 처리하고 싶고, 그다음에는 블러 처리하고 싶어지고… 데스크도 마찬가지이다. …(중략)… 이건 그 사회의 가치, 역사 등이 반영된 것이다."(성재호 KBS 기자)

이처럼 국내 방송사 기자들은 국가에 따라 취재원 육성 변조 정도에 차이를 보이는 현상에 대해 사회적·제도적 문제로 인식하고 있었다. 그러나 NBC와 BBC에서는 취재원의 육성을 변조한 기사가 한 건도 없었고 문화적으로 가까운 NHK도 단 3건에 불과했다는 사실을 국내 방송 종사자들은 보다 냉정하고 엄밀하게 바라볼 필요가 있다. 방송기자들의 이러한 설명에도 불구하고 리포트에 등장하는 취재원의 목소리를 변조하는 경우에는 '사실성 추구의 원칙', 즉 어떤 것도 조작하지 않는다는 원칙을 훼손하는 것이며 시청자들의 신뢰를 떨어뜨리는 것이라는 점에서 부정적이라는 사실은 부인하기 어렵기 때문이다.

특히 이번 조사를 위해 분석한 리포트의 내용을 찬찬히 살펴보면 국내 방송기자들의 설명에 동의하기 어렵다. 취재원의 육성을 변조한 많은 리포트들이 취재의 편의를 위해 사회적 환경에 쉽게 타협한 결과로 보이기 때문이다. 실제 필요 이상으로 취재원의 육성을 변조하거나 익명으로 처리한 리포트가 적지 않다. 다음 사례를 살펴보자.

취재원 육성 변조 사례[4]

[앵커]

강원도 춘천에서는 20대 남성이 결혼을 약속한 여자친구를 살해하고 시신을 훼손한 사건이 일어났습니다. 이 남성은 양가 상견례를 앞두고 집 문제로 다투다 우발적으로 범행을 저질렀다고 진술했습니다. 하초희 기자입니다.

[리포트]

건물 주변에 출입통제선이 처져 있습니다. 과학수사대원들이 안팎을 오가며 현장 감식에 나섭니다. 어젯밤(24일) 11시쯤 이 집에 살던 27살 심모씨의 여자친구 23살 이모씨가 숨져 있는 것을 심씨의 아버지가 발견해 경찰에 신고했습니다. 경찰은 곧바로 남자친구의 행방을 쫓았고 인근 교회 관사로 도피했다가 자수 의사를 밝힌 심씨를 붙잡았습니다. 경찰 조사 결과 심씨는 주말에 있을 양가 상견례를 앞두고 이씨를 만났다가 말다툼 끝에 살해하고 시신을 훼손한 것으로 밝혀졌습니다.

4 이 리포트를 보면 국내 방송사에서 얼마나 편의적으로 취재원의 육성을 변조하는지를 알 수 있다. 경찰이 수사에 나선 살인사건을 취재한 해당 기사에는 두 명의 취재원이 등장한다. 한 명은 살인사건이 일어난 지역 인근의 동네 상인으로 이 사건과 무관한 취재원이고, 다른 한 명은 해당 사건을 담당한 경찰이다. 그런데 두 취재원의 육성은 모두 변조되어 있다. 과연 무관한 취재원의 육성을 변조할 수밖에 없었는지, 육성을 변조하지 않고 취재에 응할 인터뷰이를 섭외할 수는 없었는지, 따라서 무관한 취재원의 육성 변조는 단순 취재 편의의 결과물은 아닌지 등에 대해 비판적일 수밖에 없다. 더구나 다른 한 명은 사건을 직접 수사하고 있는 취재원으로 육성을 변조해야 할 이유를 찾기 어렵다.

[인근 상인/음성 변조: "(나도) 아들이 있으니까, 아주 가슴이 떨리는 거야. 내 자식 같은 게. 결혼해서 잘 살아야지, 그런 거 보면 내가 섬뜩하지 않아?"]

심씨는 숨진 이씨가 자신의 직장과 가까운 서울 근교에 신혼집을 두지 않으면 상견례를 미루겠다고 말해 홧김에 범행을 저질렀다고 진술했습니다. 또 이씨가 숨졌는지 확인하기 위해 시신을 훼손한 것으로 전해졌습니다.

[경찰 관계자/음성 변조: "다 인정하죠. 범행 일체를 다 인정하는 거죠. 이유라든지 범행하게 된 과정 다 인정하는 거죠."]

하지만 피해자 유족들은 평소에도 두 사람 사이에 갈등이 깊었다며 집 문제가 직접 원인은 아니라고 주장하고 있습니다. 경찰은 현장 감식과 조사가 마무리되는 대로 심씨에 대해 살인 혐의로 구속영장을 신청할 예정입니다. KBS 뉴스 하초희입니다.

(KBS <뉴스9> 2018년 10월 25일
<신혼집 문제로 다투다 여자친구 살해 20대 긴급체포> 리포트 발췌.)

한편 이와 관련해 정보 출처(보도자료, 발생사실, 자체기획 및 발굴)에 따라 취재원 육성 변조 처리에 차이가 있는지 개별 방송사 수준에서도 분석하고 비교했다. 분석 결과, 패턴의 차이가 크게 세 부류로 구분됐다. 첫째, 개별 방송사 수준에서 정보 출처와 취재원 육성 변조 사이에 어떠한 관계 패턴도 찾아지지 않는 집단이다. 여기에 속하는 KBS,

SBS, 채널A의 육성 변조 기사 사례는 각각 12.9%(9건), 24.3%(17건), 24.3%(17건)였다. 정보 출처 유형마다 골고루 육성 변조 사례가 관찰되다 보니 통계적 유의미성을 찾기 어려웠다. 둘째, 특정 정보 출처 유형에 육성 변조 사례가 집중되는 집단이다. MBC(24.3%, 17건)와 MBN(12.9%, 9건)은 '발생사실'과 '자체기획 및 발굴' 유형에, JTBC(12.9%, 9건)는 '자체기획 및 발굴' 유형에, TV조선(20%, 14건)은 '발생사실' 유형의 기사에 육성 변조 처리가 빈번한 것으로 드러났다. 이 집단의 기사에선 특정 정보 출처 유형에 육성 변조 사례가 자주 등장하기 때문에 개별 방송사 수준에서 통계적 유의미성을 확인할 수 있었다. 마지막 셋째, 정보 출처 유형에 관계없이 육성 변조 처리 기사가 전무하거나 매우 드문 집단이다. 3개 해외 방송사가 해당한다. 특히 NBC와 BBC는 육성 변조 기사가 단 한 건도 없었고, NHK는 4.4%(3건)에 불과했다.

개별 방송사 수준에서 두 변수 간에 통계적 유의미성이 찾아지든 그렇지 않든, 뚜렷한 구분은 앞에서 확인했듯 국내 방송사와 해외 방송사의 육성 변조 빈도에서 나타난다. 이 같은 결과는 취재원을 익명 처리할 때 원칙 없이 함부로 육성 변조를 남발하는 국내 방송 언론계의 제작 관행과 연관이 있어 보인다. 국내와는 대조적으로, 분석 대상 해외 유력 방송사들은 방송 뉴스의 익명 보도 사례가 드물기도 하지만 육성 변조 역시 매우 자제하는 분위기라는 것을 알 수 있다.

2) 취재원의 육성 분석

리포트에 포함된 취재원의 육성은 취재원이 전달하고자 하는 내용과 의견 등을 얼마나 충실하게 기사에 담았는지를 판단할 수 있게 한다는 점에서 의미가 있다. 특히 취재원의 육성이 지나치게 짧은 경우는 심층적인 정보를 전달할 수 없고, 취재원의 발언 의도도 충분히 반영할 수 없다는 점에서 문제로 지적되어왔다.

선행연구에 따르면 국내 방송사 리포트의 취재원 육성(<표 3-57> 참조)은 해외 방송사에 비해 지나치게 짧은 것으로 나타났다. 2005년 조사에서 국내 지상파 3사와 CBS, BBC, NHK를 비교한 결과 KBS 10.29초, MBC 10.87초, SBS 11초인데 비해 CBS는 16.35초, BBC는 17.61초, NHK는 26.37초로 조사된 바 있다(손영준·최영재, 2005). 좀 더 최근인 반현과 홍원식(2009)의 연구에서도 동일한 경향이 확인되었다. 이러한 선행연구 결과를 종합하면, "해외 리포트의 취재원 육성이 점차 짧아지는 경향을 보이나, 국내 리포트는 이보다도 더 짧다"는 것이다(반현·홍원식, 2009; 손영준·최영재, 2005).

그동안 연구자들은 국내 리포트에서 취재원 육성이 유독 짧은 이유에 대해 시청률 집착과 이로 인한 뉴스의 시간 길이 '1분 30초'에 대한 맹신의 결과로 풀이했다. 다시 말해 국내 방송사들은 뉴스 아이템별 시간이 길어져서 시청자의 관심을 놓치게 되면 곧 시청자들이 다른 채널로 옮겨간다고 판단해 1분 30초라는 뉴스의 시간 길이 상한 조건에 집

<표 3-57> 선행연구에서 국내 방송사 리포트별 취재원 육성의 합계 시간(단위: 초)

매체 \ 연도	2005년	2009년	2020년
KBS	10.3	18.1	22.4
MBC	10.9	17.9	21.7
SBS	11.0	16.7	19.0

출처: 2005년 조사는 손영준·최영재(2004), 2009년 조사는 반현·홍원식(2009)을 토대로 재구성하고, 2020년 결과는 본 조사를 토대로 작성함.

착하고 있으나, 결과적으로 이처럼 짧은 리포트로는 심층적 정보를 전달하기 어렵다고 분석했다.

이번 조사에서는 취재원 유형을 엘리트 취재원과 일반 취재원으로 구분했다. 이 연구에서 엘리트 취재원은 정치인, 정부 고위 공무원, 교수 등 전문가, 기업인 등을 의미하며 일반 취재원이란 '알려지지 않은 사람(unknown)'으로 정의했다. 아울러 분석 단위를 ① 개별 리포트와 ② 개별 취재원으로 각각 구분해 분석했다. 예를 들어 엘리트 취재원의 육성이라면, 개별 리포트를 분석 단위로 한 경우에는 '리포트 하나당 포함된 엘리트 취재원의 육성을 합산한 것'이며, 개별 취재원을 분석 단위로 한 경우에는 '엘리트 취재원 1명이 평균적으로 하나의 리포트에서 말한 육성'을 말한다. 보다 상세한 설명은 개별 결과에 포함했다.

리포트별 취재원의 육성 분석

리포트별 취재원의 육성 분석은 리포트 1건에 포함된 모든 취재원의 육성을 기준으로 했다. 또한 취재원의 종류를 엘리트와 일반인으로 구분하고 이들의 육성을 대상으로 방송 시간, 문장의 길이 등을 분석했다. 리포트별 분석에서 '엘리트 취재원 육성'이란 리포트 1건에 포함된 엘리트 취재원 육성의 합을 의미한다. 또한 '일반 취재원 육성'이란 리포트 1건에 포함된 일반 취재원 육성의 합을 의미한다. 리포트 1건당 엘리트 취재원과 일반 취재원의 육성은 엘리트 취재원 혹은 일반 취재원을 포함한 기사만을 대상으로 분석했으며 이들 취재원을 포함하지 않은 기사는 분석에서 제외했다.

① 엘리트 취재원의 육성 방송 시간

취재원별 육성을 분석하기에 앞서, 엘리트 취재원을 포함한 리포트의 비중을 국내외 방송사별로 분석했다. 그 결과 리포트에 엘리트 취재원을 포함하지 않은 기사의 비율은 국내 방송사가 33%(153건), NBC 15%(9건), BBC 13%(4건), NHK 62%(27건) 등이었다(<자료 3-1> 참조). 따라서 국내 리포트 중 엘리트 취재원을 포함한 리포트의 비율은 미국이나 영국 방송사에 비해서는 낮았지만, 일본 방송사에 비해서는 높았다.

엘리트 취재원의 육성 시간을 국내외 방송사별로 비교한 결과, 집단 사이에 유의미한 차이가 있는 것으로 나타났다(<표 3-58> 참조). 구체적으로 국내의 경우 리포트 한 건당 엘리트 취재원의 목소리가 평균 약 15.7초 등장했으며, NBC는 20.6초, BBC는 32.6초, NHK는 47.1초인 것으로 나타났다. 다시 말해 국내에서는 하나의 리포트에 엘리트 취재원의 목소리가 약 15초 방송되지만, BBC는 이의 2배에 가깝고, NHK는 3배가 넘는 것이다. 이러한 분석 결과는, 국내 방송사 리포트에 포함

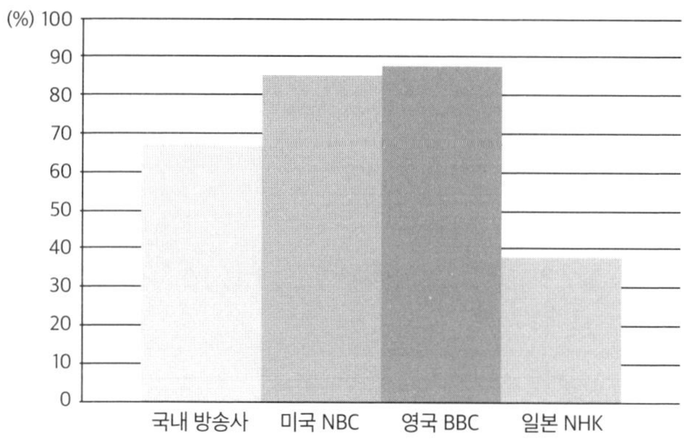

<자료 3-1> 국가별 방송사의 엘리트 취재원을 포함하는 리포트 구성비

<표 3-58> 국가별 방송사 리포트의 건당 엘리트 취재원 육성 방송 시간(단위: 초)

구분 / 매체	사례 수	평균	최단	최장
국내 방송사	306	15.7	2	67
미국 NBC	53	20.6	2	65
영국 BBC	27	32.6	7	97
일본 NHK	36	47.1	3	187
$F(3, 418) = 38.1$, $p < .001$				

된 엘리트 취재원 육성의 시간은 NBC의 리포트와 유의미한 차이가 없으나 BBC 혹은 NHK보다는 크게 짧다는 것을 의미한다. 한편 국내 방송사만을 비교분석한 결과를 보면 지상파와 종편, 그리고 방송사별로도 유의미한 차이가 없는 것으로 나타났다(<표 3-59> 참조).

<표 3-59> 국내 방송사 리포트의 건당 엘리트 취재원 육성 방송 시간(단위: 초)

구분 / 매체	사례 수	평균	최단	최장
지상파	140	16.9	2	67
종편	166	14.7	2	43
$t(304) = 2.0$, $p > .05(.051)$				
KBS	57	17.72	3	54
MBC	47	16.62	2	61
SBS	36	15.97	7	67
JTBC	34	14.24	4	33
MBN	44	16.64	5	42
TV조선	42	14.36	2	37
채널A	46	13.41	4	43
$F(6, 299) = 1.2$, $p > .05$				

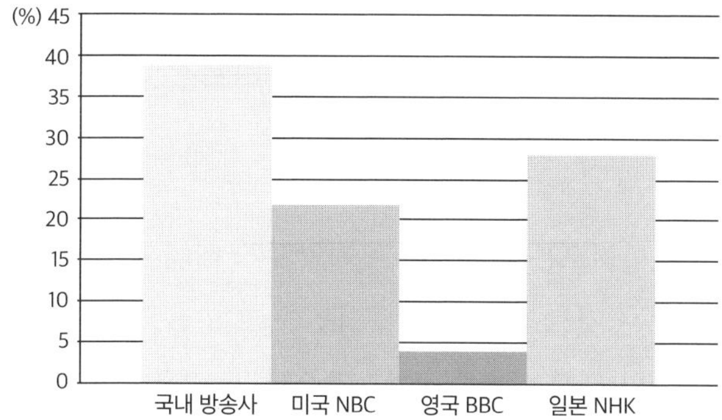

<자료 3-2> 국가별 방송사의 엘리트 취재원 전체 육성이 10초 이하인 리포트 구성비

아울러 리포트 1건에 포함된 엘리트 취재원 육성 방송 시간이 10초 이하인 리포트의 비율이 국내 방송사는 39.2%, NBC는 22.6%, BBC는 3.7%, NHK도 27.8%로 조사돼, 국내 방송사의 경우 엘리트 취재원의 육성을 매우 짧게 다룬 리포트가 해외 방송사들에 비해 상대적으로 많은 것으로 나타났다(<자료 3-2> 참조). 이 결과는 국내 방송 리포트 10건 중 4건가량은 리포트에 등장하는 모든 엘리트 취재원의 육성을 합쳐도 10초에 이르지 못한다는 의미이다. 10초도 안 되는 분량으로 전달할 수 있는 내용은 매우 한정적일 것임을 알 수 있다. 특히 국내 리포트 중에는 엘리트 취재원의 전체 육성이 2초에 불과한 경우도 있었다. 구체적으로는 MBC와 TV조선이 각각 엘리트 취재원 전체 육성이 2초 미만인 기사가 2건씩 있었다. 다음 사례를 살펴보자.

엘리트 취재원의 육성이 2초인 리포트 사례 1

[앵커]

중국에서 밀려오는 미세먼지 못지않게 국내에서 발생하는 미세먼지 줄이는 것도 시급합니다. 정부가 그 양을 한번 조사해봤더니 자동차가 내뿜는 초미세먼지의 92%가 경유차에서 나왔습니다. 손병산 기자입니다.

[리포트]

미세먼지로 뒤덮이기 시작한 서울 시내 광화문. 서울시가 2분 이상 공회전, 즉 시동을 걸어둔 채 제자리에 서 있는 차량을 집중 단속하고 있습니다. 단속반은 열화상 카메라를 이용해 공회전을 하던 승합차를 적발하고 과태료 5만 원을 물립니다.

[단속반원: "면허증 제시해주십시오, 선생님."]

단속반이 가장 유심히 보는 차들은 경유차들인데 승합차와 버스, 화물차 등에 시선을 집중합니다. 주차장에 서 있던 대형 버스 한 대가 적발됐습니다. 자동차 미세먼지를 측정한 결과 경유차들이 뿜어낸 초미세먼지가 심각한 것으로 확인됐습니다. 환경부 조사 결과, 지난 2015년 전국의 자동차 1천 3백만 대가 배출한 초미세먼지는 모두 3만 8천여 톤. 그런데 그중 92%가 경유차에서 뿜어져 나왔습니다. 경유 승용차는 1년에 2.6kg, 중형화물차는 7.9kg, 대형화물차는 155kg이 넘는 초미세먼지를 뿜는 것으로 나타났습니다. 대형 화물차 한 대가 휘발유 승용차 몇백 대분의 초미세먼지를 배출하고 다니는 겁니다. 특히 화물차는 다른 차종에 비해 연료 소비량도 많고 노후 차 비중도 높아 문제가 심각했습니다. 정부는 어제(8일) 클린디젤 정책을 폐기하고 경유차에 인센티브를 주는 제도를 없애겠다고 말했습니다. 시민단체들은 그러나, 인센티브 폐지에서 머물지 말고 경유차를 완전 퇴출하라고 요구했습니다. MBC 뉴스 손병산입니다.

(MBC <뉴스데스크> 2018년 11월 9일
<문제는 '덜덜' 경유차…자동차 초미세먼지 92% 내뿜어> 리포트 발췌.)

엘리트 취재원 육성이 2초인 리포트 사례 2

[앵커]

어제 서울구치소에서 나오면서 아버지 이건희 회장 병실로 간다고 했던 이재용 삼성전자 부회장이, 일체의 공식 일정 없이 삼성서울병원을 다시 찾았습니다. 여론의 역풍 등을 감안해 시차를 좀 두고, 상황을 봐가면서 경영에 복귀하는 게 낫다고 판단한 걸로 보입니다. 박상현 기자입니다.

[리포트]

오전 9시 30분. 차고 문이 열리더니, 검은색 체어맨 승용차가 나옵니다. 이재용 삼성전자 부회장의 업무용 차량입니다. 30여

분을 달려 도착한 곳은 삼성서울병원. 어제 석방된 직후에 아버지 이건희 회장을 찾았던 것처럼,

[이재용/삼성전자 부회장(어제): "회장님 뵈러 가야 돼요. 먼저…."]

연이틀 병원으로 향한 겁니다. 이 부회장은 병원에서 상당한 시간을 머물러 병문안을 겸한 건강검진이나 가족모임을 가졌을 가능성이 있습니다. 삼성서울병원측은 개인의 신상에 관한 내용이라 밝힐 수 없다며 긍정도, 부인도 하지 않았습니다. 재계에선 이 부회장 부재로 삼성의 미래 먹거리 투자가 지연된 만큼, 평택 반도체단지 증설 등의 신규투자계획을 내놓을 거라는 관측도 나왔습니다. 하지만 확정 판결이 아닌 만큼, 외부일정을 줄이고 당분간 몸을 낮출 것으로 보는 시각이 많습니다. 다만 IOC 위원이던 아버지 이 회장이 유치에 결정적인 역할을 한 평창 동계올림픽을 계기로 자연스럽게 외부활동을 재개할 수 있다는 분석도 나옵니다. TV조선 박상현입니다.

(TV조선 <뉴스9> 2018년 2월 6일
<이재용, 연이틀 아버지 병문안…여론 보며 복귀 '저울질'> 리포트 발췌.

② 엘리트 취재원의 육성 문장 수

엘리트 취재원의 육성 문장 수란 하나의 리포트에 들어 있는 모든 엘리트 취재원의 발언 문장 수로서, 예를 들어 특정 리포트에 엘리트 취재원이 2명 등장하여 각각 2개, 3개의 문장을 발언했다면 엘리트 취재

원의 육성 문장 수는 5개이다. 엘리트 취재원의 육성 문장 수를 국내외 방송사별로 비교분석한 결과 국내 리포트는 평균 2.6개 문장, NBC는 3.6개, BBC는 6.5개, NHK는 7.2개 문장을 포함하는 것으로 나타나 유의미한 차이를 보였다(<표 3-60> 참조). 국내의 경우 하나의 리포트에 들어 있는 모든 엘리트 취재원의 발언을 합친 문장의 수가 평균 2.6개에 불과하다는 의미이다. 이러한 차이는 취재원 육성 방송 시간에서와 마찬가지로 국내 방송사와 NBC는 유사한 수준이나, BBC 및 NHK에 비해서는 매우 짧다는 것을 보여준다.

한편 리포트에 포함된 엘리트 취재원의 육성 문장 수는 국내 지상파와 종편, 그리고 방송사별로 유의미한 차이가 없는 것으로 나타났다(<표 3-61> 참조). 다시 말해 엘리트 취재원의 육성 문장 수가 매우 짧은 현상은 국내 방송사에 공통된 특징인 것이다. 국내 리포트 중에는 엘리트 취재원의 육성이 단 한 문장만 들어 있는 경우도 적지 않다. 예를 들어 KBS의 경우 엘리트 취재원의 육성이 단 한 문장만 포함된 기사가 무려 28%(19건/67건), MBC는 22%(14건/64건), SBS는 21%(14건/64건) 등에 이른다. 그러나 BBC의 경우 엘리트 취재원의 육성을 한 문장만 포함한 리포트는 단 한 건도 없었고, NHK도 8%(5건/63건)에 불과

<표 3-60> 국가별 방송의 리포트 건당 엘리트 취재원 육성 문장 수(단위: 개)

매체 \ 구분	사례 수	평균	최소	최다
국내 방송사	306	2.6	1	15
미국 NBC	53	3.6	1	16
영국 BBC	27	6.5	2	19
일본 NHK	36	7.2	1	29

$F(3, 418) = 31.5, p < .001$

<표 3-61> 국내 방송의 리포트 건당 엘리트 취재원 육성 문장 수(단위: 개)

매체 \ 구분	사례 수	평균	최소	최다
지상파	140	2.7	1	15
종편	166	2.6	1	9
$t(304) = .5$ $p > .05$				
KBS	57	2.7	1	15
MBC	47	2.9	1	14
SBS	36	2.4	1	11
JTBC	34	2.8	1	8
MBN	44	2.6	1	8
TV조선	42	2.4	1	7
채널A	46	2.5	1	9
$F(6, 299) = .35$, $p > .05$.				

했다. 이러한 현실은 국내 리포트에서 취재원 발언의 직접 인용이 얼마나 짧은지를 단적으로 보여준다. 다음 사례를 살펴보자.

엘리트 취재원의 육성 문장 수가 1개인 리포트 사례

[앵커]

올해 3분기 대기업과 중소기업의 영업이익률 격차가 역대 최대로 벌어졌습니다. 대기업과 중소기업의 양극화가 더욱 심화되고 있다는 얘깁니다. 반도체 의존도가 큰 우리 경제의 단면이라는 분석입니다. 옥유정 기자가 보도합니다.

[리포트]

삼성전자는 올 3분기, 17조 원이 넘는 사상 최대의 영업이익을 기록했습니다. 반도체 수출 호조에 힘입어 2분기보다도 20% 가량이 더 늘어난 겁니다. 삼성전자는 직원들에게 기본급의 최대 500% 규모의 특별 보너스를 곧 지급할 예정입니다. 올 3분기 대기업들의 영업이익률은 8.4%로 통계 작성 이후 최고치를 기록했습니다. 이에 비해 중소기업은 역대 최저치인 4.1%로 떨어지면서, 대기업과 중소기업의 격차는 역대 가장 큰 폭으로 벌어졌습니다. 이렇게 격차가 벌어지는 가장 큰 원인으론 반도체 중심의 성장이 꼽히고 있습니다. 당장 삼성전자와 SK하이닉스만 제외해도 기업 전체 영업이익률은 7.6%에서 5%로 뚝 떨어집니다. 게다가 반도체는 다른 업종에 미치는 후방 효과가 적어, 중소기업들이 얻는 반사 이익이 크질 않습니다. 반면 파급 효과가 큰 건설업이나 자동차 업종은 올해 내내 부진을 면치 못하고 있습니다.

[조영무/박사/LG경제연구원: "특히 자동차 · 조선처럼 고용유발효과가 높았던 업종들이 어려움을 겪으면서 영세 자영업 업종이 어려운 것과 맞물려 내수 · 소비 회복세가 위축되고 (있습니다)."]

일자리가 늘어야 소득이 늘고, 소비가 늘면서 전체 경기가 선순환에 접어드는데 특정 업종에 기업 실적이 쏠려 있다 보니 체감경기가 좀처럼 개선되지 않고 있다는 얘기입니다. 최근 반도체 설비 투자는 줄고 수출 단가는 하락하고 있는 점도 반도체에 기댄 우리 경제에 부담으로 작용할 거란 우려가 나오고 있습니다. KBS 뉴스 옥유정입니다.

(KBS <뉴스9> 2018년 12월 16일
<대·중소기업 영업이익률 격차 역대 최대…> 리포트 발췌.)

다만, KBS에서 엘리트 취재원의 육성을 가장 많이 포함한 리포트는 미국 트럼프 대통령의 발언을 나열한 기사였다(다음 사례 분석 참조). 이 때문에 다양한 엘리트 취재원의 육성을 포함해 깊이를 더한 리포트로 분류하기에는 어려움이 있었다. 실제 KBS의 리포트 중 엘리트 취재원의 육성을 두 번째로 많이 포함한 리포트는 2018년 2월 6일에 <최저임금 인상·부동산 정책 날 선 공방>이라는 제목으로 보도된 기사였는데, 이 리포트 역시 국회에서 공방을 벌인 정치인들의 발언을 단순 나열하는 것에 그쳤다.

엘리트 취재원 육성 문장 수가 15개인 리포트 사례

[앵커]

시청자 여러분 안녕하십니까? 6월 16일 토요일 KBS 9시 뉴스입니다. 트럼프 미국 대통령이 지난 6·12 북미정상회담 때 김정은 국무위원장에게 직통 전화번호를 알려줬다고 밝혔습니다. 트럼프 대통령과 김 위원장 간에 바로 통화가 가능한 핫라인이 연결됐다는 의미여서 주목됩니다. 트럼프 대통령은 또 한미연합군사훈련 중단 제안도 자신이 먼저 했다고 말했습니다. 첫 소식, 양영은 기자가 보도합니다.

[리포트]

백악관 잔디밭에서 진행되던 방송 프로에 깜짝 등장한 트럼프 대통령, '아버지의 날', 즉 이번 주 일요일 계획을 묻는 질문에 불쑥 북한 얘기를 꺼냅니다.

[도널드 트럼프/미국 대통령: "(이번 일요일이 아버지의 날인데 어떻게 보내실 계획이세요?) 일하면서, 일하면서 보낼 겁니다. 사실 북한에 전화하려고요."](2개)

역시 예정에 없었던 기자회견,

["(대통령께서는 북한에 전화를 하려 한다고 말씀하셨는데, 누구에게 전화한다는 말씀인가요?) 음, 북한에 있는 사람들에게요. 거기 있는 저의 사람들에게요. (김정은 위원장 말씀이신가요?) 많은 일들이 현재 진행 중입니다."](3개)

트럼프 대통령은 김 위원장에게, 자신에게 바로 연결되는 전화번호를 주었다는 사실도 공개했습니다.

["김 위원장에게 직통 번호를 줬습니다. 이제 그는 어려움이 있으면 나에게 전화할 수 있고, 나도 마찬가지입니다. 우리는 소통할 수 있게 되었습니다."](3개)

김정은 위원장을 “강력한 지도자”라고 칭찬한 뒤 자신과 잘 맞는다고 강조했습니다.

[“우리는 정말 합이 잘 맞았습니다. 김 위원장과 관계가 좋고요. 그건 아주 중요한 것이죠.”](3개)

한미연합훈련 중단과 관련해서는 자신이 먼저 제안했다며 막대한 비용을 절감하게 됐으니 좋은 것 아니냐고 반문했습니다. ‘워게임’이란 용어도 ‘자신의 용어’라고 거듭 강조했습니다.

[“제가 제안했어요. 군사 훈련을 ‘워게임’이라고 부르죠. 처음부터 탐탁치 않았어요. 어마어마한 비용을 지불하고 있지 않습니까.”](4개)

북미정상회담에서 별로 얻은 게 없다는 지적에 대해서는 핵실험과 미사일 발사가 중단되는 등 미국이 훨씬 안전해졌다고 응수했습니다. 비핵화에 걸리는 기간에 대해서는 가능한 빨리 하려고 한다며 대북 제재 해제는 그 이후의 일이라고 덧붙였습니다. KBS 뉴스 양영은입니다.

(KBS <뉴스9> 2018년 6월 16일
<북-미 핫라인 가동?…트럼프 “워게임 중단 내가 제안”> 리포트 발췌.)

③ 일반 취재원의 육성 방송 시간

일반 취재원의 육성이 얼마나 오래 방송되었는지를 분석하기에 앞서, 각국 방송사의 리포트에서 일반 취재원을 포함한 리포트가 차지하는 비율을 알아보았다. 그 결과 국내 방송 뉴스 중 일반 취재원을 포함한 기사는 39%(177건)였으며, NBC는 56%(35건), BBC는 55%(17건), NHK는 49%(31건)였다(<자료 3-3> 참조). 이는 국내 방송사의 경우 미국, 영국 일본 등의 방송사에 비해 일반 취재원을 포함한 방송 리포트가 빈번하지 않음을 보여주는 것이다. 일반인의 목소리가 시민의 의견을 대변하는 만큼, 이러한 결과는 부정적으로 평가될 수 있다. 한편 강명현(2016)은 이번 조사와는 조금 다른 방식으로 일반 취재원의 중요도를 조사한 바 있다. 즉 국내 지상파 2곳(KBS, SBS)과 종합편성 채널 2곳(TV조선, JTBC)을 대상으로 '전체 취재원 중 일반 취재원의 비율'을 조사했으며 그 결과는 평균 30.6%였다.

이번 조사에서 일반 취재원의 육성 방송 시간이란 하나의 리포트에 등장하는 일반 취재원이 말한 시간을 모두 합친 것이다. 다시 말해 일반 취재원이 2명 등장했고, 이들이 각각 5초와 10초를 말했다면, 일반

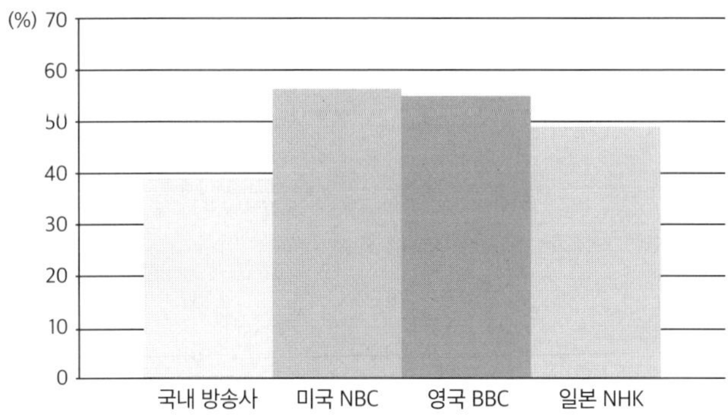

<자료 3-3> 국가별 방송사의 일반 취재원을 포함하는 리포트 구성비

취재원 육성 시간은 15초가 된다.

일반 취재원의 육성 방송 시간을 국내외 방송사별로 비교한 결과를 보면 집단 간에 유의미한 차이가 있는 것으로 나타났다(<표 3-62> 참조). 국내 방송사의 리포트 1건에 포함된 일반 취재원의 음성은 평균 14.6초에 불과한 반면, NBC은 15.2초, BBC는 29.3초, NHK는 28.9초였다. 통계적으로 볼 때 국내 방송사와 NBC 간에는 유의미한 차이가 없는 반면, BBC와 NHK는 일반 취재원의 육성 시간이 유의미하게 길었다. 이러한 결과는 국내 방송사가 일반 취재원을 리포트에 자주 등장시키지 않을 뿐 아니라(전체의 39%인 177건만 일반 취재원 포함), 등장시키는 경우에도 다른 국가의 방송사에 비해 일반인의 발언을 매우 짧게 다룬다는 사실을 보여준다. 한편 국내 방송사의 비교분석 결과에서는 지상파와 종편, 그리고 각 방송사 간에 유의미한 차이가 없는 것으로 나타났다(<표 3-63> 참조).

또한 리포트 1건에 포함된 일반 취재원의 육성 방송 시간이 10초 이하인 리포트의 비율은 국내 방송사가 45.8%, NBC가 45.7%, BBC가 11.8%, NHK가 16.1%였다(<자료 3-4> 참조). 이 결과를 통해 국내 방송사의 경우 일반 취재원의 발언을 매우 짧게 다룬 리포트도 다른 국가

<표 3-62> 국가별 방송사 리포트의 건당 일반 취재원 육성 방송 시간(단위: 초)

매체 \ 구분	사례 수	평균	최단	최장
국내 방송사	177	14.59	2	47
미국 NBC	35	15.20	3	51
영국 BBC	17	29.29	9	76
일본 NHK	31	28.87	4	88
$F(3, 256) = 17.3$, $p < .001$				

의 방송사에 비해 상대적으로 많았음을 알 수 있다.

<표 3-63> 국내 방송사 리포트의 건당 일반 취재원 육성 방송 시간(단위: 초)

매체 \ 구분	사례 수	평균	최단	최장
지상파	83	15.01	2	43
종편	94	14.22	2	47
t(175) = .6, *p* > .05				
KBS	24	14.9	5	43
MBC	31	14.7	2	40
SBS	28	15.4	4	38
JTBC	18	16.8	2	43
MBN	23	13.1	5	47
TV조선	22	13.7	4	36
채널A	31	13.9	2	34
F(6, 170) = .4, *p* >.05				

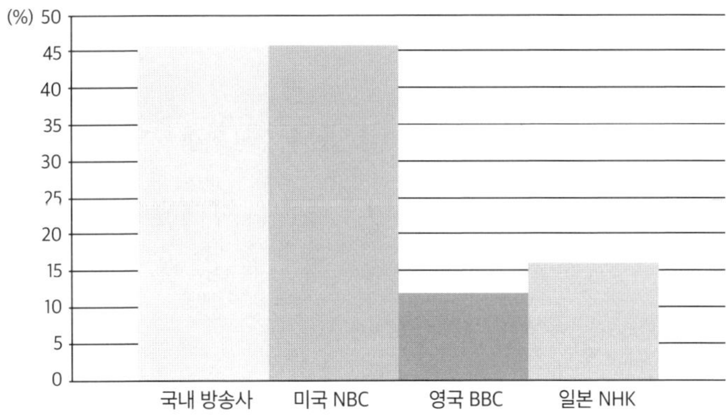

<자료 3-4> 국가별 방송사의 일반 취재원 전체 육성이 10초 이하인 리포트 구성비

④ 일반 취재원의 육성 문장 수

하나의 리포트에 포함된 일반 취재원의 육성 문장 수를 국내외 방송사별로 비교분석한 결과에서도 국내 방송사는 BBC나 NHK에 비해 일반인의 발언 수를 적게 포함하는 것으로 나타났다(<표 3-64> 참조). 즉 국내 방송사의 각 리포트에 포함된 일반 취재원의 문장은 평균 3.53개이지만 BBC는 7.6개, NHK도 6.2개에 이르렀다. 한편 국내 방송사의 리포트에서 각 방송사 간 일반 취재원의 육성 문장 수에는 차이가 없었다. 다시 말해 국내 방송사들은 지상파이건 종편이건, 혹은 방송사별로도 일반 취재원의 육성을 방송 뉴스에 담는 정도에서 큰 차이를 보이지 않는 것이다(<표 3-65> 참조).

실제로 국내에서는 이러한 국내 방송사의 관행 때문에 뉴스가 일반인의 목소리를 기사에 충분히 담아내지 못한다는 비판이 있어왔다(Lee & Baek, 2020). 연구자들은 국내의 경제 기사를 분석한 뒤, 일반인들의 생활과 밀접한 주제를 다루는 경제 기사에서도 일반인의 목소리를 충분히 담지 않는다고 밝혔다. 실제 다음의 사례를 보면 일반 취재원이 매우 형식적으로 등장한다는 비판을 받을 만하다.

<표 3-64> 국가별 방송사 리포트의 건당 일반 취재원 육성 문장 수(단위: 개)

매체 \ 구분	사례 수	평균	최소	최다
국내 방송사	177	3.53	1	16
미국 NBC	35	3.51	1	18
영국 BBC	17	7.59	2	16
일본 NHK	31	6.19	1	16
$F(3, 256) = 13.5$, $p < .001$				

<표 3-65> 국내 방송사 리포트의 건당 일반 취재원 육성 문장 수(단위: 개)

매체 \ 구분	사례 수	평균	최소	최다
지상파	83	3.5	1	16
종편	94	3.5	1	15
$t(175) = .03, p > .05$				
KBS	24	3.2	1	12
MBC	31	3.9	1	16
SBS	28	3.4	1	12
JTBC	18	5.1	1	15
MBN	23	2.6	1	6
TV조선	22	4.0	1	12
채널A	31	3.0	1	9
$F(6, 170) = 1.9, p > .05$				

일반 취재원이 1명이고, 육성이 6초인 리포트 사례[5]

[앵커]

리콜 대상인데 아직 안전진단을 받지 않은 BMW 차량 2만여 대에 대해서 정부가 강제 운행정지 명령을 내렸습니다. 처벌 목적이라기보다, 안전진단을 강제로 유도하기 위해서라는 게 정부 설명입니다. 박윤수 기자입니다.

5 해당 리포트는 BMW 차량 리콜 과정에서 일반인들이 겪을 수 있는 다양한 어려움을 다양한 측면에서 심층적으로 진단하기보다는 안전진단을 받기 위해 대기하는 차주의 불만만을 전달하고 있다.

[리포트]

운행정지명령이 내려지는 차량은 리콜대상 BMW 가운데 오늘까지 긴급안전진단을 받지 않은 2만여 대입니다.

[김현미/국토교통부 장관: "자동차관리법 제37조에 따라 점검명령과 함께 운행정지명령을 발동해주실 것을 시장, 군수, 구청장에게 요구합니다."]

국토부가 내일부터 운행정지 대상 차량 정보를 각 지방자치단체에 전달하면, 지자체는 차량 주인에게 우편으로 운행정지 명령서를 전달하게 됩니다. 우편이 전달되는 즉시 효력이 발생하고, 안전진단을 받으러 서비스센터에 갈 경우만 운행이 허용됩니다. 또 처벌보다는 안전진단을 빠짐없이 받게 하기 위한 조치인 만큼, 교통경찰들이 운행정지 차량을 발견하면 우선 서비스센터로 유도하기로 했습니다. 하지만 안전진단을 받지 않고 운행하다 불이 날 경우엔 운전자를 고발할 것이라고 밝혔습니다.

[김경욱/국토교통부 교통물류실장: "운행을 계속 하다가 화재사고가 나면 기본 법령에서 정한 책임을 져야 하지 않을까 생각하고 있습니다."]

BMW 서비스센터에는 운행정지 전에 안전진단을 받으려는 차량들이 몰리면서 하루 종일 심하게 붐볐습니다. 옥상 주차장까지 차량이 꽉 들어찼고, 차량들이 움직이기조차 어려울 정도로 북새통을 이뤘습니다.

[BMW 차주: (오늘 여기 몇 시에 오셨어요?) "지금 한 12시 정도에 와서 2시간 정도 넘게 기다렸어요. 한 1~2시간은 더 기다려야 한다는 것 같은데요."]

BMW는 당초 오늘까지로 계획했던 안전진단 기간을 사실상 무기한 연장했습니다. BMW는 해외 체류나 주소지 변경 등으로 아직 연락이 닿지 않은 차주가 1만 명 정도 된다며, 이들에게도 서둘러 안전진단을 받도록 안내하겠다고 밝혔습니다. MBC 뉴스 박윤수입니다.

(MBC <뉴스데스크> 2018년 8월 14일
<초유의 '2만 대 운행정지'…불 나면 법적조치> 리포트 발췌.)

취재원별 취재원의 육성 분석

여기서는 리포트별로 취재원의 육성을 분석하는 것이 아니라, 리포트에 등장하는 취재원을 기준으로 취재원 육성을 분석한 결과를 다룬다. 앞에서 다룬 리포트별 취재원의 육성 방송 시간이나 문장 수는 하나의 기사를 기준으로 분석한 것이지만, 취재원별 분석은 개별 리포트에 등장하는 취재원을 기준으로 한다. 예를 들어 하나의 리포트에 등장하는 엘리트 취재원이 3명이고, 이들의 육성이 방송된 전체 시간이 15초라면 리포트를 기준으로 한 엘리트 취재원 육성 방송 시간은 15초이지만, 취재원을 기준으로 한 취재원별 육성 방송 시간은 5초(15초/3명)이다. 따라서 리포트별 분석에 비해 취재원별 분석에서 육성 방송 시간은 더 짧을 가능성이 크다. 또한 취재원별 분석은 하나의 리포트에서 엘리트 혹은 일반 취재원 1인의 육성을 평균적으로 몇 초나 포함하는가를 나타낸다는 점에서 의미가 있다.

① 엘리트 취재원 1인당 육성 방송 시간

엘리트 취재원 1인당 육성 방송 시간을 국내외 방송사별로 비교분석한 결과 유의미한 차이가 있는 것으로 나타났다(<표 3-66> 참조). 국내 방송사는 9.7초, NBC는 9.6초에 머물렀으나, BBC는 15.2초, NHK는 21.7초였다. 다시 말해 국내 방송사의 리포트에 등장하는 엘리트 취재원의 육성 방송 시간은 1인당 평균 9.7초였으나, BBC는 그 2배에 가까운 15.2초에 이르렀다. 특히 국내 방송사의 경우 엘리트 취재원의 최단 방송 시간은 1초에 불과했으며 최장 시간은 43초였다. 그에 반해 BBC와 NHK의 최장 시간은 각각 97초, 176초에 이르렀다.

선행연구 결과와 비교할 때, 엘리트 취재원의 육성이 짧게 담기는 리포트의 경향은 과거와 크게 달라지지 않은 것으로 보인다. 최영재와 남재일(2013)이 국내 방송사, 미국의 CBS와 CNN, 영국의 BBC, 일본의 NHK를 대상으로 방송 뉴스에서의 취재원들의 평균 육성 방송 시간을 분석한 결과에 따르면 MBC 7.8초, YTN 10.9초, BBC 20.8초, NHK 13.5초 등으로 나타났다. 비록 이번 연구에서 엘리트 취재원의 육성 시

<표 3-66> 국가별 방송사 리포트의 엘리트 취재원 1인당 육성 방송 시간(단위: 초)

매체 \ 구분	사례 수	평균	최단	최장
국내 방송사	496	9.68	1	43
미국 NBC	114	9.59	1	37
영국 BBC	58	15.17	3	97
일본 NHK	78	21.73	2	176
$F(3, 742) = 35.8$, $p < .001$				

<표 3-67> 국내 방송사 리포트의 엘리트 취재원 1인당 육성 방송 시간(단위: 초)

매체 \ 구분	사례 수	평균	최단	최장
지상파	237	9.98	2	35
종편	259	9.41	1	43
t (494) = 1.5, p =.012				
KBS	93	10.86	3	35
MBC	86	9.08	2	16
SBS	58	9.91	4	28
JTBC	54	8.96	3	28
MBN	72	10.17	1	18
TV조선	70	8.61	2	24
채널A	63	9.79	3	43
F(6, 489) = 2.74, p =.013				

간이 조금 길어졌지만, 일반적으로 일반 취재원의 육성 시간이 엘리트 취재원의 육성 시간보다 짧다는 점을 감안하면 취재원의 육성 시간은 아주 소폭 증가했거나 답보일 가능성도 높다.

한편 엘리트 취재원 1인당 육성 방송 시간은 방송사가 지상파인지 종편인지에 따라서도 유의미한 차이를 보였다(<표 3-67> 참조). 국내 지상파 리포트에서 엘리트 취재원의 육성은 평균적으로 10초 동안 방송된 반면, 종편의 엘리트 취재원 육성은 약 9.4초 동안 방송돼 지상파가 조금 더 길었다. 이러한 경향은 국내 각 방송사 간 리포트의 비교분석 결과에서도 그대로 나타나, 방송사별로 유의미한 차이를 보였다. 국내 방송사 중에는 KBS에 등장하는 엘리트 취재원 1인당 육성 방송 시간이 평균 10.9초로 가장 길었으며, TV조선이 8.6초로 가장 짧았다.

엘리트 취재원의 발언은 지나치게 짧을 경우 취재원 발언의 내용이 정확하게 전달되지 않을 수 있다는 점에서 문제로 지적된 바 있다. 다음 사례를 살펴보자.

엘리트 취재원의 육성이 2초인 리포트 사례[6]

[앵커]

다음 소식으로 넘어가겠습니다. 사법부의 '재판 거래 의혹'이 본격적으로 불거진 지 일주일 만에 사법부 수장이 국민들에게 공식 사과했습니다. 김명수 대법원장은 관련된 판사들에 대한 징계를 약속했고 형사 조치라는 말도 입에 담았습니다. 임소정 기자가 보도합니다.

[리포트]

김명수 대법원장은 담화문에서 양승태 대법원의 '재판 거래' 진상에 대해 '참혹한 조사 결과'라고 표현했습니다. '이로 인해 심한 충격과 실망을 느끼셨을 국민들께 법관으로서 참회하고 사법부를 대표해 진심으로 사과드린다'고도 했습니다. 김 대법원장은 또 관련자들에 대한 엄정한 징계를 신속히 진행하겠다며, 특조단이 비공개를 고수했던 자료도 필요하다면 공개하는

6 해당 리포트에는 엘리트 취재원(김명수 대법원장)의 육성이 단 2초 포함되었는데, 그나마 "그건 나중에 말씀드리겠다"라는 발언이었다. 이 발언의 내용은 리포트의 전반적인 내용에서 전혀 핵심적이지 않은 것으로, 그저 대법원장의 발언을 리포트에 포함시켰다는 것 외에는 어떤 의미도 없었다. 더구나 이 리포트에 등장한 엘리트 취재원은 김명수 대법원장 한 명뿐이었다.

것도 적극 검토하겠다고 밝혔습니다. 양승태 전 대법원장 등에 대한 검찰 고발은 여전히 신중한 태도를 보였지만, 내외부의 논의를 거쳐 '형사 조치'를 결정하겠다고 설명했습니다. 외부 인사로 구성된 사법발전위원회와 오는 11일 예정된 전국법관 대표회의가 형사 조치를 결정하면 이를 적극 수용하겠다는 입장을 밝힌 걸로 풀이됩니다. '재판 거래'의 실체를 조사하고도 범죄 혐의는 없다며 형사 조치를 일축했던 특조단의 태도와는 완전히 달라진 겁니다. 의견 수렴이라는 전제를 달기는 했지만 사법부의 신뢰 회복을 위해서는 양승태 전 대법원장 등에 대한 수사를 마냥 피하기는 어려운 현실을 인정한 걸로 보입니다.

[김명수/대법원장/오늘: "(만약에 법관들의 의견이 고발하자는 쪽으로 모이면 대법원장님 명의로 고발하시나요?) 그건 나중에 말씀드리겠습니다."]

김 대법원장은 또 '법관독립위원회'와 윤리감사관 외부 개방 등을 통해 사법부에 대한 외부 견제도 적극 수용하기로 했습니다. 김명수 대법원장이 비교적 신속하게 담화문을 통해 입장을 내놓은 것은 현 상황을 더 이상 방치하다가는 사법부의 신뢰는 물론 존립 근거마저 잃을 수 있다는 위기감이 반영된 것으로 보입니다. MBC 뉴스 임소정입니다.

(MBC <뉴스데스크> 2018년 5월 31일
<대법원장, 대국민 사과…"엄정 징계" 약속> 리포트 발췌.)

한편 엘리트 취재원의 육성이 가장 긴 리포트는 KBS가 2018년 6월 16일 보도한 것으로, 여기서 엘리트 취재원의 육성 방송 시간은 35초에 이르렀다. 이 리포트는 엘리트 취재원 육성 문장 수도 15개로 가장 많았으나, 미국 트럼프 대통령의 발언을 단순 나열한 것에 그쳤다 (198~200쪽 사례 참조).

② 엘리트 취재원 1인당 육성 문장 수

엘리트 취재원 1인당 육성 문장 수는 하나의 리포트에 포함된 엘리트 취재원 1인의 평균 육성 문장 수로서, 가령 특정 리포트에 2명의 엘리트 취재원이 등장했고, 이들이 각각 2개, 4개의 문장을 말했다면 엘리트 취재원 1인당 육성 문장 수는 3개이다(2+4개/2명).

엘리트 취재원 1인당 육성 문장 수를 국내외 방송사별로 비교분석한 결과 '엘리트 취재원 1인당 육성 방송 시간'에서와 같이 국가별로 유의미한 차이가 있는 것으로 나타났다(<표 3-68> 참조). 구체적으로 국내 방송사와 NBC는 유의미한 차이가 없었으나, BBC나 NHK에 비해서는 국내 방송사의 엘리트 취재원 1인당 육성 문장 수가 더 적었다. 국내 방송사 리포트에 등장하는 엘리트 취재원 육성의 문장 수는 평균 1.6개

<표 3-68> 국가별 방송사 리포트의 엘리트 취재원 1인당 육성 문장 수(단위: 개)

매체 \ 구분	사례 수	평균	최소	최다
국내 방송사	496	1.62	1	15
미국 NBC	114	1.68	1	12
영국 BBC	58	3.03	1	13
일본 NHK	78	3.31	1	15
$F(3, 742) = 33.5$, $p < .001$				

<표 3-69> 국내 방송사 리포트의 엘리트 취재원 1인당 육성 문장 수(단위: 개)

매체 \ 구분	사례 수	평균	최소	최다
지상파	237	1.59	1	15
종편	259	1.65	1	8
$t(494) = -.599, p = .256$				
KBS	93	1.65	1	15
MBC	86	1.60	1	4
SBS	58	1.47	1	3
JTBC	54	1.74	1	8
MBN	72	1.58	1	5
TV조선	70	1.46	1	6
채널A	63	1.86	1	8
$F(6, 489) = .969, p = .445$				

에 머물렀으나, BBC는 3.0개, NHK도 3.3개 문장으로 모두 국내 방송사의 약 2배였다.

한편 엘리트 취재원 1인당 육성 방송 시간과 달리, 문장 수에 있어서는 국내 각 방송사 사이에 유의미한 차이가 없었다. 지상파 리포트의 평균은 1.6개, 종편은 평균 1.7개였다. 국내의 각 방송사 간에도 유의미한 차이는 없었으나, JTBC가 1.7개로 가장 많았으며, TV조선이 1.5개로 가장 적었다(<표 3-69> 참조).

이러한 결과를 종합하면 국내 방송사의 리포트에 등장하는 엘리트 취재원의 육성은 문장의 수로는 평균 1.6개, 방송 시간으로는 9초를 조금 넘는다고 볼 수 있다.

③ 일반 취재원 1인당 육성의 방송 시간

일반 취재원 1인당 육성의 방송 시간은 하나의 리포트에 등장하는 일반 취재원의 발언이 평균적으로 몇 초인가를 조사한 것으로, 예를 들어 특정 리포트에 3명의 일반 취재원이 등장했고, 각각 5초, 10초, 6초 동안 말했다면 '일반 취재원 1인당 육성의 방송 시간'은 7초(5+10+6=21/3명)이다.

일반 취재원 1인당 육성의 방송 시간을 국내외 방송사별로 비교분석한 결과에서도 집단별로 유의미한 차이를 보였다(<표 3-70> 참조). 국내 리포트에서 일반 취재원 육성의 방송 시간은 평균 약 8.0초에 불과했지만, BBC의 경우 16.1초로 국내 리포트의 약 2배에 이르렀다. 다만 NBC와 NHK도 각각 8.7초, 9.1초에 머물러 국내 방송사와 유의미한 차이가 없었다.

한편 BBC와 NHK, 그리고 국내 방송사 중 MBC 및 YTN을 비교분석한 선행연구에서, 정치인 및 정부 인사와 같은 파워 엘리트를 인터뷰한 빈도 대비 일반 시민의 인터뷰 빈도 비중은 MBC 41.2%, YTN 25.7% 등이었으며, 미국의 CBS는 43.5%, 영국의 BBC는 22.4%, 일본의 NHK는 36.0%였다(최영재 · 남재일, 2013).

<표 3-70> 국가별 방송사 리포트의 일반 취재원 1인당 육성 방송 시간(단위: 초)

매체 \ 구분	사례 수	평균	최단	최장
국내 방송사	325	7.95	2	28
미국 NBC	61	8.72	2	40
영국 BBC	31	16.06	3	76
일본 NHK	98	9.13	2	44
$F(3, 511) = 16.7$ $p < .001$				

국내 방송사의 일반 취재원 1인당 육성의 방송 시간은 지상파와 종편의 경우 각각 8.7초, 7.4초로 나타나 통계적으로 유의미한 수준에 이르지 못했지만, 국내의 각 방송사 간에는 유의미한 차이를 보였다(<표 3-71> 참조). 구체적으로 KBS의 경우 약 9.7초, SBS도 약 9.6초에 이르렀으나, TV조선과 JTBC는 각각 6.2초, 7.1초에 불과했다. 다시 말해 지상파 리포트가 종편에 비해 일반 시민의 목소리를 더 오래 담는다는 뜻이다.

흥미로운 점은 TV조선과 JTBC가 취재원의 발언을 포함하는 방식에서 차이를 보였다는 사실이다. TV조선은 엘리트 취재원 1인당 방송 시간에서도 가장 짧은 것으로 나타난 바 있다. 따라서 리포트에 등장하는 취재원이 엘리트이건 일반인이건 대체로 짧게 처리한 것이다. 이에 비해 JTBC는 엘리트 취재원의 1인당 방송 시간은 비교적 긴 것으로 나타

<표 3-71> 국내 방송사 리포트의 일반 취재원 1인당 육성 방송 시간(단위: 초)

매체 \ 구분	사례 수	평균	최단	최장
지상파	413	8.71	2	26
종편	182	7.35	2	28
$t(323) = 3.32, p=.072$				
KBS	37	9.68	3	19
MBC	61	7.49	2	25
SBS	45	9.58	4	26
JTBC	43	7.05	2	14
MBN	37	8.16	3	17
TV조선	49	6.16	3	14
채널A	53	8.11	2	28
$F(6, 318) = 5.67, p < .001$				

난 반면, 일반 취재원의 목소리는 짧게 반영했다. 따라서 JTBC는 엘리트 취재원의 발언은 상대적으로 길게, 일반 취재원의 발언은 짧게 다루는 것으로 볼 수 있다.

④ 일반 취재원 1인당 육성 문장 수

일반 취재원 1인당 육성 문장 수는 하나의 리포트에 등장하는 일반 취재원 1인의 평균 육성 문장 수로, 일반 취재원 1인당 육성 방송 시간과 유사한 경향을 보였다. 즉 국내외 방송사별로 '일반 취재원 1인당 육성 문장 수'를 비교분석한 결과 국내 방송사와 NBC, NHK는 유사한 수준을 보였으나, BBC는 월등히 많았다(<표 3-72> 참조). 구체적으로 국내 방송사는 평균 1.9개, NBC는 2개, NHK도 2개에 머물렀으나, BBC는 4개로 국내 방송사의 약 2배에 이르렀다.

한편 국내 방송사의 일반 취재원 1인당 육성 문장 수를 비교분석한 결과를 보면, 지상파와 종편 간에는 유의미한 차이가 없었으며, 방송사별로도 유의미한 차이가 없었다(<표 3-73> 참조). 다만 국내 방송사 중에서는 MBN이 1.6개로 가장 적었다.

<표 3-72> 국가별 방송사 리포트의 일반 취재원 1인당 육성 문장 수(단위: 개)

매체 \ 구분	사례 수	평균	최소	최다
국내 방송사	325	1.92	1	9
미국 NBC	61	2.02	1	15
영국 BBC	31	4.16	1	14
일본 NHK	98	1.96	1	8
$F(3, 511) = 22.1, p < .001$				

<표 3-73> 국내 방송사 리포트의 일반 취재원 1인당 육성 문장 수(단위: 개)

구분 / 매체	사례 수	평균	최소	최다
지상파	143	2.04	1	9
종편	182	1.82	1	8
$t(323) = 1.81, p = .287$				
KBS	37	2.05	1	6
MBC	61	2.00	1	5
SBS	45	2.09	1	9
JTBC	43	2.14	1	4
MBN	37	1.62	1	5
TV조선	49	1.78	1	5
채널A	53	1.75	1	8
$F(6, 318) = 1.46, p = .192$				

취재원의 육성 중단 여부

리포트의 소리 관련 분석에서는 마지막으로 '취재원의 육성 중단 여부'를 분석했다. 이는 취재원의 발언을 끝까지 싣지 않고 중간에 끊는가를 조사한 것으로, 이재경(2004: 84)은 "한국 TV의 사운드바이트는 문장을 끝까지 살려주지 않는 경우가 빈번하다. 이는 취재원의 의도를 지나치게 단순화하거나 자칫하면 심각하게 왜곡할 수 있는 위험을 포함하는 관행"이라고 비판했다.

취재원의 육성 중단 유무를 국내외 방송사별로 비교분석한 결과 유의미한 차이가 있었다(<표 3-74> 참조). 국내 방송사는 NBC나 BBC에 비해 취재원 육성의 중간 끊김 현상이 자주 있었으나, 일본의 NHK에 비해서는 적었다. 구체적으로 국내 방송사의 경우 리포트 10건 중 3건꼴로 '취재원 육성 끊김'이 나타났으나(33.1%) NBC는 16.1%, BBC는

<표 3-74> 국가별 방송사 리포트의 취재원 육성 중단 여부 구성비(단위: %, 건)

구분 매체	있음	없음	합계
국내 방송사	33.1(152)	66.9(305)	100.0(459)
미국 NBC	16.1(10)	83.9(52)	100.0(62)
영국 BBC	9.7(3)	90.3(28)	100.0(31)
일본 NHK	85.7(54)	14.3(9)	100.0(63)
$\chi^2(3) = 89.3, p < .001$			

9.7%였다. 즉 국내에 비해 미국이나 영국 방송사의 리포트는 취재원 발언을 중간에 끊는 경우가 적다는 것을 의미한다. 그러나 NHK는 무려 85.7%의 기사에서 취재원 발언을 중간에 끊는 사례가 있었다.

<표 3-75> 국내 방송사 리포트의 취재원 육성 중단 여부 구성비(단위: %, 건)

구분 매체	있음	없음	합계
지상파	32.8(64)	67.2(131)	100.0(195)
종편	33.6(88)	66.4(174)	100.0(262)
$\chi^2(1) = .03, p >.05$			
KBS	34.8(23)	65.2(43)	100.0(66)
MBC	25.0(16)	75.0(48)	100.0(64)
SBS	38.5(25)	61.5(40)	100.0(65)
JTBC	38.5(25)	61.5(40)	100.0(65)
MBN	33.3(22)	66.7(44)	100.0(66)
TV조선	21.5(14)	78.5(51)	100.0(65)
채널A	40.9(27)	59.1(39)	100.0(66)
전체	33.1(152)	66.9(307)	100.0(459)
$\chi^2(6) = 9.4, p >.05$			

한편 국내 지상파와 종편 간에는 취재원 육성 중단 여부에 유의미한 차이가 없었다(<표 3-75> 참조). 방송사별로도 유의미한 차이는 없는 것으로 나타났으나, 채널A가 평균 40.9%로 전체 평균에 비해 높았으며, TV조선이 평균 21.5%로 전체 평균에 비해 낮았다.

5. 텔레비전 뉴스의 리포트 분석: 텍스트 요소

이번 절에서는 리포트의 텍스트를 ① 제목의 유무 및 제목의 직접 인용구 사용, ② 취재원의 수 및 다양성, ③ 기사의 심층성, ④ 주관의 개입 등 4개 항목으로 구분해 분석했다. 리포트는 종이신문의 기사와 달리 영상과 소리로 내용을 전달하지만, 영상과 소리를 구성하는 한 요소로서 텍스트의 역할도 매우 중요하다. 이번 분석에 포함된 항목 중 취재원의 수 및 다양성, 그리고 기사의 심층성은 학계에서 뉴스의 품질을 결정짓는 중요한 요소로 간주되어왔다. 이에 비해 제목에 직접 인용구를 사용하는 등과 같은 관행은 한국 언론의 독특한 현상으로 여겨졌다. 이밖에도 리포트에 주관을 개입하는 관행 역시 한국의 언론에서 두드러진 현상으로 지적되었다.

1) 텍스트 제목 분석

제목의 유무

리포트 제목의 유무는 리포트의 화면에 '자막 제목'이 있는지를 대상으로 조사했다. 국내 방송사 리포트에서는 화면에 제목을 내보내지만, 이것이 세계적으로 공통된 현상은 아니다. 실제 국내외 방송사별로 리포트 제목의 유무를 비교분석한 결과 국내 방송사와 NHK의 모든 리포트에는 자막 제목이 있었지만, BBC는 22.6%에만 제목이 있어 국내 방송사와는 유의미한 차이를 보였다(<표 3-76> 참조). 특히 BBC는 화면에서의 문자 사용을 최대한 자제하는 것으로 보인다.[7]

<표 3-76> 국가별 방송사 리포트의 제목 유무 구성비(단위: %, 건)

구분 / 매체	있음	없음	합계
국내 방송사	100.0(457)	0(0)	100.0(457)
미국 NBC	95.2(59)	4.8(3)	100.0(62)
영국 BBC	22.6(7)	77.4(24)	100.0(31)
일본 NHK	100.0(63)	0(0)	100.0(63)
$\chi^2(3) = 416.5, p < .001$			

제목의 직접 인용구 사용 여부

한편 국내와 해외 방송사의 뉴스 중 자막 제목을 지닌 리포트만을 대상으로, 제목에 '직접 인용구'를 포함하고 있는지를 분석했다. 국내 학계에서는 취재원 발언의 직접 인용을 사용해 제목을 다는 관행을 국내 언론사의 고질적인 문제점으로 지적해왔다(박재영 · 이완수, 2007; 이준웅 · 양승목 · 김규찬 · 송현주, 2007). 직접 인용구는 특정 취재원의 발언

7 BBC의 리포트에서는 자막 사용을 최소화한다. 예를 들어 2018년 11월 9일에 보도된 약 26분 분량의 한 방송 뉴스에서 화면에 제공된 문자는 취재원의 이름과 소속 이외에는 전혀 없었다. 이러한 방식은 방송 리포트에서의 정보 전달을 철저하게 영상과 소리에만 의존하게 한다는 점에서 국내 방송의 뉴스와는 차이를 보이는 것이다. 아울러 외국인 발언에 대한 처리 방법도 국내 방송사의 방식과는 차이가 있었다. 국내 방송사의 경우에는 외국인의 발언을 주로 자막으로 해결하지만, BBC는 이 역시 기자 목소리를 더빙하는 방식으로 다뤘다.

을 인용한 것으로 뉴스 전체의 내용을 대표할 수 없고, 특히 취재원의 발언 내용을 검증하지 않았다는 점에서 부정적으로 평가되었다. 또한 주요 취재원이나 뉴스메이커의 주관적 의견 및 일방적 주장을 따옴표 속에 인용하는 형식을 사용하는 것은 '의견을 사실로 둔갑시키는' 시대에 뒤떨어진 객관주의 관행(이나연, 2018; 이민웅 · 윤영철 · 윤태진 · 최영재 · 김경모 · 이준웅, 2006)을 벗어나지 못한 것이라는 비판도 제기된다.

그럼에도 불구하고 국내 방송사들이 제목에 직접 인용구를 사용하는 관행은 조금도 개선되지 않는 것으로 나타났다. 이번 조사의 분석 결과에 따르면, 국내의 방송 뉴스 제작 현장은 객관주의 저널리즘의 바람직하지 않은 형식 관행을 거리낌 없이 사용하는 사례가 많아 뉴스 품질 관리에 부주의하다는 사실을 짐작할 수 있다. 취재원의 발언을 직접 인용해 제목에 사용한 정도를 국내외 방송사별로 비교분석한 결과 국내 방송사의 30.9%, NHK의 30.2%에서 직접 인용구를 사용한 반면, BBC는 전혀 사용하지 않았고 NBC는 13.6%에서 사용해 유의미한 차이를 보였다(<표 3-77> 참조).

국내 선행연구에서 이미 밝힌 바와 같이, 방송 리포트뿐 아니라 신문

<표 3-77> 국가별 방송사의 제목에서
직접 인용구를 사용한 리포트 유무 구성비(단위: %, 건)

구분 / 매체	있음	없음	합계
국내 방송사	30.9(141)	69.1(316)	100.0(457)
미국 NBC	13.6(8)	86.4(51)	100.0(59)
영국 BBC	0.0(0)	100(7)	100.0(7)
일본 NHK	30.2(19)	69.8(44)	100.0(63)
$\chi^2(3) = 10.54, p < .05$			

에서도 제목에 직접 인용구를 이용하는 관행은 문제로 지적되어왔다. 특히 국내에서 사용하는 직접 인용구의 문제점은 취재원의 발언을 있는 그대로 옮긴 것이 아니라는 점, 발언이 전체 기사의 일부에 불과해 언론사가 강조하고 싶어 하는 내용을 부각하는 효과가 있다는 점, 취재원의 발언을 검증하지 않은 채 싣는다는 점 등이 다양하게 지적되어왔는데, 이번 연구 결과에서도 제목에 사용된 직접 인용구는 이러한 문제를 고스란히 담고 있었다. 즉 특정 취재원의 발언을 요약해서 보도하거나, 아무도 발언하지 않은 내용을 강조를 위해 직접 인용으로 다루는 등 제목에서 직접 인용이 남용되고 있었다. 구체적인 사례는 다음과 같다.

- <洪, "계파 청산 못 해 후회" … 친박계 '반발'>[8]
- <野 협조 당부 … "일방통행식" 비판>[9]
- <한국당, 문자로 해촉 통보 … 전원책 "하청업체 취급">[10]
- <장애인 보조금도 빼돌려…시청은 "모르는 일">[11]
- <"이재용, 삼성 경영권 승계 아니다?" 기존 판결과 모순>[12]

이러한 관행은 NBC의 직접 인용구 사용과는 차이를 보였다. NBC는 제목에서 직접 인용을 드물게 사용했지만 한국과는 달리, ① 누가 발언했는지를 밝혔고, ② 발언자의 발언 내용을 그대로 옮겼다. 이는 발언 내용을 요약하거나 심지어 발언하지 않은 내용을 강조하기 위해 직접

8 KBS <뉴스9> 2018년 6월 16일.
9 KBS <뉴스9> 2018년 1월 16일.
10 KBS <뉴스9> 2018년 11월 9일.
11 MBC <뉴스데스크> 2018년 4월 12일.
12 MBC <뉴스데스크> 2018년 2월 6일.

인용하는 한국과는 큰 차이를 보이는 것이다.

- <Trump says "I am not a racist," Denies Remarks>[13]
- <Governor: Justice Dept. "Going to War" With California>[14]
- <(Sarah Sanders called these language)"Vile and Vicious">[15]

한편 국내 방송사별로는 직접 인용구 사용 여부의 차이가 유의미하지 않았다(<표 3-78> 참조). 즉 지상파가 33.3%, 종편이 29.0%였다. 국

<표 3-78> 국내 방송사의 제목에서 직접 인용구를 사용한 리포트 유무 구성비(단위: %, 건)

매체 \ 구분	있음	없음	합계
지상파	33.3(65)	66.7(130)	100.0(195)
종편	29.0(76)	71.0(186)	100.0(262)
$\chi^2(1) = .8, p > .05$			
KBS	36.4(24)	63.6(42)	100.0(66)
MBC	26.6(17)	73.4(47)	100.0(64)
SBS	36.9(24)	63.1(41)	100.0(65)
JTBC	21.5(14)	78.5(51)	100.0(65)
MBN	31.8(21)	68.2(45)	100.0(66)
TV조선	30.8(20)	69.2(45)	100.0(65)
채널A	31.8(21)	68.2(45)	100.0(66)
$\chi^2(6) = 5.3, p > .05$			

13 NBC <Nightly News> 2018년 1월 18일.
14 NBC <Nightly News> 2018년 3월 7일.
15 NBC <Nightly News> 2018년 5월 31일.

내의 각 방송사 간에도 유의미한 차이는 없었으나, JTBC가 21.5%로 가장 낮았고, SBS가 36.9%로 가장 높았다.

2) 취재원의 수 및 다양성

뉴스의 품질이 무엇인가에 대해서는 다양한 견해가 있지만, 취재원이 뉴스의 품질을 결정하는 가장 중요한 요소라는 점에는 논쟁의 여지가 없다. 뉴스에 포함된 취재원은 뉴스 내용을 결정할 뿐 아니라 그 내용의 신뢰도에도 영향을 미친다. 이번 연구에서는, 구체적으로는 리포트에 포함된 ① 취재원의 전체 수 및 엘리트·일반 취재원의 수, ② 취재원 사용의 투명성, ③ 취재원의 다양성 등 취재원의 다양한 측면을 분석했다.

취재원의 전체 수 및 엘리트·일반 취재원의 수

일반적으로 취재원이란 하나의 리포트에 등장하는 출연자 혹은 자료를 의미하며 뉴스의 품질을 결정하는 중요한 요인으로 간주된다. 이 연구에서 취재원은 리포트에 언급됐거나, 인터뷰 대상으로 등장하는 출연자 혹은 자료로서 취재원의 전체 수는 이들 취재원을 모두 합친 수이다. 또한 엘리트 취재원은 정부기관, 대통령, 공직자, 정치인, 지방자치단체장, 기업의 대변인, 시민단체, 노조, 교수 등 특정 분야 전문가를 의미하며, 일반 취재원은 '알려지지 않은 사람(unknown)'을 의미한다.

이번 조사에서 리포트에 등장하는 취재원의 전체 수를 국내외 방송사별로 비교한 결과에 따르면 유의미한 차이가 있었다(<표 3-79> 참조). 국내 방송사 리포트에 등장하는 취재원의 전체 수는 평균 2.4건이었으나, NBC는 3.7건, BBC는 5.2건, NHK는 4.2건이었다. 한편 이러한 연

<표 3-79> 국가별 방송사 리포트의 취재원 전체 수(단위: 명)

매체 \ 구분	사례 수	평균	최소	최다
국내 방송사	457	2.4	0	10
미국 NBC	62	3.7	0	8
영국 BBC	31	5.2	1	9
일본 NHK	63	4.2	0	18
$F(3, 609) = 50.6$, $p < .001$				

구 결과는 반현과 홍원식(2009)의 선행연구와 비교할 때 유사한 수준인 것으로 볼 수 있다. 당시 조사에서 리포트당 취재원의 수는 KBS, MBC, SBS가 각각 평균 2.5, 2.5, 2.3명에 머무는 것으로 나타난 바 있다.

또한 취재원의 전체 수가 2개 이하인 리포트의 비중을 국내외 방송사별로 조사한 결과에 따르면 국내 방송사 62.7%, NBC 25.7%, BBC 24.0%, NHK 33.8%였다(<자료 3-5> 참조). 국내에선 리포트 10개 중 6개 이상에서 취재원의 전체 수가 2개 이하에 불과하다는 뜻이다. 취재원의 전체 수가 1개 이하인 리포트의 비중도 국내 방송사 26.5%, NBC

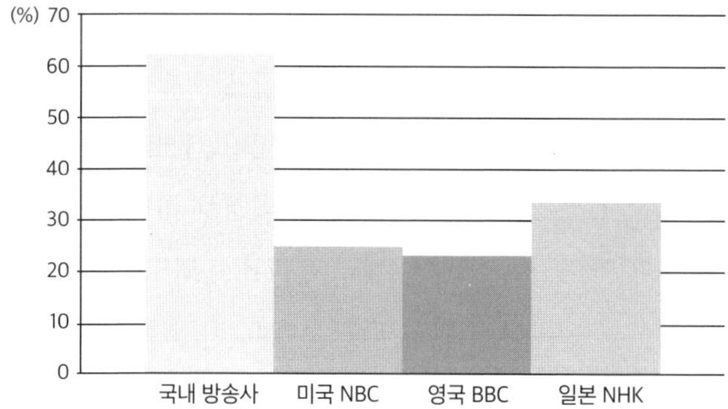

<자료 3-5> 국가별 방송사의 취재원 전체 수가 2개 이하인 리포트 구성비

<표 3-80> 국내 방송사 리포트의 취재원 전체 수(단위: 명)

매체 \ 구분	사례 수	평균	최소	최다
지상파	195	2.5	1	9
종편	262	2.3	0	10
$t(455) = 2.2, p < .05$				
KBS	66	2.6	1	7
MBC	64	2.8	1	9
SBS	65	2.2	1	5
JTBC	65	2.0	0	10
MBN	66	2.2	0	6
TV조선	65	2.7	1	7
채널A	66	2.1	0	4
$F(6, 450) = 4.5, p < .001$				

8.6%, BBC 2.0%, NHK 22.1%로 국내 방송사가 가장 높았다.

한편 국내 방송사별로도 유의미한 차이가 있었다(<표 3-80> 참조). 지상파와 종편의 리포트를 비교한 결과 지상파는 평균 2.5개였으나 종편은 2.3개에 머물러 두 집단 사이에 유의미한 차이가 있었다. 즉 종편에 등장하는 취재원의 수가 지상파에 비해 유의미하게 적다는 것이다.

7개 방송사 리포트에 등장하는 취재원의 전체 수를 비교한 결과에서도 유의미한 차이가 있었는데, MBC가 가장 많고, JTBC, 채널A, SBS와 MBN 등이 적은 것으로 나타났다. 즉 MBC의 경우 하나의 리포트에 등장하는 취재원이 약 3건이었으나, 채널A, JTBC, MBN 등은 약 2건에 머물렀다. 조사 기간 중 국내 방송 리포트에서 가장 많은 취재원을 포함한 기사는 JTBC의 10건이었다. 다음 사례를 살펴보자.

가장 많은 취재원을 포함한 리포트 사례[16]

[앵커]

반려동물 1000만 마리 시대죠. 그런데 반려동물을 키우는 사람들에게 필요하지만 유독 잡음이 많은 곳이 있습니다. '동물 화장장'입니다. 뭐가 문제인 것인지 밀착카메라 윤재영 기자가 들여다봤습니다.

[기자]

대구 서구 주민들이 머리에 빨간 띠를 두르고 구청 앞에 모여 앉았습니다. 이 피켓들을 보시면 동네에 반려동물 화장장이 지어진다는 것을 결사반대한다는 내용인데요. 법적 다툼으로까지 치달았던 이 갈등은 내일(26일) 구청의 건축심의를 앞두고 한층 깊어지고 있습니다. 사업자가 동물 화장장 건축 허가를 구청에 신청한 것은 지난해 5월. 구청이 주민 반대를 이유로 신청을 반려하면서 법적 다툼이 시작됐습니다. 하지만 구청이 패소하면서 사업자가 재허가를 신청하자 주민들이 거리로 나온 것입니다.

[주민: "한 사람의 영업 이익을 위해서 이 혐오시설이 들어와

16 해당 리포트는 이번 조사에서 가장 많은 취재원을 포함한 리포트로서 JTBC가 '밀착카메라'라는 코너에서 다룬 기사였다. 이 리포트는 익명 취재원 6명, 투명 취재원 4명 등 총 10명의 취재원을 포함하고 있었다. 비록 10명의 취재원을 포함했다는 점에서는 긍정적이지만, 익명 취재원이 6명에 이른다는 점에서는 아쉬움이 있다. 특히 주민이나 A 사업자 등은 익명으로 다뤄야 할 이유를 찾기 어렵다.

도 되겠어요?"]

화장장 부지가 마을과 너무 가깝다는 것입니다.

[석휘영/주민: "300m 되는 거리에 고등학교가 있고. 100m 지점에 학교가 있습니다. 또 맞은편에 내려가면 교회가."]

부지 바로 앞에는 40년 넘은 절도 있습니다.

[지문/스님(무학사): "바로 부처님 들어오는 곁에서 화장터가 들어온다고 하면 말이 안 되잖아요."]

해당 사업자는 구청이 판결을 따라야 한다는 입장입니다.

[A씨/사업자: "(구청이) 대법원 판결이 나면은 중간에서 조율을 해줘야 하는데."]

경기도 파주에서도 비슷한 상황이 수 년째 계속되고 있습니다.

[주민: "주민이 다 이게(농성을) 돌아가면서. 벌써 3년이나 됐어요 참나."]

화장장 예정지로 들어가는 길목에는 이렇게 주민들이 현수막을 붙여놓았는데, 오랜 갈등의 시간을 보여주듯 모두 빛이 바랬습니다. 이 예정지로부터는 약 150m 거리에 공공택지지구가 조성 중입니다. 여기서도 법적 다툼이 있었는데, 역시 화장장 사업자가 이겼습니다. 현행 동물보호법에는 화장장 입지에 대한 세부 기준이 없습니다. 건축 허가를 받은 뒤 지자체에 등록만 하면 운영할 수 있습니다. 최근 학교나 주거지 500m 이내 설립을 제한하는 법안이 발의됐지만 계류 중입니다.

[강치구/대구 서구청 건축주택과장: "동물장묘시설 하는 그 법을 만들어놓고 거기에 따른 부수되는 법안 이런 걸 제정을 안 해놨기 때문에. 저희들도 참 난감합니다."]

김해에서는 최근 5개 업체가 동물화장장을 짓겠다며 건축 허가를 신청했습니다. 이 중 등록까지 마친 곳은 한 곳뿐입니다.

[무허가업체: "(시에서) 긍정적으로 검토하겠다고 해놓고 다른 데서 막 사업자가 나타나니까 '없던 걸로 합시다'…뭐 영업을 해야만 벌금이라도 내죠."]

김해시가 공설 화장장을 추진하자 이번에는 허가업체들이 반발합니다.

[허가업체: "시에서 운영을 그렇게 한다고 했으면 우리가 뭐 하려고 투자해가지고 들어왔겠습니까?"]

주민 반발이 심하다 보니 무허가업체도 난립합니다. 주택가 바로 옆에 위치한 한 동물장례업체입니다. 최근 파주시는 해당

업체를 불법 영업 혐의로 경찰에 고발했습니다. 업체 측은 '장례용품을 팔았을 뿐 화장한 것은 아니다'라고 주장하지만 주민들 입장은 다릅니다.

[주민: "저희가 소각장을 봤다니까요. 울타리 하나 사이에다 두고 어떻게 그런."]

현재 전국에서 등록을 마치고 합법적으로 운영 중인 동물장례 업체는 29곳으로 대부분 수도권에 몰려 있습니다.

[이상흥/펫포레스트 대표: "반려동물 장례문화 자체를 정말로 음지에서 양지로 좀 끌어나올 수 있는 그런 시설을 해야 되는 거예요."]

반려동물 1000만 마리 시대, 동물과 함께 사는 것은 개인의 선택일지라도 어디서 어떻게 보내줄 것인지는 사회적 합의가 필요한 사안이 됐습니다. 사업자와 주민 간 끝없는 싸움이 되지 않도록 제도의 정비가 필요합니다. 밀착카메라 윤재영입니다.

(JTBC <뉴스룸> 2018년 10월 25일
<주인에겐 반려동물 '장례식'…지역 주민에겐…> 리포트 발췌.)

① 엘리트 취재원의 수

하나의 리포트에 포함된 엘리트 취재원의 수도 국내외 방송사별로 유의미한 차이가 있었다(<표 3-81> 참조). 국내 방송사와 NBC, NHK는

<표 3-81> 국가별 방송사 리포트의 엘리트 취재원 수(단위: 명)

매체 \ 구분	사례 수	평균	최소	최다
국내 방송사	457	1.7	0	7
미국 NBC	62	2.6	0	6
영국 BBC	31	3.6	1	9
일본 NHK	63	2.1	0	8
$F(3, 609) = 24.1, p < .001$				

각각 1.7건, 2.6건, 2.1건으로 큰 차이가 없었으나 BBC는 3.6건에 이르렀다.

한편 국내 방송사별로 리포트에 등장하는 엘리트 취재원의 수 역시 유의미한 차이를 보였다(<표 3-82> 참조). 지상파 방송의 경우 평균 1.9

<표 3-82> 국내 방송사 리포트의 엘리트 취재원 수(단위: 명)

매체 \ 구분	사례 수	평균	최소	최다
지상파	195	1.9	0	7
종편	262	1.6	0	7
$t(455) = 2.6, p < .05$				
KBS	66	2.0	0	7
MBC	64	2.0	0	6
SBS	65	1.6	0	4
JTBC	65	1.4	0	4
MBN	66	1.7	0	6
TV조선	65	1.8	0	7
채널A	66	1.5	0	4
$F(6, 450) = 3.3, p < .01$				

건이었으나 종편은 1.6건에 머물렀다. 특히 지상파 중에서도 KBS는 하나의 리포트에 등장하는 엘리트 취재원의 수가 최대 7건에 이르렀다. 국내의 각 방송사 간에도 유의미한 차이를 보여, MBC와 KBS가 모두 평균 2.0건에 이르렀으며, 채널A와 JTBC는 각각 1.5건, 1.4건에 머물렀다.

② 일반 취재원의 수

하나의 리포트에 등장하는 '알려지지 않은(unknown)' 일반 취재원의 수도 국내외 방송사별로 유의미한 차이를 보였다(<표 3-83> 참조). 국내 방송사 리포트의 경우 평균 1건에도 미치지 못했지만, BBC와 NHK는 각각 1.6건, 2.1건이었다. 국내 뉴스에서 일반인의 목소리가 제대로 반영되지 못한다는 선행연구의 결과와 일치하는 것을 확인할 수 있다.

한편 국내 방송사별로는 하나의 리포트에 등장하는 일반 취재원의 전체 수에서 유의미한 차이가 없었다(<표 3-84> 참조). 다만 TV조선이 평균 0.9건으로 가장 많았으며, KBS와 MBN이 모두 평균 0.5건으로 가장 적었다.

<표 3-83> 국가별 방송사 리포트의 일반 취재원 수(단위: 명)

구분 매체	사례 수	평균	최소	최다
국내 방송사	457	0.7	0	8
미국 NBC	62	1.0	0	5
영국 BBC	31	1.6	0	7
일본 NHK	63	2.1	0	15
$F(3, 609) = 20.9$, $p < .001$				

<표 3-84> 국내 방송사 리포트의 일반 취재원 수(단위: 명)

구분 / 매체	사례 수	평균	최소	최다
지상파	195	0.6	0	4
종편	262	0.7	0	8
$t(455) = -0.03, p >. 05$				
KBS	66	0.5	0	4
MBC	64	0.8	0	3
SBS	65	0.6	0	4
JTBC	65	0.6	0	8
MBN	66	0.5	0	5
TV조선	65	0.9	0	5
채널A	66	0.6	0	4
$F(6, 450) = 1.4, p >.05$				

취재원의 투명성

취재원의 투명성(transparency)은 리포트에 등장하는 취재원이 누구인지를 알 수 있는지의 여부로, 즉 취재원의 실명이 거론될 때 투명성은 높아지며 취재원을 익명으로 다룰 때 투명성은 낮아진다. 실명 취재원이 얼마나 많이 뉴스에 등장하는지는 뉴스 이용자의 신뢰도에 영향을 미치기 때문에 뉴스의 품질에 영향을 미치는 요인으로 평가되어왔다. 일반적으로 국내의 선행연구에서 취재원의 투명성 정도는 ① 실명, ② 반실명, ③ 익명 등 세 가지 단계로 구분해왔다(오해정·김경모, 2020). 실명 취재원이란 취재원의 이름과 신분, 소속 등을 모두 언급한 경우이고, 반실명은 비록 실명을 언급하지 않았어도 해당 취재원을 유추할 수 있는 경우를 의미하며, 익명은 해당 취재원이 누구인지 전혀 알 수 없는 경우에 해당한다. 그러나 이 연구에서는 실명과 반실명을 구분하지 않았으며, 취재원의 이름을 언급하지 않았더라도 영상을 통해 그 취재원의 신분 등을 알아볼 수 있는 정도인 경우에는 투명 취재원에 포함했다. 익명 취재원은 '실명이 언급되지 않은 취재원'으로 방송에서 모자이크 처리된 취재원, 그리고 '고위 관계자', '청와대 관계자' 등 신분을 확인할 수 없는 취재원 등을 의미한다.

국내 언론의 익명 취재원 사용 문제는 어제오늘의 일이 아니다. 심지어 세월호 사건 발생 후 한 달 동안 4개 일간지, 2개 방송사에서 나타난 익명 취재원이 무려 46%에 이른다는 연구 결과도 있다(송상근, 2016). 이에 수없이 많은 선행연구는 국내 언론사의 무분별한 익명 취재원 사용 현실을 밝히고 관행의 개선을 요구했다. 그럼에도 불구하고 익명 취재원 사용 관행은 크게 나아지지 않았다.

최근 KBS와 BBC의 뉴스 제작 가이드라인을 비교해 두 방송사의 익명 취재원 활용 현황을 분석한 한 연구에서는 "공익 추구, 오프더레코드 상황, 그리고 취재원 보호를 위한 목적에서는 익명 취재원 사용을 크게 문제 삼기 어렵다"고 주장하면서도, 익명 취재원이 기사에 등장하는 맥락과 방식을 분석한 결과 KBS 뉴스에서는 규정상 타당한 목적을 넘어 취재 편의나 제작 관행에 따라 취재원을 익명 취재하는 기사가 많았다고 밝혔다(오해정 · 김경모, 2020). 한편 국내 텔레비전 뉴스에서 익명 취재원 사용이 팽배한 이유를 기자 인터뷰를 통해 탐색한 이윤희와 조연하(2017)는 ① 익명을 통해 풍부한 내용을 보도하려는 '기능적 동기' 외에도 ② 취재원과 좋은 친분 관계를 유지하려는 '사회적 동기', 그리고 무엇보다 ③ 재빠르게 취재와 섭외를 하려는 '편의적 동기'가 있음을 지적했다.

TV 뉴스에서 방송되는 리포트의 익명 취재원 보도는 신문과는 다른

<표 3-85> 익명 취재원의 편집 유형

영상 \ 소리	음성 노출형	음성 변조형
취재원 등장형	기사에 대한 신뢰도가 가장 높지만 익명성은 가장 낮음	모자이크 처리되었지만 취재원이 등장해 신뢰도를 어느 정도 확보함
취재원 은닉형	취재원이 드러나지 않아 신뢰도가 낮고, 음성이 노출돼 취재원이 특정될 수 있음	기사에 대한 신뢰도가 가장 낮지만 익명성은 가장 높음

출처: 이윤희·조연하(2017: 257)를 참조하여 재구성.

특징을 지닌다. 즉 문자가 아닌 영상과 소리를 통해 내용을 전달하기 때문에 인터뷰 대상자를 촬영한 뒤 편집하는 과정이 수반되며, 영상과 소리를 어떻게 처리하느냐에 따라 익명성의 정도가 달라진다. 이에 대해 이윤희와 조연하(2017)는 익명 취재원의 영상과 소리 처리 방식에 따라 <표 3-85>와 같이 익명 취재원의 편집 유형을 4개로 각각 구분한 바 있다. 이에 따르면 영상은 얼굴을 포함한 신체의 일부를 모자이크 처리하는 '취재원 등장형'과 취재원을 아예 등장시키지 않는 '취재원 은닉형'으로 구분했으며, 음성은 취재원의 음성을 그대로 내보내는 '음성 노출형'과 취재원의 음성을 알아챌 수 없도록 변조하는 '음성 변조형'으로 구분했다. 연구자들은 이러한 분석틀을 제시한 뒤, 국내 리포트에 사용된 익명 취재원의 경우에는 영상과 소리에서 가장 익명성이 강한, 즉 취재원의 모습을 드러내지 않고, 취재원 육성도 변조한 사례가 많다는 점에서 더욱 심각하다고 평가했다.

① 익명 취재원의 수

하나의 리포트에 포함된 익명 취재원의 수는 국내외 방송사별로 차이를 보였다. 국내 방송사는 평균 0.60건, BBC는 평균 0.77건이었으나, NBC와 NHK는 각각 0.29건과 0.25건에 머물러 절반에도 미치지 못했다(<표 3-86> 참조).[17]

하지만 익명 취재원을 리포트에 활용하더라도 그 방식에서 국가별로 차이를 보였다. 우선 선행연구에 따르면 익명 취재원의 역할이 달랐다. 오해정과 김경모(2020)는 KBS와 BBC의 기사 내 익명 취재원의 역할을 분석한 뒤, KBS 뉴스에선 익명 취재원의 역할이 ① 이해관계자 혹은 그 측근의 입장이나 주장을 전달하는 경우 약 43%, ② 현장성 인터뷰인 경우 21%, ③ 사실 전달인 경우 17%, ④ 목격담 제공인 경우 10% 등으로 나타났다고 밝혔다. 이에 비해 BBC의 경우에는 사실 전달이 약 38%, 목격담 제공이 31%였다. 저널리즘 학계에서 제안하는 익명 취재원 사용의 가이드라인에 따르면 '주장'이나 '의견'에 대해서는 사용을 지양하도록 당부하고 있다. 따라서 BBC는 익명 취재원 사용에서 이런

<표 3-86> 국가별 방송사 리포트의 익명 취재원 수(단위: 명)

구분 매체	사례 수	평균	최소	최다
국내 방송사	457	0.60	0	6
미국 NBC	62	0.29	0	6
영국 BBC	31	0.77	0	6
일본 NHK	63	0.25	0	4
$F(3, 609) = 4.5, p < .01$				

17 이번 연구에서 BBC의 익명 취재원 수가 다소 많은 것으로 나타났으나, 익명 취재원 사용에서는 국내 방송사와 확연한 차이를 보였다. 즉 BBC의 경우에는 취재원의 얼굴이 등장했지만 이름과 소속을 밝히지 않아 익명 취재원으로 분류된 사례가 많았다. 다시 말해 음성 변조와 화면 변조로 익명 처리하는 국내 방송사와는 차이를 보인 것이다.

<표 3-87> 국내 방송사 리포트의 익명 취재원 수(단위: 명)

매체 \ 구분	사례 수	평균	최소	최다
지상파	195	0.6	0	4
종편	262	0.6	0	6
$t(455) = .66, p >. 05$				
KBS	66	0.3	0	2
MBC	64	0.8	0	4
SBS	65	0.8	0	4
JTBC	65	0.6	0	6
MBN	66	0.4	0	4
TV조선	65	0.7	0	5
채널A	66	0.6	0	3
$F(6, 450) = 2.5, p < .05$				

원칙을 보다 철저하게 준수하고 있음을 알 수 있다.

국내 방송사별 분석에서는 지상파와 종편 사이에 유의미한 차이가 없었으나, 각 방송사 간에는 유의미한 차이를 보였다(<표 3-87> 참조). 즉 익명 취재원을 가장 적게 사용한 방송사는 KBS로 리포트별 평균 0.3건에 머물렀고, MBC와 SBS는 모두 평균 0.8건으로 익명 취재원을 가장 많이 사용했다. 한편 JTBC의 리포트 중 익명 취재원이 가장 많이 출연한 리포트는 총 6명의 익명 취재원을 등장시켜 국내 방송사 중 가장 많은 최대 수치를 냈다. 사례를 통해 살펴보자.

익명 취재원이 6명인 리포트 사례[18]

[앵커]

청와대가 '개고기 식용'에 반대하는 국민청원에 답하면서 관련법을 손보겠다고 밝혔지요. 그 뒤로 '개 식용 문제'에 대한 오랜 논란이 다시 커지고 있습니다. 관련 법을 정비한다 해도 개 식용 자체를 막기 어렵다는 목소리도 있습니다. 대체 뭐가 문제인지 '개 농장' 실태부터 '유통' 단계를 밀착카메라가 취재했습니다. 김도훈 기자입니다.

[기자]

말복을 이틀 앞둔 성남 모란시장입니다. 한때 이곳은 개고기 도축과 판매업소 수십 곳이 자리 잡았던 곳이지만, 지난 6월 대부분 철거된 상황입니다. 하지만 골목 곳곳에는 이렇게 개고기 판매를 의미하는 간판들이 여전히 걸려 있는 상황인데요. 골목 안쪽 상황은 어떨지 지금부터 한번 확인해보겠습니다.

가게 앞에는 개고기를 구입하려는 손님들이 서 있습니다. 진

18 익명 취재원의 직업과 기사 내 역할을 구분해보면 익명 취재원 사용의 문제점이 더욱 명확하게 드러난다. 즉 해당 리포트에는 시장 상인 2명, 경기 성남시청 관계자 1명, 농장 관계자 1명, 경기 하남시청 관계자 1명, 농림축산식품부 관계자 1명 등이 등장한다. 이 가운데 시장 상인의 경우 개고기 판매와 관련해서 예민한 측면이 있어 익명으로 처리해야 할 필요성이 다소 있다고 볼 수 있지만, 경기 성남시 공무원, 하남시 공무원, 농림축산식품부 공무원 등의 경우에는 해당 업무의 담당자로서 사실관계를 설명하기 때문에 익명으로 처리해야 할 이유가 없어 보인다. 해당 리포트에서 익명으로 처리한 취재원이 기자의 편의에 의해 익명 처리된 것이라고 볼 수밖에 없는 이유이다.

열대 안에는 부위별로 도축된 개고기가 놓여 있습니다. 옆 가게에는 도축된 개가 진열대 안에 통째로 놓여 있고, 이를 가공하는 모습도 보입니다.

[시장 상인: "애완견 아니잖아요. 이건 그런 개 아니라고. 이거는 먹는 개잖아."]

최근 성남시에서 시장 내 개 도축 시설들을 강제 철거했지만, 판매는 여전합니다.

[경기 성남시 관계자: "살아 있는 개를 거기서 잡는 시설. 그런 것을 없애자. 그게 원칙이에요. 가급적 업종 전환을 하자고 계속 종용하고 있는 상태예요."]

도축된 개를 운반하는 화물차를 뒤따라 가봤습니다. 모란시장을 오가는 화물차를 쫓아 와봤는데요. 시장에서 약 차로 5분 정도 떨어진 한적한 시골길입니다. 그런데 안쪽을 보면 개 사육시설과 도축시설을 갖추고 있는 곳이 한 곳에 모여 있는데요. 안쪽 상황은 어떤지 한번 확인해보겠습니다. 철창은 녹슬어 있고 바닥에는 분뇨가 쌓여 있습니다. 하지만 농장 관계자는 문제가 없다고 주장합니다.

[농장 관계자: "여기서 다 해서 나가는 거예요. 도축을 해가지고, 아주 위생적이에요."]

최근 지자체와 동물보호단체가 개 70여 마리를 구조했던 또 다른 농장입니다. 바닥에는 썩은 음식물 잔반과 분변이 섞여 있고, 이미 죽어 부패한 사체와 살아 있는 개가 한 철창에 갇혀 있기도 합니다.

[경기 하남시 관계자: "최악이었죠. 개 사체들이 방치돼 있고, 개들이 사체 옆에서 있고 음식도 다 음식물쓰레기고…"]

한 달 전쯤 구조된 개들이 모여 있는 임시보호 축사입니다. 자세히 안쪽을 들여다보면요. 유기된 애완견으로 보이는 소형견들도 눈에 띄는데요. 이렇게 목덜미 주변에 털이 듬성듬성 빠져 있어서 피부병으로 보이는 개들도 있습니다. 축산법상 개는 소, 돼지, 닭과 함께 가축으로 분류되지만, 축산물 위생관리법에서는 빠져 있습니다. 사육은 가능하지만, 도축과 유통 과정에 대한 위생 기준 자체가 없는 겁니다. 최근 청와대가 축산법에서 개를 제외하는 규정을 검토하겠다고 밝혔지만, 실효성은 없다는 지적입니다.

[농림축산식품부 관계자: "축산법상 가축으로 돼 있지만, 가축에서 빠진다고 하더라도 사육이 불법은 아닙니다. (가축 분류에) 있으나 없으나 실익이 크지 않은데…"]

국회에서 개고기 식용 금지법안들이 발의된 가운데, 관련 업계 종사자들에게 실질적인 대책을 마련해야 한다는 목소리도 커지고 있습니다.

[상인: "안 먹고 싶으면 자기만 안 먹으면 되지. 민주주의 국가에서 '먹지 마라' 그건 잘못된 거지."]

개를 가축에서 빼더라도 제재나 처벌 규정이 없어서 당장은 비위생적인 식용 개 사육이 금지되는 것은 아닙니다. 폭염만큼이나 뜨거워진 개 식용 문제 논란, 해결을 위해서는 정부의 근본적인 문제인식과 실효성 있는 대책이 필요할 때입니다. 밀착카메라 김도훈입니다.

(JTBC <뉴스룸> 2018년 8월 14일
<모란시장의 한여름…더 뜨거운 '개고기 논란'> 리포트 발췌.)

한편 국내외 방송사별 비교연구의 결과를 보면, 익명 취재원을 포함한 기사의 빈도가 국내 방송사는 38.9%에 이르렀으며, NBC는 16.1%, BBC는 32.3%, NHK는 15.9%에 머물렀다.

또한 지상파와 종편을 비교한 결과를 보면, 지상파 리포트의 경우 익명 취재원이 42.6%였고, 종편은 35.9%로 지상파의 비중이 다소 높았다. 한편 국내의 언론사별로는 KBS 26.9%, MBC 50.0%, SBS 51.5%, JTBC 33.8%, MBN 27.3%, TV조선 43.1%, 채널A 39.4% 등으로 나와 MBC가 가장 높고, 다음은 SBS였다(<자료 3-6> 참조).

이러한 연구 결과는 선행연구와 비교할 때 다소 높은 수준인 것으로 보인다. 최근 한 연구에서는 국내 지상파 3사를 대상으로 2015년 8월부터 12월까지 방송된 3889개의 뉴스를 분석한 결과, 총 899명의 취재원이 등장했으며 이 가운데 익명 취재원은 195명(23.8%)인 것으로 나타났다(이윤희 · 조연하, 2017). 또한 이 연구에서 익명 취재원의 직업

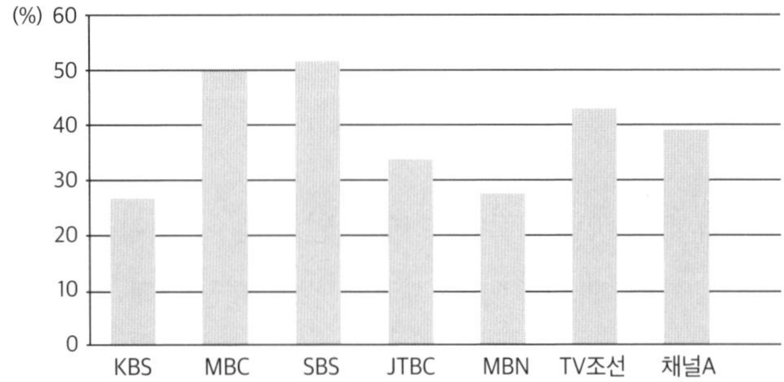

<자료 3-6> 국내 방송사의 익명 취재원을 보유한 리포트 구성비

분포를 보면 일반 개인이 49.2%에 이르러 신문과는 달리 일반 개인의 비중이 가장 높았다.

BBC의 익명 취재원 사용 사례

BBC는 아프리카 지역의 코뿔소 밀렵 관련 리포트에서 3명의 익명 취재원을 사용했지만, 국내 방송사의 리포트 관행과는 많은 차이를 보였다. 해당 뉴스는 아시아 지역 등에서 코뿔소의 뿔이 약재 등으로 고가에 팔리면서 연간 1000마리 이상의 코뿔소가 불법으로 사냥되는 현실, 그리고 이 과정에 삼림 관리인, 경찰, 법조인 등이 관련되어 있다는 사실을 고발하는 내용이었다.

리포트에 등장하는 첫 번째 익명 취재원은 코뿔소의 뿔을 미리 안전하게 제거함으로써 코뿔소가 밀렵의 대상으로부터 벗어나도록 도와주는 취재원으로, 이름은 나오지 않지만 육성과 얼굴을 모두 공개했다.

두 번째 익명 취재원은 코뿔소가 서식하는 공원 관리인으로 "코뿔소의 불법 밀렵에는 관리인들이 연관돼 있다"고 증언했다. 비록 이름은 나오지 않지만, 그의 직책과 뒷모습과 육성을 모두 공개했다는 점에서 영상과 소리를 모두 변조하는 국내의 방송 리포트와는 차이를 보였다.

마지막 익명 취재원은 경찰의 정보원으로서 코뿔소 밀렵에서 중개인 역할을 했던 내부 고발자이다. 그의 이름은 공개되지 않았지만, 불투명한 장막 뒤에서 인터뷰하는 모습으로 음성 변조 없이 발언 내용이 전달되었다. 흥미로운 점은 그의 발언이 거짓말 탐지기를 통과했으며 경찰 조사에서도 교차검증되었다는 점을 리포트 중에 밝혔다는 것이다.

(BBC <News at 10> 2018년 8월 14일 <Rhinos: Killing & Corruption> 리포트 영상 발췌.)

② 투명 취재원의 수

하나의 리포트에 사용된 투명 취재원의 수는 국내외 방송사별로 더 극명한 차이를 보였다. 국내 방송사는 리포트에 등장하는 투명 취재원의 수가 평균 1.8건에 머물렀으나 NBC는 3.4건, NHK는 3.9건, BBC는 4.5건에 이르렀다(<표 3-88> 참조). 비교 대상인 해외 리포트가 국내에 비해 적게는 2배, 많게는 3배 정도의 투명 취재원을 포함한 것이다.

<표 3-88> 국가별 방송사 리포트의 투명 취재원 수(단위: 명)

구분 / 매체	사례 수	평균	최소	최다
국내 방송사	457	1.8	0	7
미국 NBC	62	3.4	0	8
영국 BBC	31	4.5	1	9
일본 NHK	63	3.9	0	18

$F(3, 609) = 63.3, p < .001$

<표 3-89> 국내 방송사 리포트의 투명 취재원 수(단위: 명)

매체＼구분	사례 수	평균	최소	최다
지상파	195	1.9	0	7
종편	262	1.7	0	7
$t(455) = 2.0, p < .05$				
KBS	66	2.2	0	7
MBC	64	2.1	0	5
SBS	65	1.4	0	5
JTBC	65	1.3	0	4
MBN	66	1.8	0	6
TV조선	65	2.0	0	7
채널A	66	1.5	0	4
$F(6, 450) = 6.3, p < .001$				

한편 국내 방송사별로도 투명 취재원의 수에서 유의미한 차이를 보였다(<표 3-89> 참조). 지상파와 종편의 리포트를 비교한 결과 지상파의 투명 취재원 수는 평균 1.9건, 종편은 평균 1.7건에 머물렀다. 다만 방송사별로는 하나의 리포트에 포함된 투명 취재원 수에서 유의미한 차이가 확인되었다. JTBC의 리포트에 포함된 투명 취재원의 수가 평균 1.3건에 불과해 가장 적었고, KBS와 MBC는 각각 2.2건과 2.1건으로 가장 많았으며, MBN과 TV조선은 각각 1.8건, 2.0건이었다.

다만 국내에서 투명 취재원을 많이 포함한 리포트는 정치인 취재원이 많이 등장한다는 특징을 보였다. 즉 자신의 발언을 적극 홍보해야 하는 정치인들만이 실명으로 공개되었으며, 리포트는 이들의 발언을 단순 전달 혹은 중계하는 역할에 그쳤다는 것이다. 이러한 현실은, 높은 품질의 기사는 투명 취재원을 포함해야 하지만 투명 취재원이 많이 포함된 리포트라고 해서 반드시 품질이 높은 기사는 아니라는 국내 방송 리포팅의 특징을 보여준다. 예를 들어 MBC 리포트 중 투명 취재원이 최다인 리포트는 다음 사례로, 후보자들의 선거운동 발언을 전달하는 데에 그쳤다. 마찬가지로 뒤에 제시한 투명 취재원이 7명인 KBS 리포트의 사례 역시 정치인의 발언을 단순 전달하는 데에 그쳤다.

투명 취재원 최다 리포트 사례 1

[앵커]

한편 바른미래당은 두 공동대표가 영남과 호남을 각각 찾는 것으로 선거 운동을 개시했습니다. 민주평화당은 호남, 정의당은 수도권을 중심으로 첫 유세에 나섰습니다. 김미희 기자입니다.

[리포트]

영호남 통합 정당을 내세운 바른미래당은 박주선 대표가 광주에서 지역주의 극복을, 유승민 대표는 대구에서 문재인 정권 심판론을 역설했습니다.

[박주선/바른미래당 공동대표: “민주주의의 건전한 발전을 위해 우리 정치 수준과 의식 높은 광주 전남에서 분명히 회초리로 채찍을 가해야 한다고 생각합니다.”]

안철수 서울시장 후보는 새벽 첫 일정으로 영등포의 경찰서 지구대를 찾았습니다. 핵심 공약인 철길 지하화 대상 지역인 구로

에선 청년시절 자신이 의료봉사를 했던 연고를 부각시켰습니다.

[안철수/바른미래당 서울시장 후보: "박원순 시장 3선에 찬성하지 않는 절반이 넘는 시민들의 모든 뜻을 담는 야권 대표선수가 되겠습니다."]

민주평화당은 정치적 기반인 호남에 집결해 총력을 기울였습니다. '호남 발전을 위해선 경쟁구도가 필요하다'며 여당을 견제할 지역 일꾼을 만들어달라고 호소했습니다.

[조배숙/민주평화당 대표: "경쟁 구도를 만들어서 호남이 제대로 대접을 받고 우리 자존심을 되찾아야겠습니다."]

정의당은 인천과 서울을 돌며 거대 양당을 견제해 '국회 갑질'을 끝낼 수 있게 해달라고 호소했습니다.

[이정미/정의당 대표: "자유한국당을 심판하고 더불어민주당을 긴장하게 만들 수 있는 선택. 1타 2피의 선택(을 해야 합니다.)"]

정의당의 김종민 서울시장 후보는 지하철 봉은사역에서 안전시설을 점검하고 노동자 간담회를 갖는 것으로 선거운동을 시작했습니다. MBC 뉴스 김미희입니다.

(MBC <뉴스데스크> 2018년 5월 31일
<야3당, 지지층 챙기기…전략지역 집중 공략> 리포트 발췌.)

투명 취재원 최다 리포트 사례 2

[앵커]

국회 대정부질문 둘째 날인 오늘(6일) 여야는 정부의 최저임금 인상과 부동산 대책 등을 놓고 날선 공방을 벌였습니다. 야당은 부동산 대책이 실효성이 없고 최저임금 인상으로 실업률이 올라갔다고 공격했고, 여당은 정부가 소득주도 성장론을 펼칠 수밖에 없는 현실을 강조하며 방어에 주력했습니다. 보도에 김지숙 기자입니다.

[리포트]

경제분야 대정부질문에선 최저임금 인상 문제가 쟁점이 됐습니다.

[이장우/자유한국당 의원: "경기침체나 또 물가 상승, 또 실질소득 감소, 또 세금 폭탄이 우려된다는 국민 여론은 어떻게 받아들일 겁니까?"]

[윤후덕/더불어민주당 의원: "양극화를 극복하기 위한 첫걸음으로 최저임금 인상은 반드시 필요한 일이었다고 그렇게 생각합니다."]

정부는 최저임금 인상으로 경제성장이 가능하다면서도 속도 조절 가능성을 열어뒀습니다.

[김동연/경제부총리: “조심스럽긴 합니다만 저희는 신축적으로 이것을 봐야 한다고 생각합니다.”]

재건축 초과 이익 환수 등 부동산 정책에 대해 야당은 집중 공세를 펼쳤고, 정부는 부동산이 과열되면 부담이 늘어날수도 있다고 밝혔습니다.

[이종구/자유한국당 의원: “강남 부동산을 가지고 정치 편 가르기를 지금 하고 있는 거예요. 이건 여러분들이 반성해야 됩니다.”]

[김현미/국토교통부 장관: “부동산 시장이 계속해서 끓어오를 때는 훨씬 더 많은 액수가 부과될 우려도 있습니다.”]

정부가 가상화폐 규제에 보다 적극적으로 나서야 한다는 지적도 나왔습니다.

[박용진/더불어민주당 의원: “지금처럼 간접규제만으로 하는 것은 투기 방지에 대한 근본적 해결책이 좀 안 된다고 봅니다.”]

비교섭단체대표연설에서 노회찬 정의당 원내대표는 북한에 대한 선제공격 반대 결의안을 채택하자고 제안했습니다.

[노회찬/정의당 원내대표: “지금 당장 국회가 할 일은 명확합니다. 전쟁 위협을 막고 국민의 생명을 지키는 것입니다.”]

KBS 뉴스 김지숙입니다.

(KBS <뉴스9> 2018년 2월 7일 <최저임금 인상 · 부동산 정책 날선 공방> 리포트 발췌.)

마지막으로 방송사별 취재원 이용의 성격이 어떠한지 탐색하고자 ① 엘리트 취재원 및 일반 취재원의 비(odds)와 ② 투명 취재원 및 익명 취재원의 비(odds)를 각각 계산했다(<표 3-90> 참조). 일반 취재원 대비 엘리트 취재원의 승산(A/B, odds)은, 값이 클수록 일반 취재원보다 엘리트 취재원을 이용하는 상대적 비중이 훨씬 높다는 것을 뜻한다. 반대로, 값이 작을수록 일반 취재원의 목소리를 뉴스에 담으려 노력했다는 해석이 가능하다. 표가 보여주듯 KBS와 MBN은 상대적으로 승산이 높은 방송사에 속한다. 반면에 TV조선, BBC, NHK는 상대적으로 승산

<표 3-90> 방송사별 취재원 이용의 성격(단위: 평균, odds)

성격 / 매체	엘리트 취재원(A)	일반 취재원(B)	A/B	투명 취재원(C)	익명 취재원(D)	C/D
KBS	2.0	0.5	4.0	2.2	0.3	7.33
MBC	2.0	0.8	2.5	2.1	0.8	2.63
SBS	1.6	0.6	2.67	1.4	0.8	1.75
JTBC	1.4	0.6	2.33	1.3	0.6	2.17
MBN	1.7	0.5	3.4	1.8	0.4	4.50
TV조선	1.8	0.9	2.0	2.0	0.7	2.86
채널A	1.5	0.6	2.5	1.5	0.6	2.5
NBC	2.6	1.0	2.6	3.4	0.29	11.72
BBC	3.6	1.6	2.25	4.5	0.77	5.84
NHK	2.1	2.1	1.0	3.9	0.25	15.6

이 낮은 방송사에 속한다. 엘리트 취재원 이용 대비 일반 취재원의 이용 비중이 상대적으로 높았다는 뜻이다. 결과적으로 일반 취재원 이용의 평균이 높으면서 승산이 낮은 방송사일수록 다른 방송사에 비해 일반 시민의 목소리가 뉴스에 훨씬 자주 등장했다는 것으로 이해할 수 있다. BBC와 NHK가 이런 방송사에 해당한다. BBC는 일반 취재원보다 엘리트 취재원을 이용하는 정도가 2.25배 높았고, NHK는 심지어 동등한 것으로 나타났다. 하지만 TV조선의 경우 승산 자체는 낮지만 BBC와 NHK에 비해 일반 취재원 이용 평균이 낮기 때문에 수치 해석에 조심해야 한다.

한편 익명 취재원 대비 투명 취재원의 승산(C/D, odds)은 값이 클수록 익명 취재원보다 투명 취재원을 이용하는 상대적 비중이 훨씬 높다는 것을 뜻한다. 따라서 값이 클수록 정보 출처의 투명성이 높아 취재원 이용 측면에서 뉴스의 품질이 좋다는 의미 해석이 가능하다. 표에서 볼 수 있듯 SBS와 JTBC는 상대적으로 승산이 낮은 방송사에 속한다. 반면 KBS, NBC, BBC, NHK가 상대적으로 승산이 높은 방송사에 속한다. 그만큼 익명 취재원 이용 대비 투명 취재원의 이용 비중이 상대적으로 높았다는 뜻이다. 결과적으로 익명 취재원 이용의 평균이 낮으면서 승산이 큰 방송사일수록 다른 방송사에 비해 정보 출처의 투명성이 높아 취재원 이용 측면에서 뉴스 품질이 우수하다고 평가할 수 있다. NBC와 NHK, 그리고 부분적으로 BBC가 이런 방송사에 해당한다. NBC는 11.72배, NHK는 15.6배, BBC는 5.84배나 더 많이 익명 취재원보다 투명 취재원을 이용했기 때문이다. BBC의 경우 익명 취재원 평균이 낮은 편은 아니지만 투명 취재원 평균이 가장 크고 승산 또한 세 번째로 높다는 점에서 취재원 이용 측면의 뉴스 품질이 높은 그룹에 속한다고 해석할 수 있다. 한편 KBS의 경우 승산 자체는 국내 방송사 가운데 가장 높지만 투명 취재원 이용 평균이 NBC, BBC, NHK에 비해 현저히 낮다는 점에서 수치 해석에 유의할 필요가 있다.

다양성 혹은 다양한 관점의 보유

뉴스는 일반적으로 다양한 이해관계가 얽힌 사례를 다룬다. 이 때문에 저널리즘에서는 다양한 이해관계자들의 관점이나 의견 등을 최대한 반영한 기사를 불편부당하다거나 공정한 것으로 인식해왔다(이준웅·김경모, 2008). 저널리즘에서 뉴스의 품질을 평가할 때 다양한 입장을 다루는지를 주요한 잣대로 여겨온 것도 이 때문이다.

이 연구에서 뉴스의 다양성은 관점의 다양성으로 평가했다. 선행연구에서는 관점의 다양성을 복합적 관점, 대체로 단일 관점, 완전히 단일 관점 등 세 개로 유형화해 분석했다. 복합적 관점이란 하나의 견해가 뉴스의 3분의 2 이상을 구성하지 못하는 것이며, 대체로 단일 관점은 다른 견해가 일시적으로 언급된 경우, 완전히 단일 관점은 다른 견해에 대한 언급이 전혀 없는 경우를 말한다. 관점의 다양성은 국내 리포트만을 대상으로 분석했다.

① 관점의 다양성

국내 방송사 리포트를 대상으로 관점의 다양성을 분석한 결과 복합적 관점이 전체의 23.7%, 대체로 단일 관점이 18.1%, 완전히 단일 관점이 58.2%였다(<표 3-91> 참조). 방송사별 차이를 살펴보면, 지상파와 종편 사이에는 유의미한 차이가 있었다. 지상파의 리포트는 완전히 단일한 관점이 54.9%로 종편의 60.3%에 비해 낮았으며, 복합적 관점도 17.8%로 종편의 28.2%에 비해 낮았다. 방송사별로는 TV조선과 MBN이 복합적 관점이 가장 많은 것으로 나타났으며(각각 33.8%, 30.3%),

<표 3-91> 국내 방송사 리포트의 '관점의 다양성'을 띤 리포트 구성비(단위: %, 건)

관점 매체	복합적 관점	대체로 단일 관점	완전히 단일 관점	합계
지상파	17.8(35)	27.2(53)	54.9(107)	100.0(195)
종편	28.2(74)	11.5(30)	60.3(158)	100.0(262)
$\chi^2(2) = 20.8, p < .001$				
KBS	15.2(10)	24.2(16)	60.6(40)	100.0(66)
MBC	18.8(12)	32.8(21)	48.4(31)	100.0(64)
SBS	20.0(13)	24.6(16)	55.4(36)	100.0(65)
JTBC	24.6(16)	12.3(8)	63.1(41)	100.0(65)
MBN	30.3(20)	9.1(6)	60.6(40)	100.0(66)
TV조선	33.8(22)	12.3(8)	53.8(35)	100.0(65)
채널A	24.2(16)	12.1(8)	63.6(42)	100.0(66)
전체	23.7(109)	18.1(83)	58.2(267)	100.0(459)
$\chi^2(12) = 26.3, p < .05$				

KBS와 MBC가 각각 15.2%와 18.8%로 가장 낮았다. 특히 KBS는 완전히 단일한 관점이 60.6%로 채널A에 이어 두 번째로 높았다. 다시 말해 공영방송인 KBS의 리포트는 '완전히 단일한 관점'의 뉴스 비중이 높고, 복합적 관점의 뉴스 비중은 낮아 다양한 관점을 포함하지 못한 것으로 나타났다.

한편 국내 뉴스에서 복합적 관점의 기사가 부족한 것은 좋은 저널리즘 연구회(김경모 외, 2017)가 국내 일간지 10곳의 1면 기사를 분석한 결과와도 일치한다. 당시 연구 결과에 따르면 복합적 관점의 기사는 전체의 17.1%에 불과했으며, 대체로 단일 관점이 59.9%에 이르렀다.

복합적 관점의 리포트 사례[19]

[앵커]

중국산 고혈압약 원료, 일본산 결핵 백신 등 수입의약품에서 잇따라 발암 물질이 검출되고 있습니다. 품질 관리 책임이 수입업체에만 있다 보니 헛점이 많은 것으로 드러났습니다. 조혜진 기자가 보도합니다.

[리포트]

지난 7월 중국산 고혈압약 원료의약품인 '발사르탄'에서 발암 가능 물질이 검출됐습니다. 최근에는 일본산 결핵 백신의 주사용제에서 비소가 검출됐습니다. 위험성은 없는 수준이라지만 시민들은 불안할 수밖에 없습니다. 문제가 된 두 의약품은 모두 완제의약품이 아니었습니다. 수입 완제의약품은 식품의약품안전처가 검사하지만 원료의약품이나 첨부용제는 검사하지 않습니다. 품질 관리는 수입업체에만 맡겨져 있습니다. 정작 수입업체는 제조사가 제출한 서류를 확인하는 수준에 그칩니다.

[식약처 관계자/음성 변조: "수입 판매업체이기 때문에 별도로 거기에 대해서 실험을 안 하고 이제 원제조사의 성적서로 가늠하고 있습니다."]

19 해당 리포트에서는 의약품의 수입에서 제대로 된 관리가 이뤄지지 못하는 현실과 이에 대해 조금 더 면밀한 관리가 필요하다는 관점의 내용을 복합적으로 다루고 있다.

문제 의약품을 걸러내지 못해도 수입업체가 받는 처벌은 수입 금지 등 행정처분에 불과합니다. 고의성이 없다는 이유입니다.

[김태민/식품의약품 전문 변호사: "문제가 발생하면 판매금액에 상응하는 과징금을 부과한다든지 이런 식으로 좀 부당이득을 환수할 수 있는 이런 조치들이 빨리 마련돼야 할 것입니다."]

정부가 위해의약품 수입업체에 징벌적 과징금 부과를 예고했지만 관련 법 개정안은 아직 국회에 계류 중입니다. 해외 제조업체를 직접 점검할 수 있는 법 개정안도 3년째 계류돼 있습니다. 해외 제조업체에 자료 제출이나 정보 제공을 요구할 근거도 없습니다. 국내 수입 의약품 규모는 2015년 48억 달러에서 지난해 56억 7천만 달러로 꾸준히 증가하고 있습니다. KBS 뉴스 조혜진입니다.

(KBS <뉴스9> 2018년 11월 9일
<수입의약품서 또 발암물질 검출…관련 법은 국회 계류 중> 리포트 발췌.)

3) 뉴스 리포트의 심층성

뉴스 리포트의 심층성은 다양한 개념으로 정의·측정되어왔다. 취재원의 수, 사건의 맥락을 얼마나 포함하는지, 혹은 보도자료에 의존하는지 등이 모두 심층성의 기준이 될 수 있다. 이번 연구에서는 뉴스의 심층성을 정보의 출처와 내용의 구성 등 두 가지 측면에서 분석했다. 첫 번째로 뉴스의 심층성을 정보의 출처에 따라 분석했다. 즉 단순히 발생한 사건을 다뤘는지, 아니면 기자가 담당하는 출입처에서 제공하는 보도자료에만 의존해 뉴스를 작성했는지, 혹은 기자가 직접 취재 아이템을 기획·선정하고 취재한 기사인지 등에 따라 심층성 정도가 달라질 수 있다.

두 번째로 내용의 구성 측면에서도 심층성을 분석했다. 기사의 내용이 단순 사실관계를 전달하는 데에 그쳤는지, 사실관계를 충실하게 설명했는지, 혹은 사건의 원인, 해결 방안(혹은 전망), 비판 등의 정보를 포함했는지 등도 심층성을 평가하는 하나의 잣대가 될 수 있기 때문이다.

이번 조사에서 정보의 출처는 ① 보도자료, ② 기획, ③ 발생 등으로 구분하고, 내용 구성은 ① 전달, ② 설명, ③ 비판이나 전망 중심 등으로 나눠 분석했다. 전달 중심은 취재원의 발언, 행위 등의 정보를 전달하는 리포트를, 설명 중심은 취재원의 말을 그대로 전달하지 않고 그 속에 담은 목적, 의도, 맥락 등을 해석하거나 분석한 리포트를 조사했으며, 평가 중심은 문제점을 지적하거나 의문을 제기하는 리포트, 혹은 긍정적인 평가를 포함하는 리포트를 조사했다.

정보의 출처

정보의 출처란 방송 리포트가 무엇을 토대로 작성되었는지 보는 것으로, 주로 학계에서는 뉴스의 품질을 평가할 때 ① 뉴스매체에서 자체적으로 아이디어를 내 취재한 기획 기사인지, ② 출입처에서 공급한 보도자료를 토대로 작성한 뉴스인지, ③ 각종 사건·사고처럼 발생한 사실을 다룬 뉴스인지 등을 중요한 기준으로 여겨왔다(PEJ, 2003). 예를 들어 미국의 PEJ(Project for Excellence in Journalism, 2003)에서는 기획기사(enterprise)를 뉴스의 품질을 평가하는 한 잣대로 제시하며 탐사보도(investigative stories), 시리즈 기사, 단독 인터뷰 등을 포함한다고 밝힌 바 있다.

이 연구에서는 정보의 출처를 보도자료, 발생사실, 자체기획, 외신 및 타 미디어, 기타 등 5개 항목으로 구분했다. 그 결과 국내외 방송사별로 정보의 출처에서 유의미한 차이를 보였다(<표 3-92> 참조). 구체적으로는 국내 방송사의 경우 보도자료를 토대로 작성한 리포트가 전체의 44.2%에 이르렀으나 NBC는 6.5%, BBC는 3.2%, NHK는 4.8%에 불과했다. 이에 비해 자체기획의 비중은 국내 방송사가 15.5%에 머물렀으나 NBC는 33.9%, BBC는 54.8%였다. 발생사실을 주로 다루는 방송사는 NHK로 전체 리포트의 87.3%에 이르렀다. 한편 다른 미디어의 보도나 외신을 토대로 작성한 기사의 비중은 국내 방송사는 4.8%, BBC는 3.2%(1건)였으나 NBC와 NHK에는 전혀 없었다. 이와 같은 결과는 국내 방송사가 해외에 비해 다른 언론사의 보도, 특히 해외 언론의 보도를 무분별하게 방송하는 경향이 있다는 것을 의미한다.

국내 방송사의 비교연구 결과 역시 리포트의 토대가 된 정보의 출처에서 유의미한 차이를 보였다(<표 3-93> 참조). 지상파는 종편에 비해 보도자료 비중이 높았으며 종편은 발생사실의 비중이 더 높았다. 방송사별로도 차이를 보여 종편인 MBN의 보도자료 비중이 가장 높은

<표 3-92> 국가별 방송사 리포트의 정보 출처 구성비(단위: %, 건)

매체 \ 출처	보도자료	발생사실	자체기획	외신 및 타 미디어	기타	합계
국내 방송사	44.2(202)	33.5(153)	15.5(71)	4.8(22)	2.0(9)	100.0(459)
미국 NBC	6.5(4)	43.5(27)	33.9(21)	0.0(0.0)	16.1(10)	100.0(62)
영국 BBC	3.2(1)	38.7(12)	54.8(17)	3.2(1)	0.0(0)	100.0(31)
일본 NHK	4.8(3)	87.3(55)	6.3(4)	0.0(0)	1.6(1)	100.0(63)
$\chi^2(12) = 171.0, p < .001$						

<표 3-93> 국내 방송사 리포트의 정보 출처 구성비(단위: %, 건)

출처 / 매체	보도자료	발생사실	자체기획	외신 및 타 미디어	기타	합계
지상파	49.7(97)	28.2(55)	14.4(28)	3.1(6)	4.6(9)	100.0(195)
종편	40.1(105)	37.4(98)	16.4(43)	6.1(16)	0.0(0)	100.0(262)
$\chi^2(4) = 19.7, p < .01$						
KBS	53.0(35)	24.2(16)	13.6 (9)	6.1(4)	3.0(2)	100.0(66)
MBC	48.4(31)	29.7(19)	9.4 (6)	3.1(2)	9.4(6)	100.0(64)
SBS	47.7(31)	30.8(20)	20.0(13)	0.0(0)	1.5(1)	100.0(65)
JTBC	40.0(26)	27.7(18)	29.2(19)	3.1(2)	0.0(0)	100.0(65)
MBN	62.1(41)	18.2(12)	13.6(9)	6.1(4)	0.0(0)	100.0(66)
TV조선	26.2(17)	50.8(33)	10.8(7)	12.3(8)	0.0(0)	100.0(65)
채널A	31.8(21)	53.0(35)	12.1(8)	3.0(2)	0.0(0)	100.0(66)
$\chi^2(24) = 82.2, p <.001$						

62.1%였으며, 다음은 KBS로 53.0%였다. 반대로 TV조선의 보도자료 비중은 26.2%로 낮게 나타났다.

리포트의 내용 구성

이 연구에서는 각 방송 리포트가 전달, 설명, 비판을 포함하는지의 여부를 각각 '있음' 혹은 '없음'으로 측정했다. '전달'의 경우 모든 리포트에서 포함한 것으로 나타나 별도의 분석은 하지 않았다.

① 설명 중심 리포트

설명 중심 리포트의 비중은 국내 방송사는 약 70%인 반면, NBC는 84%, BBC는 100%, NHK도 약 94%인 것으로 나타나 국가별로 유의미한 차이를 보였다(<표 3-94> 참조). 다시 말해 국내 리포트는 취재원의 발언을 그대로 전달하는 역할에 더 초점을 두는 반면, NBC 등은 맥락과 의미를 설명하는 데 더 중점을 두는 것이다. 한편 국내 방송사도 지상파와 종편 사이에 유의미한 차이를 보였다(<표 3-95> 참조). 지상파 리포트의 약 91%는 설명을 지닌 반면, 종편 리포트는 약 54%만이 설

<표 3-94> 국가별 방송사 리포트의 설명 중심 리포트 구성비(단위: %, 건)

매체 \ 구분	있음	없음	합계
국내 방송사	69.8(319)	30.2(138)	100.0(457)
미국 NBC	83.9(52)	16.1(10)	100.0(62)
영국 BBC	100.0(31)	0.0(0)	100.0(31)
일본 NHK	93.7(59)	6.3(4)	100.0(63)
$\chi^2(3) = 31.4$, $p < .001$			

<표 3-95> 국내 방송사 리포트의 설명 중심 리포트 구성비(단위: %, 건)

매체 \ 구분	있음	없음	합계
지상파	90.8(177)	9.2(18)	100.0(195)
종편	54.2(142)	45.8(120)	100.0(262)
$\chi^2(1) = 71.0$, $p < .001$			
KBS	84.8(56)	15.2(10)	100.0(66)
MBC	95.3(61)	4.76(3)	100.0(64)
SBS	92.3(60)	7.7(5)	100.0(65)
JTBC	93.8(61)	6.2(4)	100.0(65)
MBN	15.2(10)	84.8(56)	100.0(66)
TV조선	66.2(43)	33.8(22)	100.0(65)
채널A	42.4(28)	57.6(38)	100.0(66)
$\chi^2(6) = 177.7$ $p < .001$			

명을 포함한 것으로 나타났다.

또한 방송사별 비교에서는 MBC 리포트가 설명이나 해석을 포함한 비중이 가장 높은 것으로 나타났으며(95.3%), MBN 리포트는 설명이나 해석을 포함한 비중이 가장 낮았다(15.2%). 단순한 사실 전달에 머무는 스트레이트성 기사보다 배경과 맥락을 언급하면서 인과성을 분석하거나 사실관계를 풀어 해설하는 설명 기사가, 수용자가 보도 사안을 이해하도록 하는 데 도움이 된다는 점에 유의할 필요가 있다.

② 의문·평가·비판 중심 리포트

의문·평가·비판 중심 리포트의 경우에도 국내 방송사와 해외 방송사 사이에 유의미한 차이가 있었다(<표 3-96> 참조). 국내 방송의 리포트 중에서는 약 34%만이 평가를 포함하고 있었으나, NBC는 약 63%, BBC는 45%, NHK는 56%가 평가를 포함했다. 한편 국내 방송사의 유형에 따른 평가 중심 리포트의 비율은 통계적으로 유의미한 차이를 보이지 않았다(<표 3-97> 참조). 지상파와 종편의 평가 중심 리포트의 비중은 각각 35%, 33%였다. 따라서 통계적 유의미성보다 전체적인 패턴에 주목하면 세 부류의 방송사 집단을 구분해볼 수 있다. 먼저 국내

<표 3-96> 국가별 방송사 리포트의
'심층성(의문·평가·비판 중심) 리포트' 구성비(단위: %, 건)

매체 \ 구분	있음	없음	합계
국내 방송사	33.9(155)	66.1(302)	100.0(457)
미국 NBC	62.9(39)	37.1(23)	100.0(62)
영국 BBC	45.2(14)	54.8(17)	100.0(31)
일본 NHK	55.6(35)	44.4(28)	100.0(63)

$\chi^2(3) = 27.3,\ p < .001$

<표 3-97> 국내 방송사 리포트의
'심층성(의문·평가·비판 중심적) 리포트' 구성비(단위: %, 건)

매체 \ 구분	있음	없음	합계
지상파	34.9(68)	65.1(127)	100.0(195)
종편	33.2(87)	66.8(175)	100.0(262)
$\chi^2(1) = .14, p > .05$			
KBS	36.4(24)	63.6(42)	100.0(66)
MBC	32.8(21)	67.2(43)	100.0(64)
SBS	35.4(23)	64.6(42)	100.0(65)
JTBC	35.4(23)	64.6(42)	100.0(65)
MBN	48.5(32)	51.5(34)	100.0(66)
TV조선	26.2(17)	73.8(48)	100.0(65)
채널A	22.7(15)	77.3(51)	100.0(66)
$\chi^2(6) = 12.0, p > .05(.062)$			

의 방송사별로 비교하면 상대적으로 심층성(평가)이 낮은 방송사는 채널A(22.7%, 15건)와 TV조선(26.2%, 17건)이었다. 두 번째 집단은 SBS(35.4%, 23건)부터 MBN(48.5%, 32건)까지 유형(지상파 대 종편)에 관계없이 중간 수준의 심층성(평가)을 유지하는 수준이었다. 해외 방송사의 경우 NBC 62.9%, BBC 45.2%, NHK 55.6%로 상대적으로 국내 방송사보다 높은 심층성 수준을 보였다.

이 같은 패턴에서 드러나는 흥미로운 공통점은 평가와 관련된 심층성이 예외 없이 '자체기획 및 발굴' 항목의 정보 출처에서 두드러지게 나타난다는 사실이다. 설명과 관련된 심층성 분석과 패턴이 약간 다른 지점이다. 새로운 사실의 전달보다 사안의 분석과 해설에 주목하는 기사 또는 탐사 보도 유형이 대부분 자체기획 및 발굴 기사인 점에 주목하면 이 같은 출처 유형의 차이가 심층성의 차이를 가져오는 주요한 요인이었을 것으로 짐작된다. 지금까지 살펴본 심층성 분석을 종합해보면, 국내의 종편 기사가 상대적으로 낮은 수준의 심층성을 보이는 편이다. 국내 지상파 방송은 이보다 높지만, 해외 방송사에 비해서는 심층성 측면의 기사 품질이 허약하다는 것을 알 수 있다.

한편 선행연구 중 KBS와 BBC의 경제뉴스를 비교분석한 연구에서 김수영과 박승관(2016)은 KBS의 경제 리포트에서는 정부 정책에 대한 긍정적 기사의 비율이 BBC에 비해 압도적으로 높다고 밝히면서 KBS를 공보방송모델, BBC를 공영방송모델이라고 주장했다. 구체적으로 <자료 3-7>의 2008년과 2013년 부동산 관련 기사를 분석한 결과를 보면, 2008년의 경우 KBS에서 긍정적 기사는 38%, 제한적 비판은 40%, 비판과 대안을 제시한 기사는 22%였으나, BBC는 긍정적 기사가 1%에 머문 반면 제한적 비판은 27%, 비판과 대안 제시 기사는 68%에 이르러 큰 차이를 보였다. 이러한 차이는 2013년 경제 리포트

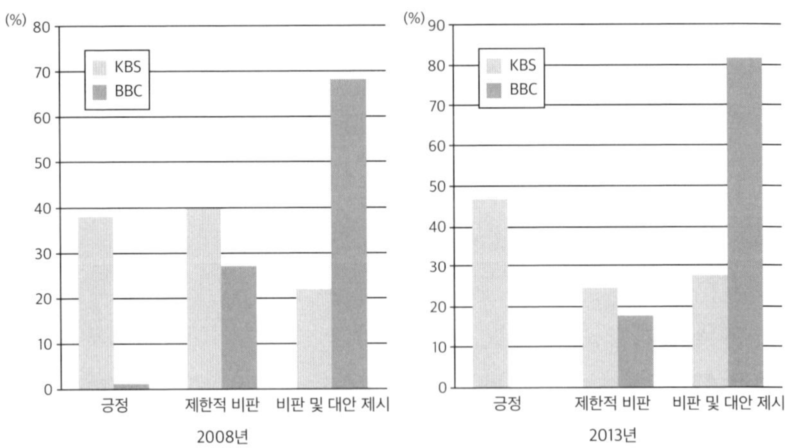

<자료 3-7> KBS와 BBC 경제뉴스에서 정부 정책에 대한 리포트의 시각 구성비

에서 더욱 확대되었다. KBS의 경제 리포트에서 긍정적 기사는 47%였으나 BBC는 0%였고, 비판과 대안을 포함한 기사는 KBS 28%, BBC는 82%에 이르렀기 때문이다.

4) 주관의 개입: 마무리 문장 술어의 주체 유무

이 연구에서는 개별 리포트 중 기자가 리포트하는 '마무리 문장'에서 술어의 주체가 있는지 유무를 분석했다. 마무리 문장이 중요한 이유는 국내 방송사의 리포트에서 뉴스 진행자들이 객관적인 사실(fact)을 전달하는 과정에 자신의 의견이나 가치판단을 슬그머니 추가한다는 비판을 받았으며(윤영철, 2007), 대표적인 방법은 술어의 주체가 없는 문장을 말하는 것이었기 때문이다. 예를 들어 "정부의 부동산 정책에 대한 비난이 거세지고 있습니다"처럼 발언할 경우 행위의 주체가 구체적으로 나타나지 않은 문장을 통해 기자가 '비난이 거세질 것'이라는 의견을 제시한 것으로 의심된다. 이 연구에서 마무리 문장의 술어 주체 유무를 국가별로 비교분석한 결과, 국내 방송사 리포트 중 마무리 문장 술어의 주체가 없는 리포트의 비중은 26.5%로 조사 대상 국내외 방송사 중 가장 높았다(<표 3-98> 참조). 그러나 국내 방송사를 대상으로 한 비교분석에서는 지상파와 종편 사이에 유의미한 차이가 없었으며, 국내의 방송사별로는 차이가 있었다(<표 3-99> 참조). 즉 MBN이 마무리 문장 술어의 주체가 없는 리포트 비중이 가장 높았으며(47%), TV조선과 SBS가 각각 18.5%, 20.0%로 낮은 편이었다.

무주체 술어를 사용해 기사를 마무리하는 뉴스 작성 관행은 해당 대목의 내용이 사실 정보이든 주관적 의견이든, 또는 해석적 평가이든 뉴스 수용자의 입장에서 볼 때 정보의 출처를 확인할 수 없다는 점에서

<표 3-98> 국가별 방송사 리포트 마무리 문장 술어 주체 유무 구성비(단위: %, 건)

매체 \ 구분	있음	없음	합계
국내 방송사	73.5(336)	26.5(121)	100.0(457)
미국 NBC	100.0(62)	0.0(0)	100.0(62)
영국 BBC	87.1(27)	12.9(4)	100.0(31)
일본 NHK	77.8(49)	22.2(14)	100.0(63)
$\chi^2(3) = 23.6, p < .001$			

<표 3-99> 국내 방송사 리포트 마무리 문장 술어 주체 유무 구성비(단위: %, 건)

매체 \ 구분	있음	없음	합계
지상파	76.9(150)	23.1(45)	100.0(195)
종편	71.0(186)	29.0(76)	100.0(262)
$\chi^2(1) = 2.0, p > .05$			
KBS	77.3(51)	22.7(15)	100.0(66)
MBC	73.4(47)	26.6(17)	100.0(64)
SBS	80.0(52)	20.0(13)	100.0(65)
JTBC	76.9(50)	23.1(15)	100.0(65)
MBN	53.0(35)	47.0(31)	100.0(66)
TV조선	81.5(53)	18.5(12)	100.0(65)
채널A	72.7(48)	27.3(18)	100.0(66)
$\chi^2(6) = 18.7, p < .01$			

기사의 신뢰성을 현저히 떨어뜨릴 수밖에 없다. 제작 현장의 편의를 위해 익명 취재원 사용 관행을 교묘하게 변형해서 준(準)제도화한 적절치 못한 저널리즘 장치라 할 수 있다(오해정 · 김경모, 2020).

무주체 술어로 쓰인 마무리 문장 사례

이 연구에 포함된 리포트 중 마무리 문장이 무주체 술어로 쓰인 경우를 살펴보니, 이들은 주로 기자의 의견을 다른 사람의 의견인 것처럼 감추는 역할을 했다. 대표적으로 다음과 같은 문장들이 있었다.

- "미국이 성급한 경고로 대비 시간을 벌어준 셈이 됐다는 비판도 나옵니다."(KBS <뉴스9> 2018년 4월 12일)
- "최근 반도체 설비투자는 줄고 수출 단가는 하락하고 있는 점도, 반도체에 기댄 우리 경제에 부담으로 작용할 거란 우려가 나오고 있습니다."(KBS <뉴스9> 2018년 12월 16일)
- "청와대의 이런 해명에도 부적절한 골프 회동과 인사 민원 등 새로운 의혹이 줄줄이 드러나면서 부실 감찰 논란이 계속될 것으로 보입니다."(SBS <8뉴스> 2018년 12월 1일)
- "항공산업 독과점 체제와 노조를 무력화하는 제도에 대한 재검토가 필요하다는 지적입니다."(SBS <8뉴스> 2018년 7월 8일)
- "수거된 침대를 방사성 폐기물로 지정해 취급 허가를 받은 업체와 작업자가 남은 과정을 담당해야 한다는 지적이 나옵니다."(JTBC <뉴스룸> 2018년 6월 16일)
- "네, 자유한국당에서는 '의혹이 잠잠해지기만 기다릴 것이라면 특검과 국정조사 논의를 시작할 수밖에 없다' 이렇게 반발하고 있고, 또 조국 민정수석의 책임론도 거론하고 있

습니다."(JTBC <뉴스룸> 2018년 12월 16일)

- "우리나라도 내년 1월부터 결함이 있는 차를 교환이나 환불해주는 법이 시행되는 만큼, 실효성 있는 소비자 보호가 필요하다는 지적입니다."(MBN <뉴스8> 2018년 7월 30일)
- "일각에서는 '이밖에 비위 정도가 더 심각하다'는 이야기까지 흘러나오면서, 검경의 고강도 감찰 조사가 이어질 것이란 관측이 나옵니다."(MBN <뉴스8> 2018년 12월 1일)
- "여기다 권력구조 개편 같은 개헌 사항도 함께 논의하기로 해 실제 선거제도 개편까진 넘어야 할 산이 많다는 분석입니다."(채널A <뉴스A> 2018년 12월 16일)
- "문재인 대통령과 김정은 위원장이 백두산에서 함께하는 마지막 일정에 리설주 여사도 동행할지 관심이 모아집니다."(채널A <뉴스A> 2018년 9월 19일)
- "다만 김 위원장 스타일상, 대화 고착 국면에 대한 돌파구의 하나로 연내 답방을 전격 결정할 가능성을 완전히 배제할 수 없다는 관측도 있습니다."(TV조선 <뉴스9> 2018년 12월 1일)
- "병력 감축을 골자로 한 국방 개혁 2.0 발표 직후여서 대북 전력 약화를 초래했다는 여론을 피하기 위한 꼼수가 아니냐는 비판도 나옵니다."(TV조선 <뉴스9> 2018년 7월 30일)

텔레비전 뉴스의 품질 연구 종합 논의

4

배정근

온라인을 통한 뉴스 유통이 대세가 된 요즘에도 방송은 여전히 시민들이 뉴스를 접하는 주된 창구이며, 가장 영향력 있고 신뢰받는 뉴스매체이다. 한국언론진흥재단의 『2019년 언론수용자 조사』(2019) 결과에 따르면 지난 한 주간 뉴스를 보기 위해 가장 많이 이용한 경로를 묻는 질문에 대한 응답으로 TV가 53.2%를 차지하며 인터넷 포털(39.1%)과 종이신문(1.8%) 등을 크게 앞섰다. 이 추세는 미국에서도 마찬가지이다. 2018년 PEW 연구소의 조사에 따르면 거의 절반에 가까운 응답자(44%)가 가장 선호하는 뉴스매체로 TV를 꼽았으며, 이어 온라인(34%), 라디오(14%), 신문(7%) 순이었다(Mitchell, 2018). 온라인의 거센 도전에 밀려 신문산업이 고사 위기에 몰려 있는 것에 비하면 방송 뉴스는 다매체 환경에서 오히려 중심적 뉴스매체로서 위상이 더욱 견고해지고 있다고 볼 수 있다.

개별 언론사에 대한 신뢰도나 영향력 면에서도 방송은 신문을 크게 앞선 지 오래이다. 한국언론진흥재단이 로이터저널리즘연구소와 공동으로 실시한 온라인 설문조사에서 신뢰하는 뉴스매체 순위는 JTBC를 선두로 7위까지를 모두 방송사가 차지했다(Reuters Institute for the Study of Journalism, 2019). 매년 각계 전문가 1,000명을 대상으로 언론매체의 영향력 등을 조사하고 있는 <시사저널>의 2019년 조사에서는 가장 영향력 있는 매체 상위 10개사 명단에 방송에서는 1위를 차지한 JTBC를 비롯 KBS, MBC, YTN, SBS 등 5개사가 포함됐으나, 신문사는 조선일보, 한겨레, 중앙일보 3개사만 올랐다(안성모, 2019). 이러한 대중의 평가는 방송 뉴스의 품질이 신문보다 상대적으로 우수하다는 의미라기보다는 TV매체가 지닌 강력한 영향력이 반영된 결과라고 해석해야 할 것이다. 뉴스의 현장을 영상과 소리를 통해 생생하게 전하는 방송 뉴스는 텍스트에 의존하는 신문에 비해 더 매력적이고, 믿을 수 있다는 인식을 갖게 하기 때문이다(Graber, 1996).

그렇기 때문에 한국 언론의 저널리즘 수준은 방송 뉴스를 통해 대변되고, 이를 평가하는 작업도 방송 뉴스의 품질을 살펴보는 것이 필수적이다. 연구진은 이를 위해 국내 지상파와 종편 방송사 7곳의 방송 뉴스를 NBC, BBC, NHK 등 해외 방송사 3곳의 방송 뉴스와 비교분석하는 작업을 시행했다. 국내 방송 뉴스를 해외 방송 뉴스와 비교하는 연구는 꾸준히 이뤄져왔지만 소수의 방송사를 대상으로 특정한 주제에 맞추어 제한적 범위에서 분석하는 경우가 대부분이었다.

그러나 이번 연구는 국내 방송 뉴스 시장을 이끌어가는 지상파와 종편 전부, 그리고 해외 3개국 방송사를 포함하는 규모 면에서 전례 없는 시도이고, 뉴스의 품질을 주제로 44개에 이르는 변수를 통해 다각도에서 뉴스를 해부했다는 점에서 차이가 있다. 또한 영상과 언어의 조화로운 결합을 생명으로 하는 방송 뉴스의 속성을 충실히 반영하기 위해 뉴스 텍스트에 대한 리포트 분석뿐 아니라 시각 요소와 소리에 대한 상세한 분석까지 시도했다. 방송 뉴스의 국제적 비교평가 결과는 한국 방송 저널리즘의 현주소를 확인할 수 있게 하는 자료가 되며, 시청자들에게는 TV 뉴스의 품질을 판단하는 기준을 제시하고, 뉴스 생산자에게는 그들이 만들어내는 방송 뉴스의 품질을 이해하고 개선할 방향을 제시하는 효과로 이어질 수 있을 것으로 기대된다. 분석 작업은 크게 두 가지로 이뤄졌다. 첫째는 전반적인 방송 뉴스의 구성 방식을 살펴보기 위해 뉴스 프로그램 전체에 대한 양식 분석을 실시했다. 둘째는 개별 뉴스 리포트의 내용을 살펴보기 위해 기자가 직접 출연해 보도하는 리포트 패키지에 대한 분석을 실시했다. 뉴스 리포트 분석은 기사의 텍스트뿐 아니라 영상과 소리 등 시각적 요소를 두루 관찰했다. 각 분석 항목은 최대한 뉴스의 품질과 연관성이 높다고 판단되는 요소들 가운데 연구팀의 긴밀한 논의를 거쳐 선정했다. 전체적인 연구 결과를 중요하고 의미 있는 발견 중심으로 요약하면 다음과 같다.

1. 주요 연구 결과

1) 국내 방송 뉴스 품질의 현실

해외 방송보다 열악한 수준의 주요 품질 요소

먼저 이번 연구가 규명하고자 하는 국내 방송 뉴스의 품질은 비교 대상인 해외 방송 뉴스에 비해 전반적으로 열악한 수준이라고 결론지을 수 있었다. 그 이유는 퀄리티 저널리즘의 핵심 요소라고 할 수 있는 뉴스의 심층성, 다양성, 투명성, 객관성, 공정성 같은 요소들을 반영하는 지표들이 대부분 비교대상 해외 언론에 비해 크게 뒤처지는 것으로 나타났기 때문이다(<표 4-1> 참조). 구체적으로 국내 방송 뉴스는 개별 뉴스 리포트의 시간(1분 29초) 자체가 해외 방송 뉴스(1분 36초~2분 34초)에 비해 매우 짧아 풍부한 사실 전달과 깊이 있는 분석이 어렵다. 또 국내 방송 뉴스는 단순한 사실 전달 위주의 스트레이트형 기사가 절반(47.7%)에 달하고, 정보의 출처는 보도자료(44.2%)와 발생사실(33.5%)에 크게 의존했다.

반면 미국과 영국의 방송은 스트레이트형(3.2~6.5%)을 거의 찾아보기 어렵고, 정보 출처 또한 자체적으로 기획한 내용(33.9~54.8%)이 많았다. 그러다 보니 기사 구성에서도 사실 전달과 설명에 그치지 않고, 의문·평가·비판까지를 포함하는 심층성 있는 기사 비율(45.2~62.9%)이 국내 방송(33.9%)보다 상대적으로 많았다. 기사에 등장하는 취재원도 전체 수(2.4개)가 해외 방송(3.7~5.2개)보다 적었으며, 특히 취재원의 실명이나 신원이 명확히 드러나는 투명 취재원의 수(1.8개)는 해외 방송(3.4~4.5개)보다 적은 반면 익명 취재원(0.6개)은 해외 방송(0.3~0.8개)보다 오히려 많은 편이었다. 취재원 수가 적을 경우 기사의 주제를 뒷받침하는 근거가 상대적으로 빈약해지고, 해당 사안을 다양한 각도에서 해석하거나 증언하는 관점이 줄어들어 기사의 심층성 및 투명성, 공정성, 다양성 등에 부정적으로 작용한다. 국내 방송은 또 취재원의 발언을 기사 제목에 인용하는 직접 인용구 사용 비중(30.9%)과 기사의 마지막 문장 술어 주체가 분명히 드러나지 않는 기사의 비중(26.5%)도 3개 해외 방송과 비교하면 가장 많았다. 이 두 항목은 특정 취재원의 발언을 정확한 사실 검증이나 독자적 판단 없이 사실처럼 전달하거나, 기자 자

<표 4-1> 국가별 방송사의 주요 뉴스 품질 비교

품질 기준	양식 분석				리포트 분석																		
분석 항목	뉴스 시간	뉴스 아이템	프로그램 구성	톱 블록 주제	리포트 시간	구성 방식	심층성	정보 출처	취재원 전체 수	투명 취재원	익명 취재원	엘리트 취재원	일반 취재원	제목 직접 인용구	마무리 문장 주체	모자이크 유무	화면 부각 강조	기자 스탠드업	동일 장면 반복	음성 변조	취재원 육성 전체 시간	취재원 육성 중단
대표 문항	N	N	리포트 패키지	정치	N	제작형	의문·평가·비판 있음	보도 자료	N	N	N	N	N	있음	없음	있음	있음	있음	있음	있음	N	있음
단위	분초	개	개	%	분초	%	%	%	개	개	개	개	개	%	%	%	%	%	%	%	초	%
국내 방송	50:46	26.8	18.7	0	1:29	11.2	33.9	44.2	2.4	1.8	0.6	1.7	0.7	30.9	26.5	53.2	32.6	33.5	88.6	19.5	18.89	33.1
미국 NBC	19:24	10.7	8.9	85.7	1:36	48.4	62.9	6.5	3.7	3.4	0.3	2.6	1.0	13.6	0	12.9	14.5	40.3	91.9	0	28.02	16.1
영국 BBC	31:14	11.0	7.4	40.0	2:34	32.3	45.2	3.2	5.2	4.5	0.8	3.6	1.6	0	12.9	9.7	3.2	77.4	45.2	0	49.21	9.7
일본 NHK	29:50	11.7	0.7	42.9	-	31.7	55.6	4.8	4.2	3.9	0.3	2.1	2.1	30.2	22.2	1.6	4.8	15.9	1.6	4.8	50.78	85.7
통계적 유의도	***	***	***	***	***	***	***	***	***	***	**	***	***	*	***	***	***	***	***	***	***	***

※ 대표문항은 분석 항목의 여러 문항 가운데 가장 의미 있는 문항 1개를 선정. N은 대표문항이 없이 분석 항목 자체를 측정.

※ 통계적 유의도는 통계 검증 수준을 보여주는 것으로 *=$P < .05$, **=$P < 0.1$, ***=$P < .001$을 의미. 줄 표시(-)는 통계적으로 유의미한 차이가 없다는 의미.

신의 주관을 마치 객관적 의견인 양 기사 말미에 집어넣는 방식이라는 점에서 객관성과 공정성에 문제가 있다.

결론적으로 말하면 국내 방송 뉴스의 상당 부분은 그날그날 발생한 사건·사고나 발표에 근거해서 간략하게 사실관계를 전달하고 설명하는 수준에 그치고 있다. 반면에 해외 유수 방송들은 자신들이 주도적으로 기사를 기획·발굴하거나 당일 발생한 사안 가운데 소수의 중요 사안을 선정해 집중적으로 보도하는 기사들이 많았다. 자연히 사실 전달을 넘어 분석과 해석이 중심이 되고, 더 많은 취재원들이 등장해 다양한 관점과 이해관계를 반영하는 것이 가능해진다.

이 연구를 진행한 '좋은 저널리즘 연구회'는 선행작업으로 2018년 국내 종합 일간지 10개사(경향신문, 국민일보, 동아일보, 문화일보, 서울신문, 세계일보, 조선일보, 중앙일보, 한겨레, 한국일보)와 해외 신문 가운데 미국의 <뉴욕타임스>, 영국의 <타임스>, 일본의 <아사히신문> 3개사의 품질을 비교 평가하는 연구를 시행한 바 있다. 이 연구에서는 미국에서 뉴스의 품질을 객관적으로 측정하는 지표로 개발된 PEJ(우수 저널리즘을 위한 프로젝트, The Project for Excellence in Journalism) 보도지수를 활용해 국내 신문과 해외 신문의 품질 수준을 비교했다. PEJ 보도지수는 ① 투명 취재원 4개 이상, ② 이해관계자 4개 이상, ③ 복합적 관점 제시라는 세 가지 조건을 모두 충족하는 기사를 고품질의 '좋은 기사'로 분류했다.

당시 분석 결과를 요약하면 투명 취재원이 국내 신문은 평균 2.6개에 불과하지만 <뉴욕타임스>는 3배가 넘는 8.4개에 달하고, 이해관계자 수도 국내 신문이 2.6개인 데 비해 <뉴욕타임스>는 7.7개였다. 복합적 관점의 기사 비율도 국내 신문은 17.1%이고 <뉴욕타임스>는 58.3%였으며, 특히 좋은 기사 비율이 <뉴욕타임스>는 절반을 넘었지만 국내 신문은 7.5%에 불과했다. 비슷한 방식으로 국내외 TV 뉴스의 품질을 비교한 이 연구에서는, 하지만 PEJ 보도지수를 활용한 좋은 기사 분류법을 채택하지 않기로 했다. 신문과 달리 방송은 시간 제약으로 보도지수의 요소들을 충족하기 어렵고, 문화적 차이에 의한 영향도 크기 때문이다. 그렇더라도 기사의 심층성이나 취재원의 투명성, 정보의 출처와 기사 구성 방식의 독자성 같은 요소들은 누구나 쉽게 동의할 수 있는 좋은 기사의 요건이다.

도식적인 뉴스 구성과 뉴스 양식 다양화 추세

뉴스 생산물에 대한 국제적 비교연구는 서로 다른 역사적·사회문화적 환경에서 자연스럽게 형성된 개별 국가의 독특한 뉴스 양식을 파악할 수 있게 한다. 이러한 선행 비교연구들은 국내의 방송 뉴스가 해외 방송 뉴스에 비해 전체 뉴스 시간은 길지만 개별 뉴스 리포트 시간은 짧고, 사전제작 형태의 기자 리포트 비중이 높으며 기사 구성 방식이 도식적이고, 방송사 간에 차별성이 부족하다고 평가했다. 특히 개별 리포트 구성 방식에는 앵커 멘트와 10개 문장 이내의 기자 리포팅, 2개 정도의 인터뷰, 동일한 사운드바이트(취재원 육성)라는 정형화된 도식이 적용되고 있다(이재경, 2004; 이준웅·황유리, 2004; 최영재·남재일, 2013). 이번 연구에서는 큰 틀에서 한국적 방송 뉴스 도식이 여전히 유지되고 있지만 새로운 변화의 흐름도 확인할 수 있었다.

먼저 국내 방송의 저녁 종합뉴스 방송 시간은 평균 50분 46초로 해외 방송(19분 24초~31분 14초)보다 거의 2배 가까이, 혹은 그 이상 길었다. 뉴스 아이템 수를 비교하면 국내 방송은 평균 27개이지만, 해외 방송은 평균 11개로 그 격차가 더욱 벌어진다. 국내 방송이 전체 뉴스 시간은 길지만 개별 뉴스 리포트의 시간은 해외 방송보다 짧기 때문이다.

한편 종편의 등장 이후 JTBC <뉴스룸>이 저녁 뉴스 시간을 1시간 30분으로 연장하는 파격적 시도를 하고, 일부 방송들이 이를 따라가면서 국내 저녁 종합뉴스 방송 시간은 과거보다 더 길어지는 추세에 있다.

기자 리포트가 유독 많다는 사실도 변하지 않았다. 국내 방송에는 평균적으로 19개가 들어가지만, NBC는 9개, BBC는 7개 수준이었다. 그러나 과거에 비하면 녹화제작된 뉴스 리포트와 단신이 전부이던 구성 방식에서 현장이나 스튜디오 생중계가 늘어나고, 대담이 활성화되는 등 뉴스 프로그램 양식이 보다 다양해지는 변화가 확인되었다. 예를 들어 앵커가 기자 또는 뉴스 인물을 스튜디오로 불러 이야기를 나누는 대담 프로그램은 해외 방송에서는 거의 없었지만 국내 방송에서는 매일 1건꼴로 들어갔다. 기자가 스튜디오에서 리포트를 하는 방식도 국내 종편의 경우 하루 1건씩(JTBC는 3건 이상) 방송되었다.

통계가 보여주듯이 대담 뉴스 양식 확산의 중심에는 JTBC가 있다. 종편 출범 이후 JTBC의 보도국 운영과 뉴스 진행을 동시에 맡은 손석희 앵커가 타 방송과 차별화하는 뉴스 장르로 대담형 진행을 시도한 것이 성공을 거두면서 타 방송으로도 확산됐기 때문이다. 또한 종편을 중심으로 스타성을 인정받은 앵커를 전면에 부각시키는 추세도 뚜렷하다. JTBC, TV조선, MBN 등이 앵커 논평을 고정코너로 배치하는 사례가 그렇다. 개별 뉴스 리포트의 시간 길이도 과거보다 늘어나는 경향이 확인되었다. 88.93초로 조사된 국내 뉴스 리포트의 평균 시간 길이는 2004년 연구(이준웅·황유리, 2004)의 75초에 비하면 다소 늘어난 셈이다. 리포트 1건에 들어가는 취재원 육성 방송 시간도 2013년 연구(최영재·남재일, 2013)의 10초 내외보다 늘어난 18.89초로 조사되었다. 뉴스 리포트 형식에서는 국내 방송의 경우 생중계가 일부 또는 전부를 차지하는 리포트 비율이 6.5%로 나왔다. 그러나 여전히 녹화 뉴스의 비중이 93.5%로 NBC(88.6%)와 BBC(62%)에 비해 현격한 차이를 보였다. 이렇게 형식 면에서 경직된 뉴스 양식은 국내 방송 뉴스가 생생함이나 역동성, 현장감 등이 부족하고 다채롭지 못하다는 평가를 받는 원인이다.

뉴스 영상에 대한 과도한 편집과 조작 위험 수준

이번 연구 결과에서 특히 주목되는 부분은 방송 뉴스의 사실성을 담보하는 영상과 소리를 인위적으로 변조 또는 편집하는 보도들이 국내 방송에서 해외 방송에 비해 너무 많았다는 점이다. 영상과 언어로 이뤄지는 방송 뉴스는 내용의 사실성을 상당 부분 영상에 의존하기 때문에 이를 사실대로 재현하는 것은 방송 저널리즘의 기본 원칙이다. 또한 생생한 화면과 소리가 제공하는 현장감과 사실성은 방송 뉴스만의 강점이며, 수용자들이 방송 뉴스를 더 믿을 수 있다고 인식하게 만드는 신뢰의 원천이다. 그럼에도 해외 방송 뉴스에서는 보기 힘든 영상의 모자이크 처리, 음성 변조, 재연 같은, 사실성에 반하는 행위가 국내 방송에서는 정상적인 편집 기법처럼 아무렇지도 않게 행해지고 있었다. 예를 들어 모자이크(혹은 화면 흐리기) 처리가 일부라도 들어간 리포트의 비율이 국내 방송은 절반(53.2%)을 넘은 반면에 NBC와 BBC는 각각 12.9%와 9.7%에 불과했고, NHK는 1.6%로 거의 없었다.

특히 해외 방송의 모자이크 처리는 대부분 뉴스에 나오는 인물의 얼굴을 가리는 수준으로 제한되었지만, 국내 방송은 등장인물 전체와 장소 및 시설, 심지어 화면 전체를 흐리게 처리하는 경우도 흔했다. 모자이크 대상의 속성에서도 국내 방송사는 사건·사고와 무관한 취재원(45.7%)이 보호 대상(21.3%) 및 가해자(17.8%)보다 훨씬 많은 특징을 보였다. 뉴스 현장을 보여주는 과정에서 불가피하게 영상에 포함된 개인들로부터 초상권 문제가 제기될 것을 걱정해 사전에 조치를 취하는 방송사의 새로운 관행을 확인시켜주는 결과이다. 국내 방송 뉴스에서는 10건 가운데 2건 정도로 들어가는 인터뷰 음성 변조가 해외 방송에서는 사례가 거의 없었다는 사실(NHK만 4.8%)도 같은 맥락이다. 이러한 빈도는 지상파 3사의 음성 변조 기사 비율이 평균 7.1%에 그쳤던 2009년 연구(반현 · 홍원식, 2009)에 비하면 크게 늘어난 것이다. 뉴스의 대상을 불분명하게 표현하기 위해 행해지는 리포트 영상의 초점 흐리기 또는 카메라 흔들기 기법 역시 국내 방송(5.0%)이 NHK(20.6%)보다는 적었으나 NBC(1.6%)와 BBC(3.2%)보다는 자주 사용했다. 특히 연기자나 삽화 등을 동원해 재연하는 방법(2.4%)도 제한적으로 사용됐는데, 해외 방송 뉴스에서는 이러한 사례를 전혀 찾아볼 수 없었다.

방송 뉴스에서 영상과 소리의 인위적인 편집은 그 대상이 취재원인 경우가 적지 않다. 취재원을 드러내지 않는 익명화의 방법으로 얼굴을 가리거나 음성을 변조하기 때문이다. 국내 방송 뉴스의 익명 취재원 수(0.6개)는 BBC(0.8개)보다는 적었으나 NBC와 NHK(모두 약 0.3개)보다는 훨씬 많았다. 해외 방송 뉴스가 국내보다 전체 취재원 수가 많다는 점을 감안하면 국내의 익명 취재원 사용 빈도는 더 심하다고 할 수 있다. 방송 뉴스의 사실성과 투명성을 스스로 저해하고, 시청자들이 생생하고 선명한 뉴스 현장을 볼 권리를 앗아가는 영상 및 소리의 변조가 국내 방송에서는 왜 이렇게 성행하게 됐는지에 대해서는 뒷부분에서 따로 상세히 다룬다.

편의적 · 편향적 취재원 반영 관행 심각

이번 연구에서는 국내 방송 뉴스가 기사의 핵심적 사실과 관점을 제공하는 취재원을 어떻게 선택하고 반영하는지를 다양한 조사 항목을 통해 집중적으로 살펴보았다. 취재원의 실명과 익명 표기 방식은 물론, 취재원의 유형별 분석과 취재원 육성의 시간, 음성 변조 여부 등을 조사했다. 그 결과 기사에 등장하는 취재원 수가 해외 방송에 비해 크게 적었고, 그들의 목소리를 기사에 담는 취재원 육성의 시간도 매우 짧았다. 이는 해당 사안에 대해 이해관계자들의 다양한 의견을 충분히 반영하지 못하고, 반영하더라도 그들의 발언 취지를 충분히 전하지 않는다는 의미여서 문제가 있다.

국내 언론이 기사에 취재원을 표출하는 방식은 분명한 원칙과 기준에 따르기보다는 보도 목적 달성의 편의성을 더 중시하는 경향을 보인다. 이번 연구에서 국내 방송사가 해외 방송사보다 투명 취재원이 훨씬 적고 익명 취재원은 많았던 이유 중에는 취재원 보호를 위한 불가피한 경우라는 것도 있지만 취재원 공개의 부담을 피하려는 편의적 목적 때문인 것도 크다. 취재원이 실명이나 직책이 공개되는 것을 꺼려할 경우 별다른 고민 없이 익명 처리 요구를 받아들이는 것이다. 실명을 공개하지 못할 이유가 없는 정부기관의 취재원을 굳이 '관계자'라고 익명화하는 관행이 그렇다.

취재원의 발언을 인용하는 방식에서도 국내 방송은 발언 원문을 충실히 살리기보다는 자신들이 필요한 부분만 편의적·형식적으로 취사선택하는 경향을 보였다. 예를 들어 취재원의 발언을 완성된 문장 형태로 전하지 않고 중간에 끊는 기사의 비율이 국내 방송은 10건 가운데 3건꼴로 있었으나, BBC는 그 비율이 10건 중 1건이 되지 않았고, NBC는 1.6건에 그쳤다. 다만 NHK는 8.6건으로 국내보다 훨씬 많았다. 해외 방송에 비해 상대적으로 짧은 기사의 길이에도 불구하고 인터뷰 2개 정도는 꼭 들어가야 하는 제작 공식을 충족하려면 불가피한 현상이다. 하지만 기사 방향성에만 맞추어 거두절미하여 들어가는 취재원의 발언은 왜곡과 오해의 위험이 높을 수밖에 없다.

취재원 선택의 편향성도 중요하다. 이번 연구에서 취재원을 엘리트 취재원과 일반 취재원으로 나눠 분석한 결과 국내 방송 뉴스는 엘리트 취재원을 포함하는 방송 리포트의 비율이 NHK보다는 높고, NBC와 BBC에 비해서는 낮았다. 특히 일반 취재원을 포함한 방송 리포트의 비율(39%)은 해외 방송(49~56%)에 비해 현저하게 낮았다. 하나의 방송 리포트에 등장한 모든 일반 취재원의 육성 방송 시간을 합친 결과에서도 국내 방송(14.59초)은 NHK와 BBC(모두 29초)에 비해 매우 짧았다. 이러한 결과는 국내 방송이 엘리트 취재원, 다른 말로 표현하면 지배 세력과 권력의 관점에서 편향적으로 현실을 재현하며, 시민의 목소리를 대변하고 반영하는 데 소홀하다는 비판을 받을 수 있다. 이는 정부나 기업이 제공하는 보도자료에 의존하는 기사가 많고, 출입처 중심의 취재 활동을 펼치는 국내 언론의 취재 보도 관행이 반영된 결과로 해석된다.

취재원 발언을 편의적이고 편향적으로 활용하는 또 다른 보도 관행은 취재원의 발언을 자막 제목에 활용하는 직접 인용구 사용이다. 국내 방송에서는 이런 제목이 들어간 기사 비율이 30.9%에 달했으나 BBC는 전혀 사용하지 않았고, NBC(13.6%)도 사용 비율이 낮았다. 특정 취재원의 발언 일부를 제목에 인용하는 것은 언론의 사실 확인과 객관적 평가 의무를 외면하면서 사안을 편향적으로 전달할 수 있다는 점에서 문제가 많은 관행이다.

시청자의 관심을 끌기 위한 자극적인 영상 처리

국내 방송 뉴스는 빠른 컷 전환과 현란한 시각 효과, 화면 가득한 자막 등 자극적인 영상 구성으로 영상 저널리즘을 황폐화하고 있다는 내부 비판을 받고 있다(최연송, 2019). 시청률을 최상의 가치로 여기는 방송문화로 인해 시청자의 흥미와 관심, 주목도를 높이기 위한 선정적 영상 처리가 국내 방송 뉴스의 경우 해외 방송보다 심한 것으로 확인됐다. 리포트 영상에서 긴장감을 유발하거나 주목도를 높이기 위해 특정 화면을 부각 또는 강조하는 영상 기법이 국내 방송의 경우 분석 대상의 3분의 1에서 사용됐으나 BBC와 NHK에서는 거의 찾아볼 수 없었다. 화면의 부각 및 강조는 외부 영상을 사용하는 과정에서 영상의 선명도를 높이려는 목적, 또는 뉴스와 관련 없는 사람과 장소를 가리려는 목적 등 다양한 동기에서 사용된다. 그렇지만 여기에는 시청률을 의식해, 보다 자극적인 영상 표현으로 시청자들의 눈길을 잡으려는 목적도 포함돼 있다. 선정성이 강한 범죄 사건을 보도하면서 피해자나 가해자의 영상만 음영 처리를 달리해 두드러지게 부각하거나, 빨간색 동그라미 등의 처리를 하여 지목하는 방식이 대표적인 사례이다.

방송 뉴스의 내용을 실사, 삽화, CG 등을 통해 재연하는 보도도 국내 방송에서는 2.4%의 사례에서 발견됐으나 BBC와 NHK에서는 전혀 없었다. 사건을 마치 드라마처럼 재구성하는 재연은 사실을 사실대로 전한다는 뉴스의 기본 원칙과는 결코 타협할 수 없는 전달 방식이다. 극적 표현 과정에서 주관적 해석이나 사실과 부합하지 않는 내용들이 개입할 수밖에 없기 때문이다. 이런 보도는 특히 잔혹한 강력사건이나 선정적 성범죄 사건을 다룰 때 자주 사용된다는 점에서 시청률을 높이려는 의도가 강하게 내포되어 있다.

동일 장면을 반복해서 보여주는 보도의 비율에서도 국내 방송은 NBC와 비슷하게 10건 가운데 9건이 해당됐지만 BBC는 절반에 미치지 못했고, NHK는 거의 없었다. 동일 장면을 반복하는 이유에는 해당 장면의 중요성, 다른 관련 영상의 부족 등 여러 배경이 있을 수 있지만 주목도가 높은 영상을 통해 시청자의 눈길을 사로잡으려는 목적도 작용함을 부인하기 어렵다.

품격과 사실적 영상 BBC, 단순한 구성 NBC, 기자가 보이지 않는 NHK

연구 결과를 국내외 방송사별로 비교해 각국 방송 뉴스의 특징과 상호 유사성 및 차별성을 파악할 수 있었다. 먼저 국내 방송사는 앞에서 다뤘듯이 전체 뉴스 시간이 가장 길고 뉴스 아이템 수와 뉴스 리포트 수가 가장 많은 반면, 리포트 시간이 짧아 뉴스의 양적 생산에 치중하는 양상을 보였다. 뉴스 프로그램에서 스포츠 기사 비중이 높고, 대담 프로그램과 스튜디오 리포트가 많다는 점도 해외 방송과 확연히 달랐다.

반면 NBC는 전체 뉴스 시간(19분 24초)은 가장 짧은 데 비해 뉴스 아이템 수는 BBC, NHK와 차이를 보이지 않았다. 그 결과 기자 리포트의 시간이 짧고, 취재원의 전체 수와 일반 취재원의 수도 적다는 점이 국내 방송사의 상황과 유사했다. NBC 같은 미국 네트워크 방송사들은 본사에서 제작하는 전국 뉴스는 굵직한 사건 및 이슈 중심으로 짧게 보도하고, 지역 뉴스는 해당 지역 제휴 방송사가 맡아서 처리하는 이원화된 구조를 가지고 있기 때문으로 보인다.

뉴스의 유형이 거의 뉴스 리포트와 단신으로 단순하게 구성된다는 점도 국내 방송 뉴스의 특징이다. 그러나 제작형 기사와 심층성이 있는 기사, 정보 출처가 자체기획인 기사 비중이 높다는 점은 BBC와 유사했다. BBC와 NBC는 1인 앵커가 뉴스를 진행하고, 앵커와 기자 사이에 대화가 활발하게 이루어지는 반면에 뉴스 프로그램 구성에 대담, 논평, 스튜디오 리포트가 없다는 점에서 유사했다.

NHK는 전체 뉴스 시간(29분 50초)이 기계처럼 정확하며, 뉴스 리포트의 시간이 모든 비교 대상 방송 가운데 가장 길었지만, 기자가 등장하는 리포트가 극히 적다는 특징이 두드러진다. 대부분 뉴스를 진행자가 직접 읽거나 해설하는 방식을 택하고 있기 때문이다. 이는 뉴스 리포트를 기자가 주도적으로 제작하는 국내 방송과 달리 NHK는 보도국에서 주도권을 갖고 만든다는 제작 방식의 차이와 관련이 있다.

자연재해가 많은 국가적 특성을 반영하는 듯 NHK의 방송 뉴스 프로그램 구성에서는 사건·사고 기사가 하루 평균 5건 정도 들어갈 정도로 중요하게 다뤄졌다. 같은 맥락에서 뉴스 리포트의 정보 출처도 발생 사실이 차지하는 비중이 무려 87.3%에 달해 다른 나라(33.5~43.5%)와 확연히 대비되었다. 또 NHK는 그날그날 벌어진 사안을 전하는 스트레이트형 기사가 많으며, 자체기획 기사(6.3%)가 적다는 점은 국내 방송사의 경우와 유사했다. NHK 뉴스는 내용이 상당히 길면서도 차분하고 절제된 전달 방식으로 유명하다. 리포트의 평균 시간이 4분에 가깝지만 최대 9분짜리 뉴스 리포트도 있었다. 리포트의 시간이 긴 만큼 취재원 육성의 전체 시간, 엘리트 취재원 방송 시간이 가장 길었으며, 동일 장면 반복은 거의 없고, 모자이크 처리도 가장 적게 했다.

가장 성공한 공영방송 모델로 평가받는 BBC는 심층적 뉴스에 다채로운 리포트 방식, 인위적 편집이 거의 없는 선명하고 사실적인 영상, 한 편의 다큐멘터리를 보는 듯한 완결성이 느껴지는 것이 특징이다. 리포트 형식에서도 대부분 녹화에 의존하는 다른 나라 방송과 달리 현장 생중계(12.6%), 녹화+현장 생중계(20%), 녹화+스튜디오 생중계(4%) 등을 적절히 배합하는, 다채롭고 역동적인 뉴스를 선보이고 있다. BBC는 취재원 분야에서도 전체 취재원 수와 투명 취재원 수가 가장 많았을 뿐 아니라 시민 같은 일반 취재원이 가장 많이 등장했으며, 취재원의 말을 중간에 끊는 사례가 가장 적었다. 취재원 활용에서 가장 모범적이라고 해도 지나치지 않다.

또, 다른 나라들이 모든 기사에 제목을 사용하고 있었지만 BBC는 제목이 들어간 기사 비율이 22.6%로 극히 적었고, 제목에 인용구를 전혀 사용하지 않았다. 재연이나 음성 변조도 전혀 없고, 모자이크, 화면의 부각 및 강조, 영상 초점 흐리기 및 카메라 흔들기 같은 인위적인 영상 조작도 거의 없다는 점은 선정성을 배격하는 방송 원칙을 준수하기 때문으로 풀이된다. 리포트에 기자가 직접 모습을 드러내는 스탠드업 비율(77.4%)이 다른 나라보다 크게 높은 것도 BBC의 특징인데, 이는 앵커와 기자 사이의 현장 대담이 다른 나라보다 많은 것과 관련이 있어 보인다.

2) 국내 방송 뉴스 품질의 내부 비교

이번 연구에서 해외 방송사와 국내 방송사의 품질 차이는 비교적 확연하고 일정한 패턴을 보였다. 반면 국내 방송사 간 비교에서는 지상파와 종편 사이에 유의미한 차이가 두드러졌으나, 방송사별로 비교하면 모든 분야에서 압도적이거나 일관된 품질의 차별성을 보이는 매체는 보이지 않았다.

지상파 대 종편 비교

모든 분석 항목 가운데 지상파와 종편 간에 통계적으로 유의미한 차이가 확인된 부분은 앵커의 수, 프로그램 구성, 리포트의 길이와 시간, 리포트 구성 방식, 취재원의 전체 수, 투명 취재원 수, 엘리트 취재원 수, 취재원 육성의 전체 시간, 영상 초점 흐리기 및 카메라 흔들기, 화면 부각 및 강조, 외부 영상 활용, 동일 장면 반복, 정보의 출처, 관점의 다양성 등이었다.

두드러진 특징을 살펴보면, 첫째, 뉴스 리포트 내용에서 지상파가 여러 품질 요소에서 종편보다 상대적으로 양호한 결과를 보였다. 예를 들어 리포트 시간은 지상파가 1분 36초로 종편의 1분 23초보다 길었고, 취재원 육성의 전체 시간도 지상파(21.1초)가 종편(17.2초)보다 길었다. 또 취재원 관련 항목은 전체 수(2.5개/2.3개), 엘리트 취재원(1.9개/1.6개)에서 모두 지상파가 유의미하게 앞섰다(<표 4-2> 참조). 특히 뉴스 리포트 구성 방식에서 발생사실 중심으로 전달하는 단순한 형태의 스트레이트 유형이 지상파는 28.7%였으나 종편은 61.8%로 현저한 차이를 보였다. 또 여러 구성 요소를 두루 갖춘 제작형의 비율도 지상파(16.4%)와 종편(7.3%) 사이에 차이가 두드러졌다. 이러한 격차는 지상파에 비해 조직과 인력 등 자원이 상대적으로 취약한 종편이 지상파와 동일한 분량의 뉴스를 생산하려고 하는 경쟁 전략의 결과로 해석된다.

전체 뉴스 시간이나 전체 뉴스 아이템 수는 미세한 차이지만 지상파보다 종편이 오히려 많았다. 그러나 지상파보다 뉴스 시간이 약 20분 이상 긴 JTBC를 제외하면 전반적으로 종편은 지상파에 비해 뉴스 시

<표 4-2> 국내 방송사 중 지상파와 종편 간 주요 뉴스 품질 비교

분석 항목	앵커 수	프로그램 구성	리포트 시간	리포트 구성 방식	취재원 육성	취재원 전체 수	엘리트 취재원	투명 취재원	초점 흐리기 및 카메라 흔들기	화면 부각 강조	동일 장면	정보 출처	관점 다양성
대표 문항	N	리포트 패키지	시간	스트레이트형	전체 시간	N	N	N	있음	있음	있음	보도 자료	복합적 관점
단위	명	개	분	%	초	개	개	개	%	%	%	%	%
지상파	2.5	16.1	1.36	28.7	21.1	2.5	1.9	1.9	0.5	21.5	99.5	49.7	17.9
종편	1.8	20.6	1.23	61.8	17.2	2.3	1.6	1.7	8.4	40.8	80.5	40.1	28.2
유의도	***	**	***	***	***	*	*	*	***	***	***	**	***

※ 통계적으로 유의미한 차이가 확인된 주요 항목만 포함.

간과 아이템 수가 적은 편이다. 그렇지만 뉴스 리포트의 경우 지상파는 평균 16개인 반면 종편은 21개로 훨씬 많았다. 종편 기자들이 제작 여건은 지상파보다 열악한 상황에서 더 많은 뉴스 리포트를 생산하고 있음을 보여준다. 프로그램 구성에서 지상파에는 중요하게 들어가는 스포츠 뉴스가 종편에는 거의 없다는 점도 두드러진 차이였다.

둘째, 시각 요소 관련 항목에서 종편은 영상 초점 흐리기 및 카메라 흔들기 같은 카메라 조작 기법이 사용된 기사 비율(8.4%)이 지상파(0.5%)보다 많았고, 긴장감을 조성하거나 주목도를 높이기 위해 특정 화면을 부각하는 기법이 활용된 기사 비율(40.8%)도 지상파(21.5%)에 비해 많았다. 종편이 지상파와 시청률 경쟁에서 우위를 차지하기 위해 자극적이고 선정적인 영상 기법을 많이 활용한다는 선행연구(박기묵·김광재, 2014)와 같은 맥락의 결과이다. 그러나 관점의 다양성 측면에서 복합적 관점을 포함한 기사 비율은 종편(28.2%)이 지상파(17.9%)보다 많았다. 또한 기사의 심층성에서는 지상파와 종편 간에 차이가 나타나지 않았으며, 정보 출처 중 보도자료 비율은 지상파(49.7%)가 종편(40.1%)보다 높았고, 발생사실 비율은 종편(37.4%)이 지상파(28.2%)보다 높았다.

2011년 종편 출범 이후 방송 뉴스 지형과 내용에 어떤 변화가 있었는지는 방송 연구자들의 중요 관심사이다. 이에 따라 종편 출범 이전 3년과 이후 3년간의 지상파 방송 뉴스를 분석한 한수연과 윤석민(2016)은 종편 출범 이후 지상파 뉴스의 하루 평균 뉴스 아이템이 감소하고 보도 시간은 증가하는 변화가 나타났으나, 그럼에도 심층성은 오히려 감소했다고 평가했다.

셋째, 전체 뉴스 프로그램 구성에서 종편은 스포츠 뉴스가 별도 코너로 있는 지상파와 달리 스포츠 뉴스를 거의 다루지 않았다. 하지만 앵커 논평과 스튜디오 리포트는 지상파보다 훨씬 많았다. 앵커 논평 형식에서도 지상파(KBS, MBC)는 뉴스가 끝난 뒤에 앵커가 짧게 마무리 멘트를 하는 형식을 주로 활용하지만, 종편은 JTBC의 '앵커브리핑', MBN의 '뉴스 초점', TV조선의 '앵커의 시선'처럼 2~3분짜리 비중 있는 고정코너를 운영하면서 마무리 멘트도 병행하는 것이 특징적이었다. 종편은 스타성이 강한 앵커를 전면에 내세우는 차별화 전략을 취하고 있는 셈이다.

개별 방송사 간 비교

국내 방송사들의 특징을 살펴보면 우선 MBC와 채널A가 서로 현저하게 대비된다. MBC는 리포트 패키지 수가 12개로 가장 적은 반면에 리포트의 평균 시간은 반대로 1분 46초로 가장 길었다. 또 전체 취재원 수(2.8개)가 국내 방송사 가운데 가장 많았고, 엘리트 취재원 수(2개)도 가장 많았다. 동시에 익명 취재원(0.8개)도 가장 많았고, 투명 취재원(2.1개)은 KBS에 이어 두 번째로 많았다. 취재원의 수가 많은 만큼 완전한 단일 관점을 가진 기사의 비율(48.4%)은 가장 적었다(<표 4-3> 참조).

반대로 채널A는 리포트 패키지가 21개로 MBC보다 2배 가까이 많았으나 리포트의 시간은 1분 19초로 가장 짧았다. 이로 인해 취재원 전체 수(2.1개)가 제일 적었으며, 완전한 단일 관점의 기사 비율(63.6%) 또한 가장 높았다. 뉴스 구성 방식에서도 스트레이트형 뉴스 비율(65.2%)이 가장 높았고, 리포트 정보 출처가 발생사실인 비율(53%)도 현저히 높았다. 한편 의문·평가·비판을 포함한 심층기사 비율(22.7%)은 가장 낮았다.

채널A는 짧은 기자 리포트를 최대한 많이 만들어내려는 전략인 반면에 MBC는 기자 리포트 수는 적게 하면서 기사를 길게 하려는 대비되

<표 4-3> 국내 방송사 중 매체 간 주요 뉴스 품질 비교

품질 기준	양식 분석				리포트 분석															
분석 항목	뉴스 시간	뉴스 아이템	프로그램 구성	톱 블록 주제	리포트 시간	구성 방식	심층성	정보의 출처	취재원 전체 수	엘리트 취재원	익명 취재원	투명 취재원	관점 다양성	마무리 문장 주체	화면 부각 강조	재연	동일 장면 반복	음성 변조	취재원 육성 전체 시간	취재원 육성 문장 수
대표 문항	N	N	리포트 패키지	북한·통일·남북	N	제작형	의문·평가·비판 있음	보도 자료	N	N	N	N	복합적 관점	없음	있음	있음	있음	있음	N	N
단위	분초	개	개	%	분초	%	%	%	개	개	개	개	%	%	%	%	%	%	초	개
KBS	51:24	29.1	16.4	28.6	1:31	19.7	36.4	53.0	2.6	2.0	0.3	2.2	15.2	22.7	15.2	0	100.0	13.6	22.4	3.8
MBC	51:04	23.0	12.3	28.6	1:46	12.5	32.8	48.4	2.8	2.0	0.8	2.1	18.8	26.6	18.8	3.1	98.4	26.6	21.7	4.6
SBS	46:35	26.6	19.7	42.9	1:32	16.7	35.4	47.7	2.2	1.6	0.8	1.4	20.0	20.0	30.8	3.1	100.0	24.6	19.0	3.4
JTBC	70:12	31.9	20.4	14.3	1:27	15.4	35.4	40.0	2.0	1.4	0.6	1.3	24.6	23.1	87.7	0	46.2	13.8	17.5	4.1
MBN	45:08	25.3	20.7	42.9	1:22	0	48.5	62.1	2.2	1.7	0.4	1.8	30.3	47.0	7.6	6.1	100.0	13.6	18.1	3.1
TV 조선	48:12	25.3	19.9	28.6	1:23	6.2	26.2	26.2	2.7	1.8	0.7	2.0	33.8	18.5	30.8	4.6	75.4	21.5	15.9	3.3
채널A	42:45	26.4	21.3	42.9	1:19	7.6	22.7	31.8	2.1	1.5	0.6	1.5	24.2	27.3	37.9	0	100.0	22.7	17.2	3.4
통계적 유의도	***	**	***	-	***	***	- (n.s)	***	***	**	*	***	*	**	***	-	***	- (n.s)	*	-

※ 대표문항은 분석 항목의 여러 문항 가운데 가장 의미 있는 문항 1개를 선정. N은 대표문항이 없이 분석 항목 자체를 측정.
※ 통계적 유의도는 통계 검증 수준을 보여주는 것으로 *=$P < .05$, **=$P < 0.1$, ***=$P < .001$을 의미. 줄 표시(-)는 통계적으로 유의미한 차이가 없다는 의미.

는 전략을 채택하고 있는 셈이다. 그런데 다음 절에서 자세히 설명하겠지만 MBC와 채널A의 취재 인력은 4배 이상 차이가 난다. 조직과 인력 규모를 고려할 때 종편 기자들의 뉴스 생산 부담이 지상파보다 얼마나 과중한지를 엿볼 수 있다.

JTBC는 여러 항목에서 타 방송사와 차별화되는 결과를 보여주었다. 우선 뉴스 시간(70분 12초)과 뉴스 아이템 수(32개)가 가장 길고 많았으며, 뉴스 프로그램 구성에서 단신 기사(5.1개)가 가장 많았다. 그런데도 리포트에 등장하는 전체 취재원(2개)이 가장 적었고, 엘리트 취재원(1.4개)과 투명 취재원(1.3개) 역시 가장 적었다. 반면에 정보 출처에서는 자체기획 의존 비율(29.2%)이 방송사 가운데 가장 높았다. 이러한 결과는 JTBC가 취재원을 통해 기사의 주제를 뒷받침하는 기존 방송 뉴스 관행을 따르지 않고 독자성을 중시하는 경향을 보여준다. 또 방송계에서는 JTBC가 높은 신뢰도에 힘입어 제보가 많다는 평가가 있는데, 이를 보여주듯 외부 영상 활용 비율(63.1%)이 가장 높았다. 반면 동일 장면 반복 비율(46.2%)은 가장 적었다. 이는 특정 장면을 반복적으로 내보내지 않으려고 하거나 영상의 다양성을 추구하기 때문인 것으로 해석할 수 있다. 그러나 시각 요소 측면에서는 영상 초점 흐리기 및 카메라 흔들기(13.8%)와 화면을 부각하는 영상의 비율(87.7%)이 가장 높았다.

공영방송인 KBS는 엘리트 취재원(2개)과 투명 취재원(2.2개)이 제일 많은 반면에 익명 취재원(0.3개)은 가장 적은 바람직한 양상을 보였다. 비슷한 맥락에서 KBS는 모자이크 처리(45.5%)와 음성 변조(13.4%) 기사의 비율이 방송사 평균보다 낮은 편이었다. 이는 MBC가 음성 변조 기사의 비율이 26.6%로 국내 방송사 가운데 가장 높고, 모자이크 처리 기사의 비율도 57.8%로 제일 많았던 것과 대조를 이룬다. KBS는 또 취재원 육성 방송 시간(22.4초)도 가장 길었으며, 리포트 구성 방식에서는 제작형(19.7%)이 가장 많았다. 그러나 복합적 관점을 가진 기사 비율(15.2%)이 방송사 가운데 가장 낮았다. 이는 자체기획 기사가 많고, 취재원도 투명하게 밝히는 편이지만, 한편으로 다양한 이해관계와 서로 다른 관점을 충분히 반영하지 못하고 있다는 의미로 평가할 수 있다.

SBS는 리포트 구성 방식에서 절충형 기사 비중이 72.7%로 다른 방송사보다 압도적으로 많은 특징을 보였다. 절충형 리포트는 리포트 앞부분에 2~3문장 정도 간단히 사례를 보여주는 '모자 씌우기'로 시작하지만 뒷부분은 스트레이트형 리포트인 경우를 의미한다. 따라서 SBS는 스트레이트 기사라고 하더라도 그냥 보도하기보다는 기획적 성격을 반영하려고 노력한다는 해석이 가능하다. SBS는 또 기자가 리포트에 등장하는 스탠드업 기사 비율(47.0%)이 가장 높았다. 반면 익명 취재원(0.8개) 사용이 MBC와 함께 제일 많았고, 모든 기사에 동일 장면이 반복적으로 쓰였다.

TV조선은 정보 출처에서 보도자료 의존 비율(26.2%)이 가장 낮았으며, 대신 발생사실(50.8%)에 근거한 기사 비율은 채널A 다음으로 높았다. 또 복합적 관점을 가진 기사 비율(33.8%)이 제일 높았고, 따라서 완전 단일 관점의 기사(53.8%) 비율도 현저히 낮은 편이었다. 그러나 심층성이 있는 기사의 비율(26.2%)은 채널A 다음으로 낮은 편이었다. TV조선은 또 논평이 MBN 다음으로 많았고, 톱 블록에서 경제·산업 기사를 다룬 빈도가 KBS와 함께 가장 많았다.

MBN은 기사 정보 출처에서 보도자료 의존 비율(62.1%)이 가장 높았고, 리포트 구성 방식은 스트레이트형(62.1%)이 상대적으로 많은 편이었으며, 제작형은 하나도 없었다. 반면에 심층성이 있는 기사 비율(48.5%)은 제일 높게 나타났다. 주로 발생한 사안을 중심으로 보도를 하지만 비판적인 평가가 포함된 기사가 많다는 추정이 가능하다. MBN

은 모자이크 처리와 음성 변조 기사의 비율이 타 방송사에 비해서 적은 편에 속하지만 모자이크 대상이 무관한 취재원인 비율은 78.2%(종편 평균 40.4%), 음성 변조가 무관한 취재원인 비율 역시 77.8%(종편 평균 22.5%)로 가장 높은 특이한 양상을 보였다. 기사와 무관한 사람들이 제기하는 초상권 문제를 크게 의식하기 때문으로 해석된다. 또 MBN은 김주하 앵커의 고정코너인 '뉴스 초점'을 주 5회 방송하고, 앵커 클로징 코멘트는 7회 방송하는 등 논평 활용이 가장 많은 방송사로 나타났다. 기사 마지막 문장 술어의 주체가 분명치 않은 무주체 술어 기사가 거의 절반에 달할 정도로 가장 많은 것도 특징이다.

결론적으로 국내 방송사 가운데 여러 품질 요소에서 압도적으로 앞서가거나 차별화되는 방송사는 없다고 평가할 수 있다. 하지만 JTBC가 뉴스 프로그램 형식과 내용에서 차별화되는 독자적 시도를 통해 기존 방송 뉴스 관행에 변화를 가져오고 있으며, 지상파 중에서는 MBC가 뉴스 시간이나 리포트 패키지 형식에서 차별화를 추구하는 양상을 보이고 있다.

2. 무엇이 문제인가

1) 저널리즘 규범보다 우선하는 상업주의 규범

상업적 뉴스매체는 기업으로서 이윤 추구를 중시하는 상업주의 논리와, 언론으로서 공익성과 책무성을 중시하는 저널리즘 논리가 공존하며 늘 보이지 않는 갈등과 긴장을 야기한다. 특히 시청률이 곧바로 경영 성과로 이어지는 방송산업에서는 시청률을 높여야 한다는 압박이 뉴스 프로그램에도 강하게 작용하기 마련이다. 공영방송인 KBS와 공적 소유 구조를 가진 MBC도 부분적으로, 또는 전면적으로 광고 수입에 의존하기 때문에 이러한 압력으로부터 자유롭지 못하다.

방송사 간부들은 출근하면 제일 먼저 보는 것이 전날 시청률 집계표라는 말이 있고, 보도국 편집회의 자리에 시청률 통계를 올려놓지 않는 것이 중요한 결단으로 화제가 될 정도로 방송사들은 시청률에 예민하다(방송기자 편집위원회, 2016). 보다 많은 수용자에게, 그들이 필요로 하는 가치 있고 유용한 정보를 제공하는 일은 공영이든 민영이든 모든 방송사에 중요한 과제이다. 그런 면에서 시청률은 방송 제작에 의미 있는 지표이며, 시청률과 보도 품질이 역함수 관계에 있는 것도 아니다.

그러나 저널리즘 가치를 추구하는 내부 규범이 굳건하게 뿌리내리고 있지 못하다면 시청률이 지배적 규범으로 자리 잡으면서 뉴스 제작의 모든 과정에서 영향을 미치게 된다. 더구나 디지털 미디어의 확산과 종편의 등장 등으로 지상파 방송사의 경영 여건은 갈수록 어려워지고, 방송사 간 시청률 경쟁은 더욱 치열해지는 상황이다. 시청률 경쟁은 뉴스 소재를 선택하는 데 있어서 시청자의 호기심이나 감정에 호소하는 선정적이고 자극적인 내용을 선호하고, 영상 편집에서도 자극적인 방식을 택하게 한다.

방송 저널리즘의 문제를 7가지 유형으로 정리한 방송기자연합회 저널리즘 특별위원회(2014)는 '시청률 집착'을 그중 하나로 꼽았다. 위원회는 시청률 집착을 "기사에 대한 합리적이고 정당한 판단 기준을 단순하게 시청률로 대체하는 경향"이라고 설명하면서 그 세부 유형으로 '말초적 사건·사고의 습관적 채택', '선정적 소재에의 집착', '깊이 없는 연예 뉴스 양산', '호기심 천국', '그래픽 및 재연 기법의 남용'의 5가지를 제시했다. 이번 연구에서도 국내 방송은 선정적인 영상 처리 경향이 해외 방송보다 훨씬 심한 것으로 확인됐다. 리포트 영상에서 긴장감을 유발하거나 주목도를 높이기 위해 특정 화면을 부각 또는 강조하는 영상기법 사용이 빈번하고, 주목도가 높은 영상을 반복적으로 보여주거나 보도 내용을 실사 및 CG로 재연하는 보도 등이 대표적이다.

방송사 내부에서 뉴스를 혁신하고 보도 품질을 높이려는 시도들도 많은 경우 시청률의 벽에 막혀 좌절되곤 한다. 지금의 방식이 시청률에 최적화된 방송이고, 보도의 질적 쇄신이 시청률 상승을 보장하지 않는다고 믿기 때문이다. 시청률은 뉴스 조직에도 성과를 측정하는 유일한 척도로 인식되고, 시청률을 떨어뜨리는 변화는 그것이 아무리 정당하더라도 용인되기 어려운 것이 한국 방송문화의 현주소이다.

2) 취약한 취재 환경 속에서 양산되는 정형화된 뉴스와 미약한 혁신

국내 방송 뉴스의 품질을 해외 유수의 방송과 비교하려는 시도는 언론인에게는 호응을 얻기 어렵고 냉소적인 반응에 직면하기 일쑤이다. 조직 규모와 인력, 재원 등 뉴스 생산을 위한 물적인 토대부터가 다른데 동렬에 놓고 비교하는 자체가 타당하지 않다는 반론이다. 다분히 일리 있는 주장이다. 우선 인력만 비교해도 차이가 크다. BBC는 세계 최대의 방송 뉴스 조직을 갖추고 있으며 뉴스 생산에 종사하는 기자가 2,000명이 넘는다.[1] NHK는 공식 통계는 없지만, 비공식적으로 문의한 결과 2019년 현재 1,183명(본사 419명, 지역 764명)의 인력이 있었다.

국내 방송사의 경우 『2018 방송산업 실태조사 보고서』(신지형 · 정용찬 · 이선희 · 노희윤, 2018)에 따르면 기자직 수는 KBS 866명(본사 570

1 http://news.bbc.co.uk/aboutbbcnews/hi/this_is_bbc_news/default.stm

명), MBC 756명(본사 470명), SBS 239명(지역민방 포함 시 295명)이다. 종편은 MBN이 173명으로 가장 많고, 채널A 162명, JTBC 148명, TV조선 137명 순이다. KBS는 같은 지상파인 SBS에 비해 2.9배, 종편 가운데 가장 수가 적은 TV조선에 비해서는 6.3배나 많은 기자 인력을 보유하고 있다. BBC와 NHK를 기준으로 하면 KBS와 MBC는 그래도 격차가 그리 크지 않지만, 종편 입장에서는 비교 자체가 무의미한 수준이다.

그런데도 국내 방송사들은 저녁 종합뉴스 시간이 해외 방송사들의 뉴스보다 상당히 긴 편이고, 기자들이 직접 뉴스를 만들고 출연까지 해야 하는 리포트 패키지는 2배 이상 많으니 2중·3중의 어려움에 놓여 있는 상황이다. 뉴스의 질보다는 양으로 승부할 수밖에 없는 환경이다. 이러한 양적 경쟁의 산물이 한국적 방송 뉴스의 도식이다. 제한된 자원을 가지고 짧은 시간에 더 많은 뉴스를 만들어내는 가장 효율적인 방법은 기계로 제품을 찍어내듯이 뉴스 제작을 정형화·표준화하는 것이기 때문이다.

기본적으로 뉴스 조직은 발생 자체를 예측하기 어려운 뉴스를 인력, 시간, 공간 등의 다양한 제약 속에서 안정적이고 효율적으로 생산하기 위해 뉴스 생산 과정을 정형화하는 제작 관행을 가지고 있다(Gans, 1979; Tuchman, 1978). 기자들이 뉴스와 정보가 집결되는 이른바 출입처라는 제도적 취재원을 중심으로 기사를 수집하고, 객관적 사실관계 중심으로 일정한 틀에 맞춰 기사를 작성하거나 도식적인 방송 리포트 양식에 따라 보도를 하는 관행들이 바로 그것이다. 그래서 뉴스 양식의 형식적 특징은 곧바로 뉴스의 내용에 영향을 미치고, 뉴스 생산자들의 취재 보도 관행을 결정한다. 특히 영상과 텍스트를 적절히 결합해 실시간으로 보도해야 하는 방송에 안정적인 뉴스 생산 양식의 제도화는 사활적 이슈이며, 그만큼 한번 정착한 뉴스 양식은 바꾸기 어렵다.

앞의 1장에서도 설명했듯이 국내의 방송 뉴스가 현재와 같은 뉴스 전달 양식을 정착시킨 시기는 1970년 MBC <뉴스데스크> 출범 이후이다. 서구 방송처럼 앵커가 뉴스를 진행하고 취재기자가 현장감을 살려 리포트를 하는 포맷을 <뉴스데스크>가 처음 도입했고, 다른 방송사들도 이 방식을 따라했기 때문이다. 처음에는 저녁 뉴스 시간이 미국 네트워크 방송 모델을 따라 30분 정도였으나 1990년대 초 SBS의 출범으로 뉴스 경쟁이 치열해지면서 45분으로 늘어났다(이재경, 2004). 방송사들이 뉴스 시간을 늘리는 배경에는 신문과의 경쟁에서 우위를 점하려는 목적도 크게 작용했다. 동시에 가능한 한 많은 기사를 소화하기 위해 기자 리포트를 짧게 하면서 기사 구성 방식을 도식화했다. 이러한 전략은 짧은 리포트를 백화점식으로 나열하는 것이 뉴스 경쟁과 시청률 상승에 도움이 된다는 판단 때문이었지만, 조직 내부적으로는 가장 주목도 높은 저녁 뉴스에 참여하는 기회와 부담을 공평하게 하려는 고려도 작용했다(이준웅 · 황유리, 2004; 최영재 · 남재일, 2013).

뉴스 양식은 뉴스를 제작하는 기자들의 일의 성격, 그들이 투여하는 시간과 노력의 한계를 결정하고, 내용의 다양성과 심층성 또한 좌우한다는 점에서 매우 중요하다(이재경, 2004: 76). 리포트의 포맷을 정형화하면 제작 시간을 단축하고, 뉴스 제작의 숙련도와 무관하게 누구나 쉽게 제작할 수 있으며, 제작 과정에서 발생 가능한 여러 불확실성을 통제할 수 있는 이점이 있다. 그러나 똑같은 포맷의 짧은 리포트를 나열하는 뉴스는 기자의 개성과 창의성을 살리기 어렵고, 사안에 대한 풍부한 정보와 깊이 있는 분석, 다양한 관점 제시를 원초적으로 불가능하게 만든다. 무엇보다 천편일률적인 형식과 피상적인 내용으로 시청자들의 관심과 몰입을 저해한다. 그런데도 디지털 혁신이 미디어의 기존 질서를 파괴하는 위기 상황 속에서 방송 뉴스의 구태의연한 도식은 좀처럼 깨지지 않고 있다.

3) 당일치기식 취재 보도 시스템이 만들어내는 피동적·피상적 뉴스

이번 연구 결과에서 국내 방송 뉴스는 그날 발생한 사안을 사실관계 중심으로 간결하게 보도하는 이른바 스트레이트형 뉴스가 해외 방송에 비해 압도적으로 많았고, 기자 리포트의 정보 출처에서는 보도자료(발표)와 발생기사 비율이 해외보다 높았다. 이러한 결과는 한국 언론의 독특한 취재 보도 시스템 및 관행을 반영하는 것이다. 정부기관과 기업 같은 출입처를 중심으로 취재 활동을 펼치고, 취재원이 제공하는 보도자료에 크게 의존하는 한국적 관행이 발표 및 발생기사의 높은 비중을 초래하기 때문이다. 이런 기사들은 기자가 기획 또는 발굴하는 뉴스가 아니라 취재원에 의해 주어지는 뉴스이기 때문에 기사를 다루는 방식도 능동적이기보다는 피동적이다. 취재원이 제공하는 보도자료는 취재원의 관점에서 사안을 일방적으로 해석하고, 잘 짜여진 논리와 객관적 자료들로 이를 뒷받침하고 있기 때문에 보도 방향에 지대한 영향을 미친다.

무엇보다 발표와 발생기사들은 충분한 시간을 가지고 깊이 있게 취재하는 것이 현실적으로 어렵기 때문에 사실 전달 위주의 피상적 내용에 그치기 쉽다. 앞에서도 설명했지만 NBC와 BBC에서는 보도자료에 의한 기사를 거의 찾아보기 어렵다. 보도자료를 바탕으로 기사를 쓴다면 독립적인 감시자로서 언론의 역할을 포기하는 것이라는 인식이 강하다. 정부와 기업 발표를 전해야 할 필요가 있는 경우에는 단신으로 처리하거나 앵커가 짧게 소개하고 넘어가는 방식을 취한다. 만약 사회적으로 공론화할 가치가 큰 사안이라면 발표 내용에 의존하지 않고, 자신들의 관점에서 기획기사처럼 심층적으로 재구성한다.

스트레이트형 기사의 비중이 높은 또 다른 배경에는 치열한 기사 경쟁과, 단독 또는 특종을 언론사와 기자의 역량을 상징하는 명예로운 성과물로 상찬하는 언론계 문화도 작용한다(김세은, 2017). 특히 온라인이 등장하기 이전부터 실시간 속보 경쟁에 노출되어 있었던 방송 입장에서는 경쟁자보다 한발 앞서 보도하는 이른바 시간차 특종이 높은 가치를 가지며, 그 대상은 주로 스트레이트형 기사들이다.

비슷한 취재 영역과 주제, 동일한 출입처를 놓고 펼쳐지는 기사 경쟁은 각 방송사가 독자적이고 차별적인 뉴스를 발굴하기보다는 서로 비슷비슷한 기사를 양산하게 만드는 동질화를 촉진한다. 가뜩이나 보도 기능에 치중하는 종편의 등장으로 방송 뉴스 시장의 경쟁은 더욱 가열되는 상황이다. 최근 JTBC 보도를 총 지휘하게 된 권석천 보도총괄은 취임사에서 "그날 벌어 그날 먹고 사는 'hand to mouth' 저널리즘을 폐기해야 한다"고 말해 주목을 끌었다. 그 의미가 무엇인지 상세한 설명은 없었지만, 충분한 준비와 철저한 확인 없이 시간에 쫓겨 성급하고 불완전하게 뉴스를 만들어내는 과거 방식과의 과감한 단절 의지를 표방한 것으로 보인다.

같은 맥락에서 최근 지상파 방송사를 중심으로 활발히 추진되고 있는 뉴스 혁신 작업들도 긴 호흡과 충분한 시간을 가지고 취재함으로써 독자적 탐사 및 기획 보도 기능을 강화하도록 하는 데 초점을 맞추고 있다. 2018년 탐사보도부의 출범과 함께 시작된 SBS '끝까지 판다'는 많은 우수한 탐사기사와 감춰진 이슈를 최초로 드러내는 의미 있는 기사를 다수 발굴하면서 독자적 브랜드로서 확실히 자리 잡은 대표적 성공 사례로 꼽힌다. 그러나 이러한 실험적 성공 사례는 취재 여건이 상대적으로 열악한 방송사나 일상적인 뉴스 부담이 큰 취재부서 기자들에게는 딴 나라 이야기처럼 거리감이 있다. 디지털 환경으로 경쟁 방송사뿐 아니라 온라인에 보도되는 모든 기사를 항상 체크하고 처리해야 하는 스트레이트 기사의 처리 부담이 독자적인 취재 활동의 발목을 잡고 있다는 게 대부분 방송사의 현실이기 때문이다. 한 보도채널 기자는 일선 취재부서 기자들의 고충을 이렇게 설명한다.

"데일리 취재부서에 있을 땐 반향이 있는 뉴스에 대한 고민 자체가 사치였던 듯하다. 매번 그런 건 아니겠지만 자신이 무엇을 하고 있는지 돌아볼 겨를도 없이 다음 아이템을 진행해야 할 때가 많았기 때문이다. 고민을 깊이 해볼 여유가 없기에 반성이 뒤따르기도 어려웠다. 언론계 전반에서 악순환이 계속되는 이유 중 하나가 아닐 듯싶다."(이상엽, 2020).

4) 관행과 외부 환경을 탓하며 무시되는 보도 원칙

이번 연구에서는 사실성이나 투명성 같은 저널리즘 기본 원칙들이 방송사의 관행, 제작 여건, 외부 환경 등 현실적 이유로 너무 쉽게 외면당하거나 무시되는 안타까운 현실을 확인할 수 있었다. 그중에서도 기사 2건 중 1건에는 반드시 모자이크 처리 및 화면 흐리기가 포함되고, 그 대상이 특정인은 물론, 모든 인물이나 시설 및 장소, 문서, 심지어 화면 전체에 이르기까지 무차별적이라는 사실은 새삼 놀라웠다. 심한 경우에는 리포트 내내 흐리게 처리된 장면이 이어져 도대체 무슨 영상인지조차 식별하기 힘든 경우도 있다. 과거에도 영상의 모자이크 처리는 조금씩 사용됐지만 이 정도로 심하지는 않았다.

방송 뉴스의 내용은 언어보다 영상으로 전달되는 정보들이 훨씬 많고, 또 중요하기 때문에 이렇게 뉴스 영상을 인위적으로 덧칠하는 것은 사실보도 원칙과 뉴스의 정확성을 스스로 포기하는 행위이다. 또한 원칙 없는 화면 흐리기 처리로 누더기처럼 변한 화면은 영상의 품질을 스스로 훼손하는 자해나 마찬가지이고, 시청자들의 반감과 외면을 불러올 것이 자명하다. 이러한 부작용을 감수하면서까지 방송사들이 인위적인 영상 처리를 늘려가는 이유는 무엇일까?

첫째는 개인의 인격권을 중시하는 사회적 환경 변화 때문이다. 개인의 인권의식이 높아지면서 자신의 얼굴이 방송 화면에 노출될 경우 초상권 침해나 명예훼손으로 소송을 제기하는 사례가 늘어나고, 법원은 공인이 아닌 경우 언론보다 개인에 우호적인 판결을 하는 경향을 보인다(이재진·동세호, 2015). 실제로 과거에는 아무런 문제가 되지 않았던 거리 스케치 영상의 경우에도 그 영상에 나온 누군가가 사전에 동의하지 않았다고 소송을 제기하면 방송사가 패하곤 한다.

둘째는 언론중재위원회와 방송통신심의위원회 같은 규제 기구들이 중재 및 조정, 또는 뉴스 내용 심의를 통해 문제가 되는 보도들에 대해 직접적인 제재를 가하거나 개입하기 때문이다. 피해자의 소송 제기가 없어도 규제 기구들이 뉴스 내용에 대해 제재와 강제를 가하는 이러한 제도는 해외에서는 찾아보기 어렵다. 그 결과 방송사는 차후에 방송 재허가나 재승인에 영향을 미칠 수도 있는 제재를 피하기 위해, 그리고 방송 실무자들은 이런 규제 기구에 불려다니는 부담을 피하기 위해 문제의 소지가 있는 화면은 조치를 취하지 않을 수 없다는 입장이다. 따라서 방송 관계자들은 이 문제에 대해서는 자신들도 피해자라는 인식이 강하며, 책임을 전적으로 외부 환경에 돌리는 경향을 보인다. 그러나 아무리 외부 환경의 영향이 크다고 하더라도 그런 관행이 정확한 사실보도의 본질을 훼손할 정도로 심각한 부작용을 낳고 있다면 스스로 언론 자유를 위축시키는 우를 범하는 것이다. 이번 연구 결과를 보면 방송사들은 인권을 보호하면서 동시에 언론 자유를 지키려는 진지한 고민을 하기보다는 조금이라도 문제 소지가 있으면 일단 가리거나 없애 버리고 보자는 식으로 안일하게 대응한다는 비판을 피하기 어렵다. 화면 흐리기 처리가 일상처럼 행해지고, 이 장면을 왜 굳이 흐리게 처리해야 하는지 이해하기 어려운 경우가 너무 많기 때문이다. 무리한 요구나 제재에는 소송을 해서라도 언론 자유의 영역을 지키려는 의지와 시도는 보이지 않고 스스로 자기검열에 빠져들고 있는 셈이다. 우리보다 인권의식에서 앞서간다고 할 수 있는 미국과 영국의 방송 뉴스에서는 영상 흐리기와 음성 변조가 예외적으로 드물게 이뤄진다는 사실도 국내 상황이 비정상적이라는 점을 말해준다.

셋째는 취재원의 신분을 감추는 익명화 방법으로서, 화면 흐리기나 음성 변조가 애용된다. 신문과 달리 방송 뉴스에서는 취재원이 영상으로 자신을 드러내야 하기 때문에 익명화의 동기가 훨씬 강한 편이다. 이윤희와 조연하(2017)는 기자들이 취재원을 익명으로 보도하는 동기를 정보 확보를 위한 기능적 동기, 취재원 보호 및 우호적 관계 유지를 위한 사회적 동기, 취재에 소요되는 시간과 비용을 줄이기 위한 편의적 동기의 세 가지 유형으로 분류했다. 이 가운데 사회적 비리에 대한 내부 고발자와 범죄 피해자들을 보호하기 위해 이들을 익명화하는 것은 언론이 반드시 준수해야 할 윤리 원칙이기도 하다. 또 기자들이 쉽게 만나기 어려운 고위 관리나 기업 경영진 같은, 영향력 있는 취재원들이 기사 제공의 조건으로 익명을 요구할 경우 이를 거절하기는 현실적으로 쉽지 않다. 그러나 기사에서 취재원을 드러내지 않을 경우 수용자들은 그 정보의 신뢰성을 판단할 근거가 없으며, 취재원이 해당 사안에 어떠한 이해관계가 있고, 또 얼마나 직접적이고 전문적인 지식과

정보를 갖고 있는지 파악할 수 없다. 그래서 국내 정치 기사나 검찰 기사에서 자주 문제가 되듯이 익명 기사는 자신의 이해를 관철하거나 상대방을 공격하는 언론플레이에 유용한 수단으로 악용되곤 한다. 특히 독자적이고 독립적인 취재보다도 출입처에 의존하는 취재 보도 관행을 가지고 있는 국내 언론에서는 취재원 편향성이 끊임없이 문제가 된다. 취재원에 편향된 기사 방향과 의도를 감추고, 마치 공익적 판단에서 기사를 쓰는 것처럼 위장하기 위해 취재원을 드러내지 않는 경우가 많다는 얘기이다. 또 드물지만 인터뷰 섭외에 애로가 있거나 제작 시간에 쫓기는 경우 가짜 취재원을 내세워 음성 변조로 인터뷰한 것처럼 보도하는 사례도 있다.

취재원의 투명한 공개가 저널리즘의 기본 원칙으로 누누이 강조되는 이유는 그것이 보도의 정확성, 객관성, 공정성을 확보하는 출발점이기 때문이다. BBC의 '제작 가이드라인(editorial guidelines)'은 익명화와 영상 편집에 대해 매우 상세하고 구체적인 지침을 제시하고 있다. 요점은 취재원에게 익명을 허용하는 것은 바람직하지 않고 콘텐츠의 질에 부정적 영향을 줄 수 있지만, 공익상 필요성이 인정돼 그렇게 하는 경우 철저하게 익명성을 지켜주어야 한다는 것이다. 특히 익명 처리를 하더라도 역추적을 통해 신원이 드러나게 되는 경우를 고려해 가장 바람직한 익명화 방법까지 제시한다. 또한 범죄나 반사회적 행위에 관련된 인물을 보도하는 경우 그들의 신원을 그대로 공개해야 하며 몇 가지 예외적인 경우에만 익명을 허용한다. 그래서 반사회적 행위를 고발하는 BBC의 뉴스에서는 대상자의 얼굴이 그대로 드러난다. 그러나 국내 방송에서는 명백히 범죄를 저지른 공인이나 반사회적 행위로 지탄을 받는 인물에 대해서도 익명 처리를 하곤 한다.

5) 뉴스 품질을 선도하지 못하는 공영방송

공영방송은 한 국가의 방송산업의 중추이며 방송 저널리즘의 품질을 이끌어가는 리더이자 모델 역할을 한다. 상업적 이해관계를 초월해서 오로지 공익적 가치에 충성하며 가장 바람직하고 질적으로 우수한 저널리즘을 구현하는 것이 공영방송의 존재 이유이다. 실제로 영국 공영방송 BBC의 저녁 뉴스인 <News at 10>과 독일 공영방송 ARD의 저녁 메인 뉴스 프로그램 <Tagesschau(타게스샤우)>는 시청률에서도 민영방송을 압도하면서 국민의 절대적 신뢰를 받는 공영방송 뉴스를 구현하고 있다. 일본 공영방송 NHK도 일본 내에서 가장 신뢰받는 미디어의 위상을 유지하고 있으나 한국의 공영방송 KBS는 신뢰도 조사 결과 JTBC, YTN에 이어 3위에 머물고 있다(Reuters Institute for the Study of Journalism, 2019).

이번 연구에서도 KBS는 주요 품질 요소에 해당하는 복합적 관점을 가진 기사와 일반 취재원의 비율, 이해관계자 수가 국내 방송사 가운데 가장 적었던 반면에 보도자료에 의존하는 기사가 많고, 자체기획 기사는 적은 편으로 나타나는 등 다른 방송보다 크게 낫다고 하기 어려웠다. 공영방송이 민영방송보다 오히려 관점의 다양성이 부족하고 시민의 목소리를 반영하는 데 소홀하다면, 도대체 무엇을 위한 공영방송인지 묻지 않을 수 없다. 앞에서 언급했듯이 KBS는 전국적으로 866명의 기자를 보유해 인력 면에서 SBS에 비해 2.9배, TV조선에 비해서는 6.3배나 많다. 그런데도 품질에서 이들 방송보다 결코 나은 점이 없다면 이는 조직 자체의 비효율이 매우 심각하다는 방증이다. 조직과 인력이 뒷받침되지 않아 유럽의 유수 공영방송의 품질을 따라가지 못한다는 변명도 통하기 어렵다.

공영방송은 시청률에 쫓기는 상업적 민영방송이 추구할 수 없는 공익적 성격의 프로그램과 뉴스를 제공하는 것이 목표인데도 KBS는 민영방송과 별로 다를 게 없는 뉴스를, 비슷한 방식으로 생산하고 있다. 그러나 이번 연구에서 드러났듯이 NHK는 의도적으로 전체 뉴스 시간과 뉴스 총량은 적게 하면서 개별 리포트는 다각적이고 심층적인 분석이 가능하도록 길게 유지하고 있다. 하나의 리포트 시간이 10분에 육박하는 경우도 있다. 또한 내용 구성에 있어서도 지루하다는 느낌이 들 정도로, 화면 조작 같은 선정적 요소를 배제하고 사실 그대로의 장면을 최대한 객관적으로 담백하게 전달한다. 이렇게 상업방송은 시도할 수 없는 형식과 내용으로 뉴스를 차별화함으로써 공영방송의 존재를 스스로 정당화하는 것이다.

3. 무엇을 해야 하나

한국 방송 저널리즘은 현재 한치 앞을 내다보기 어려운 혼돈의 시기를 맞고 있다. 디지털화로 인한 뉴스 생태계의 지각변동으로 경영 사정은 악화하는 가운데 방송 시장 내부의 경쟁자는 많아지고, 다매체·다채널 환경에 대응해야 하는 부담은 갈수록 가중되고 있다. 외부적으로도 전반적인 언론에 대한 신뢰와 평판이 급격히 추락하고, 사회적 가치 기준도 빠르게 바뀌면서 과거식 보도 관행이 격렬한 비판을 받곤 한다. 어떻게 변화에 대처할지를 판단하기 어려운 전망의 혼돈과 함께 언론이란 무엇이고, 무엇이 올바른 기사인지에 대한 인식의 혼돈도 겹쳐 있다.

이번 연구 결과가 주는 가장 중요한 메시지는 언론의 신뢰와 평판이 추락하는 원인을 외부 환경에서 찾을 것이 아니라 언론의 본질인 뉴스의 품질에서 찾아야 한다는 것이다. 소비자에게는 문화 상품이자, 공동체에게는 민주주의 질서를 지탱하는 공공재인 방송 뉴스의 품질이 사회적 기대 수준에 크게 못 미치고 있다는 사실이 분명히 드러났기 때문이다. 과거 독과점적이고 폐쇄적인 방송 뉴스 시장에서는 낮은 품질의 뉴스로도 방송사가 생존할 수 있었지만, 뉴스의 주도권이 시청자에게 넘어간 개방된 디지털 환경에서 그런 뉴스로는 더 이상 존속하기 어렵다. 결국 기본으로 돌아가야 한다.

따라서 방송 뉴스 혁신의 방향은, 첫째, 시청자들이 신뢰하고 찾을 수 있는 고품질의 뉴스를 만들어내는 과제에 집중되어야 한다. 고품질의 뉴스란 저널리즘의 기본 원칙인 독립성과 객관성, 공정성, 다원성, 투명성 같은 가치에 충실하면서도 영상과 언어적 표현에서 시청자들을 매료시킬 수 있는 뛰어난 전달력을 가진 기사들이다. 이번 연구는 국내 방송 뉴스가 저널리즘 가치 측면이나 시각적 전달력 측면에서 선진 방송에 비해 어떻게 부족한지를 냉정하게 파악하는 기회를 제공했다. 물론 그러한 질적 차이는 기자 개인의 역량이나 보도국 차원을 벗어난 수많은 사회적 요인들이 복합적으로 작용해 만들어지는 게 사실이다. 그러나 구조적 환경 탓에 어쩔 수 없다고 체념하거나 과거 관행을 당연한 것으로 받아들이는 관성적이고 자기성찰을 결여한 자세야말로 뉴스 품질의 개선을 가로막는 가장 큰 걸림돌이다. 무엇보다 시청률에 대한 단순한 집착에서 벗어나 시청자가 진정으로 원하고 필요로 하는 기사가 무엇인지를 진지하게 고민해야 한다. 그리고 기자들이 스스로 저널리즘 가치와 보도 원칙을 지키려고 노력하는 내부 문화를 만들어가야 한다.

둘째, 뉴스에 대한 선택과 집중을 통해 경쟁자와 질적인 차별점을 지니는 자신만의 뉴스를 만들어내는 데 역량을 모아야 한다. 많은 이슈를 백화점식으로 나열하기보다는 사회적으로 중요하고 공론화 가치가 높은 이슈, 시청자에게 유용성이 높은 이슈를 선정해 심층적으로 보도하는, 이슈의 선택과 집중이 필요하다. 그러기 위해서는 뉴스 시간과 리포트 패키지 건수를 줄여 기자들에게 충분히 취재 시간을 부여하고, 기자 리포트의 구성 도식을 과감하게 파기해 창의적이고 다양한 뉴스 포맷을 장려해야 한다. 또한 출입처 보도자료나 취재원의 전언에 의존하는 피동적 취재 방식도 탐사보도와 기획뉴스를 확대하는 능동적이고 적극적인 방식으로 전환할 필요가 있다.

셋째, 보도 영상의 사실성을 경시하며 인위적인 가공을 당연시하는 관행을 바꿔야 한다. 특히 지금처럼 아무런 기준도 없이 편의에 따라 무차별적으로 행해지는 모자이크 처리 및 화면 흐리기는 보도의 품질을 확보하기 위해서도 자제되어야 한다. 그러기 위해서는 먼저 법원과 규제 당국이 개인의 인격권을 존중하면서도, 과도한 초상권 보호가 사실보도를 포함한 언론 자유에 미칠 부정적 위축 효과 역시 균형 있게 고려해야 한다. 무엇보다 당사자인 방송사가 스스로 영상의 사실성을 포기하는 안일한 대응에서 벗어나 영상 편집에 대한 원칙과 기준을 마련해야 한다. 개별 방송사 차원에서, 혹은 방송 단체 차원에서 이 문제의 심각성을 인식하고 적극적으로 대응하는 공동의 노력도 필요하다. 현재 우리가 당연시하는 알 권리와 정보공개 제도는 1950년대 미국 언론단체들이 정부의 기밀주의에 맞서 '알 권리(right to know) 운동'을 끈질기게 펼친 덕분에 쟁취해낸 것이다. 물론 학계 차원에서도 이 문제를 공론화하고 함께 해결하려는 자세를 보여야 한다.

넷째, 시민이 언론을 감시하는 시대에 뉴스에 대한 신뢰도를 높이려면 시청자 앞에서 정직해야 한다. 정직한 언론은 투명한 언론이다. 보도의 출처와 취재원, 취재 과정을 최대한 투명하게 공개하는 것은 시청자들에게 합리적 판단의 기회를 제공함으로써 뉴스와 방송사를 신뢰하게 만든다. 특히 취재원을 투명하게 공개하는 것이 최우선이다. 익명 취재원 사용은 최소화하고, 내부에서 익명 취재원 사용의 불가피성을 확인하는 절차가 작동되어야 한다. 정파적 진영 논리가 모든 분야로 확산되며 뉴스의 공정성이 의심받는 상황에서 익명 취재원을 남용하는 것은 불신을 자초하는 길이다. 뉴스 영상에 대한 인위적 편집이 빈번해지는 것은 보도의 투명성에 역행하는 추세라는 점에서도 시정되어야 한다.

다섯째, 공영방송이 바람직한 방송 뉴스의 모델을 제시하고, 국내 방송 뉴스의 품질 향상을 견인하는 주도적 역할을 해야 한다. 공영방송의 사명은 상업방송이 충족하지 못하는 방송의 공적 기능을 수행하면서 뉴스의 품질에서도 가장 수준 높은 보도를 구현하는 것이다. 정확성보다는 속도가, 내용의 품질보다는 트래픽 수치가, 사실성보다는 진영 논리가 더 중시되는 혼탁한 뉴스 생태계에서 흔들리지 않는 저널리즘의 중심축 역할을 공영방송이 맡아주어야 한다.

4. 텔레비전 뉴스 품질 연구의 향후 과제

좋은 저널리즘 연구회 차원에서 실시한 이번 연구는 방송 뉴스 품질을 주제로 국내 지상파 및 종편 방송사 전부, 그리고 선진 3개국 해외 방송사 저녁 종합뉴스를 비교분석하는 전례 없는 규모의 연구 프로젝트였다. 방법론에서도 영상과 소리가 모두 중요한 텔레비전 뉴스의 속성을 충실히 반영하기 위해 뉴스 텍스트에 대한 리포트 분석뿐 아니라 영상과 소리에 대한 상세한 분석을 시도했다. 또한 연구자의 일방적 해석을 지양하고 뉴스 생산자와 학계의 의견 및 관점을 수렴하기 위해 연구 결과를 공개 발표·토론하는 절차를 거쳤으며, 현장 경험이 풍부한 현직 방송기자들과의 비공개 간담회도 가졌다.

이 과정에서 이번 연구의 한계에 대한 날카로운 지적과 향후 연구를 위한 좋은 제안들이 제시되었다. 예를 들어 현장 언론인들은 뉴스의 품질을 평가할 때 학술적이고 규범적인 평가보다는 뉴스를 보는 시청자의 평가가 중요하다며 뉴스의 내용과 수용자의 반응을 함께 조사하는 병행 연구의 필요성을 제기했다(정명원 SBS 기자, 성재호 KBS 기자). 수용자들이 좋은 기사라고 평가하는 뉴스들을 조사해 귀납적으로 새로운 뉴스 품질의 기준을 마련해야 한다는 제안도 있었다. 이들은 또 리포트의 길이 같은 계량적 요소에 큰 의미를 부여하는 것에 이의를 제기하며 양적으로 관찰하기 어려운 기사의 가치, 사안의 맥락 제공, 공정성, 독자성 같은 질적 요소들을 반영할 수 있어야 한다고 지적했다. 또 저널리즘의 사실보도를 위축시키는 법원의 초상권 판결 경향을 밝히고, 그것이 방송 뉴스 보도에 미치는 영향을 공론화하는 연구에 대한 제안도 있었다(심석태 전 SBS 보도본부장).

참고문헌

머리말 및 1장

김경모 · 박재영 · 배정근 · 이나연 · 이재경(2018). 『기사의 품질』. 서울: 이화여자대학교출판문화원.

김유정 · 오현경(2019). "지상파뉴스의 품질과 시청률의 상관관계에 대한 연구". 『한국콘텐츠학회논문지』, 19(12), 249-258.

부경희(1995). "TV 뉴스 보도의 국제비교 연구". 한국방송개발원 연구보고서 96-20.

손승혜 · 이재경(1999). 『TV저널리즘과 뉴스가치(Ⅱ)』. 서울: 한국언론재단.

손승혜 · 이창현(1999). 『TV저널리즘과 뉴스가치(Ⅰ)』. 서울: 한국언론재단.

윤호진 · 이동훈(2004). "한국 · 영국 · 일본 공영방송 저녁 종합뉴스 비교분석". 한국방송영상산업진흥원 뉴스워치 미간행 보도자료.

이은미 · 이종수(1995). "공중파 TV와 케이블 TV 뉴스 분석: KBS, MBC, SBS, YTN 뉴스 비교분석", 『다채널 다매체시대 TV 뉴스』. 서울: 한국언론연구원.

이재경(2002). "한국 TV 뉴스 양식의 특성과 한계". 『저널리즘 평론: 한국

TV뉴스 양식, 그리고 앵커제도』, 4호, 21~49.
최정호(2002. 11. 24.). “월요포럼: TV권력 누가 바꾸랴”. 『동아일보』.
최창봉 · 강현두(2001). 『우리 방송 100년』. 서울: 현암사.
한국언론재단(2000). 『수용자 의식조사: 제10회 미디어의 영향과 신뢰도 조사』. 서울: 한국언론재단.
한국언론진흥재단(2019). 『2019 언론수용자 조사: 조사개요 및 통계표』. 서울: 한국언론진흥재단.

Anderson, P. J. (2014). “Defining and measuring quality news journalism”. In P. J. Anderson, G. Ogola, & M. Williams, *The future of quality news journalism* (pp. 7-34). New York: Routledge.
Battaglio, S. (2020. 5. 27.). “Viacom CBS cutting up to 400 positions amid Coronavirus Pandemic”. *Los Angeles Times*.
Gerbner, G. (1996). 한국방송학회 국제학술대회 연설. 서울대학교 호암관.
Hallin, D. C. (1992). “Soundbite news: Television coverage of election, 1968-1988”. *Television journalism and the public sphere*. New York: Routledge.
Hostetter, C. R. & Dozier, D. M. (1986). “Useful news, sensational news: Quality, sensationalism and local TV news”. *Journalism and Mass Communication Quality*, *63*(4), 815-820.
Kovach, B. & Rosenstiel, T. (2014). *The elements of journalism* (3rd ed.). New York: Three Rivers Press.
Lewis, J., Williams, A., Franklin, B., Thomas, J., & Mosdell, N. (2007). “The quality and independence of British journalism: Tracking the change over 20 years”. A report prepared by the Cardiff School of Journalism, Media and Cultural Studies.
Lippmann, W. (1920). *Liberty and the news*. Princeton, NJ: Princeton

University Press.
Murrow, E. R. (1958. 10. 15.). "Wires and lights in a box" speech. the RTDNA.
Patterson, T. (2013). *Informing the news*. New York: Vintage Books.
Project for Excellence in Journalism & Tyndall, A. (2004). "The state of the news media 2004: An annual report on American journalism-network TV". a report by the Project for Excellence in Journalism, an institute affiliated with Columbia University's Graduate School of Journalism.
Seymour-Ure, C. (1991). *The British press & broadcasting since 1945*. New York: Basil Blackwell.
Stephens, M. (2009). "Beyond news: The case for wisdom journalism". John Shrenstein center for the press, politics and public policy. Discussion paper series, June 2009.
Tuchman, G. (1980). *Making news*. New York: The Free Press.
Wallis, R. & Baran, S. (1991). *The known world of broadcast news*. London, UK: Routledge.
Zaller, J. (2003). "A new standard of news quality: Burglar alarms for the monitorial citizen". *Political Communication*, *20*. 109-130.

2장

김경모(2003). "텔레비전 뉴스의 성 역학 구도 재생산 보도 관행과 저널리스트의 성차: KBS, MBC, SBS의 저녁종합뉴스 내용 분석". 『한국방송학보』, 17(3), 197-238.
윤영철 · 김경모 · 김지현(2015). "의견다양성을 통해 본 언론매체의 이념적

지형도 - '경제민주화' 이슈 보도의 의견 분석을 중심으로". 『방송통신연구』, 89호, 35-64.

Gans, H. (1979). *Deciding what's news: A study of CBS Evening News, NBC Nightly News, Newsweek, and Time*. Evanston, IL: Northwestern University Press.

3장

강명현(2016). "지상파와 종편 채널의 뉴스 특성 비교 연구". 『언론과학연구』, 3권 5호, 5-36.

김경모 · 박재영 · 배정근 · 이나연 · 이재경(2018). 『기사의 품질』. 서울: 이화여자대학교출판문화원.

김수영 · 박승관(2016). "KBS와 BBC의 경제 뉴스 성격 비교 연구: 공보 방송 모형과 공영 방송 모형". 『미디어 경제와 문화』, 14권 1호, 39-84.

나준영 등(2018). 『영상보도 가이드라인』. 서울: 한국영상기자협회.

박재영 · 이완수(2007). 『한국 신문의 1면 기사: 뉴스평가지수를 적용한 신문별 · 연도별 비교(1990~2007)』. 서울: 한국언론진흥재단.

반현 · 홍원식(2009). "국내 지상파 방송 뉴스 포맷 연구: KBS, MBC, SBS 저녁 메인 뉴스를 중심으로". 『방송문화연구』, 21권 1호, 9-38.

손영준 · 최영재(2004). 『MBC 뉴스의 공영성 제고 방안 보고서』. 서울: 방송문화진흥회.

송상근(2016). "취재원 사용의 원칙과 현실: 세월호 보도를 중심으로". 『한국언론학보』, 60권 5호, 34-62.

오해정 · 김경모(2020). "공영방송 TV 뉴스의 익명 취재원 이용: KBS <뉴스9>와 BBC <10시 뉴스>의 비교분석". 『한국언론학보』, 64권 1호,

49-90.

오해정 · 최지향(2019). “한국 공영방송 TV 뉴스의 형식적 · 내용적 도식에 따른 심층성 분석: KBS 〈9시 뉴스>와 BBC 〈10시 뉴스>의 비교를 중심으로”. 『한국언론학보』, 제63권 5호, 152-189.

유정원(2019). “경쟁 환경에서의 방송 뉴스 포맷 변화: KBS, SBS, JTBC 저녁 종합뉴스를 중심으로”. 고려대학교 대학원 미디어학과 석사학위논문.

윤영철(2007). “방송저널리즘 프로그램 진행자의 의견 개입에 대한 연구: <KBS 뉴스9>, <생방송 시사투나잇>, <추적 60분>의 비교분석”. 『언론정보연구』, 44권 1호, 37-64.

이나연(2018). “과학적 객관주의, 형식적 객관주의, 한국형 형식적 객관주의: 신문기사에 사용된 취재원 사용과 직접 인용 분석을 중심으로”. 『한국언론학보』, 62권 2호, 112-142.

이민웅 · 윤영철 · 윤태진 · 최영재 · 김경모 · 이준웅(2006). 『방송 저널리즘과 공정성 위기』. 서울: 지식산업사.

이윤희 · 조연하(2017). “TV 뉴스의 익명 취재원 보도에 대한 방송기자의 인식 연구: 취재원 표기 및 편집방식, 동기, 효과를 중심으로”. 『한국언론학보』, 61권 5호, 241-273.

이재경(2004). “한국 TV뉴스 양식과 취재 시스템: 그 특성과 한계”. 한국언론학회(편). 『2004년 연구 보고서: 전환기의 한국형 방송저널리즘』, 서울: 한국언론학회.

이준웅 · 김경모(2008). “바람직한 뉴스의 구성조건”. 『방송연구』, 67호, 9-44.

이준웅 · 양승목 · 김규찬 · 송현주(2007). “기사 제목에 포함된 직접 인용부호 사용의 문제점과 원인”. 『한국언론학보』, 51권 3호, 64-90.

최승영(2020. 7. 1.). “MBC 뉴스데스크, 더 늦고 길게…프로그램 수 줄여 비용절감 복안”. 『한국기자협회보』.

최영재 · 남재일(2013). “텔레비전 뉴스 포맷의 국가 간 비교연구: 도식화와 변화". 『언론과학연구』, 13권 3호, 661-692.

홍원식(2016). "방송·통신 다툼 계속…종편은 '최순실 보도'가 시청률 견인". 『신문과 방송』, 12, 29-33.

Kovach, B. & Rosenstiel, T. (2014). *The elements of journalism* (3rd ed.). New York: Three Rivers Press.

Lee, N. Y. & Baek, K. H. (2020). "Public voices muted in economic news: A content analysis of public and elite sources in South Korean newspapers". *Sage Open*, 10, 1-11.

Project for Excellence in Journalism (2003). "Does ownership matter in local television news?: A five-year study of ownership and quality". Retrived from: https://www.journalism.org/2003/04/29/does-ownership-matter-in-local-television-news/

Reuters Institute for the Study of Journalism (2020). "Reuters institute digital news report 2020". Retrieved from: https://reutersinstitute.politics.ox.ac.uk/sites/default/files/2020-06/DNR_2020_FINAL.pdf

Tuchman, G. (1978). *Making news: A study in the construction of reality*. New York: Free Press.

4장

김경모·박재영·배정근·이나연·이재경(2018). 『기사의 품질』. 서울: 이화여자대학교출판문화원.

김세은(2017). "디지털 시대 특종의 사회학". 『한국방송학보』, 31(4), 5-50.

김정원(2015). "뉴스를 해치는 선정적 영상의 유혹". 『방송기자』, 23, 10-11.

박기묵·김광재(2014). "방송시장의 경쟁구조와 뉴스 콘텐츠 품질: 종합편성 채널과 지상파 영상뉴스 비교분석”. 『한국콘텐츠학회』, 14권 12호, 706-722.

반현 · 홍원식(2009). “국내 지상파 방송 뉴스 포맷 연구: KBS, MBC, SBS 저녁 메인 뉴스를 중심으로”. 『방송문화연구』, 21권 1호, 9-38.

방송기자연합회 저널리즘 특별위원회(2014). 『방송 뉴스 바로하기』. 서울: 컬처룩.

신지형 · 정용찬 · 이선희 · 노희윤(2018). 『2018 방송산업 실태조사 보고서』. 과천: 과학기술정보통신부, 방송통신위원회.

안성모(2019. 8. 13.). “누가 한국을 움직이는가: 언론매체_‘절대강자’ JTBC 영향력 · 신뢰도 1위 ‘수성’”. 『시사저널』, 1556, 36-38.

이상엽(2020). 우리의 시선으로 인간의 삶을 이야기한다, 人터view. 『』방송기자>, 55, 14-15.

이윤희 · 조연하(2017). “TV 뉴스의 익명 취재원 보도에 대한 방송기자의 인식 연구: 취재원 표기 및 편집방식, 동기, 효과를 중심으로”. 『한국언론학보』, 61권 5호, 241-273.

이재경(2004). “한국 TV뉴스 양식과 취재 시스템: 그 특성과 한계”. 한국언론학회(편). 『2004년 연구 보고서: 전환기의 한국형 방송저널리즘』, 서울: 한국언론학회.

이재진 · 동세호(2015). “방송 관련 초상권 침해 소송에서 나타난 ‘동의’의 적용 법리에 대한 연구”. 『언론과법』, 14권 1호, 101-148.

이준웅 · 황유리(2004). “한국형 방송 뉴스 도식의 발견”. 『한국방송학보』, 18권 3호, 232-292.

최연송(2019. 1. 3.). “2019년, 다시 영상저널리즘을 생각한다”. 『한국영상기자협회』. Retrived from: http://www.tvnews.or.kr/board_qoLN63/29784

최영재 · 남재일(2013). “텔레비전 뉴스 포맷의 국가 간 비교 연구”. 『언론과학연구』, 13권 3호, 661-692.

편집부(2016). “묘수 없는 시청률 경쟁”. 『방송기자』, 32, 18-19.

한국언론진흥재단(2019). 『2019 언론수용자 조사』. 서울: 한국언론진흥재단.

한수연 · 윤석민(2016). “종합편성채널 출범이 지상파 방송 뉴스에 미친 영향.” 『한국방송학보』, 30권 1호, 169-210.

Gans, H. (1979). *Deciding what's news: A study of CBS Evening News, Newsweek, and Time*. Evanston, IL: Northwestern University Press.

Graber, D. (1996). “Say it with pictures”. *The annals of the American academy of political and Social Science*, 546, 85-96.

Mitchell, A. (2018). “Americans still prefer watching to reading the news-and mostly still through television”. Retrieved from: https://www.journalism.org/2018/12/03/americans-still-prefer-watching-to-reading-the-news-and-mostly-still-through-television/

Reuters Institute for the Study of Journalism (2019). “Reuters institute digital news report 2019”. Retrieved from: https://reutersinstitute.politics.ox.ac.uk/sites/default/files/inline-files/DNR_2019_FINAL.pdf

Tuchman, G. (1978). *Making news: A study in the construction of reality*. New York: Free Press.

찾아보기

텔레비전 뉴스의 품질

국내외 방송사의 텔레비전 뉴스 비교연구

펴낸날 1판 1쇄 2020년 11월 30일
지은이 김경모·김지현·박재영·배정근·이나연·이완수·이재경
펴낸이 이승아
펴낸곳 이화여자대학교출판문화원
주소 서울특별시 서대문구 이화여대길 52 (우03760)
등록 1954년 7월 6일 제9-61호
전화 02) 3277-2965 (편집), 362-6076 (마케팅)
팩스 02) 312-4312
전자우편 press@ewha.ac.kr
홈페이지 www.ewhapress.com
책임편집 이지예
디자인 정혜진
찍은곳 한영문화사

ISBN 979-11-5890-395-4 94300
ISBN 979-11-5890-279-7(set)
값 24,000원

* 잘못된 책은 구입처에서 바꾸어 드립니다.

이 도서의 국립중앙도서관 출판예정도서목록(CIP)은 서지정보유통지원시스템 홈페이지(http://seoji.nl.go.kr)와 국가자료종합목록시스템(http://www.nl.go.kr/kolisnet)에서 이용하실 수 있습니다. (CIP제어번호 : CIP2020047904)